世界哲學家叢書

庫　　恩

吳　以　義　著

1996

東大圖書公司印行

國立中央圖書館出版品預行編目資料

庫恩／吳以義著. -- 初版. -- 臺北市：
東大發行：三民總經銷，民85
面：　公分. -- (世界哲學家叢書)
參考書目：面
ISBN 957-19-1893-8 (精裝)
ISBN 957-19-1894-6 (平裝)

1. 庫恩 (Kuhn, Thomas S.)-學
術思想-哲學

145.59　　　　　　　　　　84011313

網際網路位址　http://Sanmin.com.tw

© 庫　　　　恩

著　作　人　吳以義
發　行　人　劉仲文
著作財產權人　東大圖書股份有限公司
發　行　所　東大圖書股份有限公司
　　　　　　地址／臺北市復興北路三八六號
　　　　　　郵撥／〇一〇七一七五─〇號
印　刷　所　東大圖書股份有限公司
總　經　銷　三民書局股份有限公司
門　市　部　復北店／臺北市復興北路三八六號
　　　　　　重南店／臺北市重慶南路一段六十一號
初　　　版　中華民國八十五年六月
編　　　號　E 14069①
基本定價　伍　元
行政院新聞局登記證局版臺業字第〇一九七號

ISBN 957-19-1893-8 (精裝)

條的種種限制，我們不可能邀請大陸學者參與撰寫工作。不過到目前為止，我們已經獲得八十位以上海內外的學者精英全力支持，包括臺灣、香港、新加坡、澳洲、美國、西德與加拿大七個地區；難得的是，更包括了日本與大韓民國好多位名流學者加入叢書作者的陣容，增加不少叢書的國際光彩。韓國的國際退溪學會也在定期月刊《退溪學界消息》鄭重推薦叢書兩次，我們藉此機會表示謝意。

原則上，本叢書應該包括古今中外所有著名的哲學思想家，但是除了財源問題之外也有人才不足的實際困難。就西方哲學來說，一大半作者的專長與興趣都集中在現代哲學部門，反映著我們在近代哲學的專門人才不太充足。再就東方哲學而言，印度哲學部門很難找到適當的專家與作者；至於貫穿整個亞洲思想文化的佛教部門，在中、韓兩國的佛教思想家方面雖有十位左右的作者參加，日本佛教與印度佛教方面卻仍近乎空白。人才與作者最多的是在儒家思想家這個部門，包括中、韓、日三國的儒學發展在內，最能令人滿意。總之，我們尋找叢書作者所遭遇到的這些困難，對於我們有一學術研究的重要啟示（或不如說是警號）：我們在印度思想、日本佛教以及西方哲學方面至今仍無高度的研究成果，我們必須早日設法彌補這些方面的人才缺失，以便提高我們的學術水平。相比之下，鄰邦日本一百多年來已造就了東西方哲學幾乎每一部門的專家學者，足資借鏡，有待我們迎頭趕上。

以儒、道、佛三家為主的中國哲學，可以說是傳統中國思想與文化的本有根基，有待我們經過一番批判的繼承與創造的發展，重新提高它在世界哲學應有的地位。為了解決此一時代課題，我們實有必要重新比較中國哲學與（包括西方與日、韓、印等東方國家在內的）外國哲學的優劣長短，從中設法開闢一條合乎未來中國所需

Thomas kuhn

「世界哲學家叢書」總序

　　本叢書的出版計畫原先出於三民書局董事長劉振強先生多年來的構想，曾先向政通提出，並希望我們兩人共同負責主編工作。一九八四年二月底，偉勳應邀訪問香港中文大學哲學系，三月中旬順道來臺，即與政通拜訪劉先生，在三民書局二樓辦公室商談有關叢書出版的初步計畫。我們十分贊同劉先生的構想，認為此套叢書（預計百冊以上）如能順利完成，當是學術文化出版事業的一大創舉與突破，也就當場答應劉先生的誠懇邀請，共同擔任叢書主編。兩人私下也為叢書的計畫討論多次，擬定了「撰稿細則」，以求各書可循的統一規格，尤其在內容上特別要求各書必須包括（1）原哲學思想家的生平；（2）時代背景與社會環境；（3）思想傳承與改造；（4）思想特徵及其獨創性；（5）歷史地位；（6）對後世的影響（包括歷代對他的評價），以及（7）思想的現代意義。

　　作為叢書主編，我們都了解到，以目前極有限的財源、人力與時間，要去完成多達三、四百冊的大規模而齊全的叢書，根本是不可能的事。光就人力一點來說，少數教授學者由於個人的某些困難（如筆債太多之類），不克參加；因此我們曾對較有餘力的簽約作者，暗示過繼續邀請他們多撰一兩本書的可能性。遺憾的是，此刻在政治上整個中國仍然處於「一分為二」的艱苦狀態，加上馬列教

求的哲學理路。我們衷心盼望，本叢書將有助於讀者對此時代課題的深切關注與反思，且有助於中外哲學之間更進一步的交流與會通。

最後，我們應該強調，中國目前雖仍處於「一分為二」的政治局面，但是海峽兩岸的每一知識分子都應具有「文化中國」的共識共認，為了祖國傳統思想與文化的繼往開來承擔一分責任，這也是我們主編「世界哲學家叢書」的一大旨趣。

傅偉勳　韋政通

一九八六年五月四日

自 序

　　這是一篇命題作文。一九九二年春節，在史語所王汎森博士家小酌，Temple 大學傅偉勳教授出題，命以義作一篇討論 Thomas Kuhn 學問的文字。當時未假思索，即答應下來。

　　以義想做介紹西洋科學史科學哲學的文字也久矣。因為科學的發展，一方面與社會政治經濟互為因果，一方面與學術文化互為因果，實在是理解歷史進程，了解今日文化環境至為重要的一環，又是歷史和哲學研究中發展較晚的一個部類。以傳統中國文化為研究重心的中國學術界，對此一領域亦稍隔膜。近年來以李約瑟《中國古代科學技術史》為起點，討論科技進程，特別是中國古代的科學或者中國古代到底有沒有科學，又使這一領域更見紛繁。因而介紹西洋學術在這一方面的主要成果，或者不為無功。

　　又歷史研究常不同於他種科學或學術研究；有祇能為專家所理解，只有專家才感興趣的工作，更有供非專業人員閱讀的文字。在學術要求上，後者常不低於前者；在社會功用上，後者甚至更多地承擔了「通過事例傳授哲學」的使命，更多地發揮了歷史的文化功能。在談及黃仁宇博士的歷史著作乃至高陽先生的歷史小說時，先師劉子健先生曾多次提及歷史研究的這種文化功能並亟加強調。以義耳聞既久，遂躍躍欲試焉。

　　一個多月以後，東大圖書公司劉振強先生惠下書約，即著手準備資料，甚覺不足。以以義的學識功力，欣賞他人著作，或能有一孔之得；及至操觚濡毫，構造規劃，則力常不逮！於是知奮發讀書，問學於大師之門，間有所得，點滴成篇，斟酌損益，至今四年。

　　按呂文穆論老杜❶，稱其筆力「少而銳，壯而肆，老而嚴」。以此比Thomas　Kuhn的學問，差強近矣。Kuhn縱橫學術界幾五十年，建樹尤多，要做系統介紹，頗是不易。為行文方便起見，全書大略分為三部分，一是Kuhn生平和學術環境概況，一是主要著作評述，一是以Kuhn的觀點看中國古代史。從篇幅來看，三者決不均稱。非不欲稍加調整，實恐以辭害意，為識者所哂也。

　　Kuhn的一生是學者的一生。他的大部分時間是坐圖書館閱讀，伏案寫作或與人討論。他的傳記就是他的思想發展的歷程。當然他也有常人的喜怒哀樂，也生兒育女，但於Kuhn之所以為Kuhn，之所以享譽天下關係似乎不大，因此本文不擬追尋其生活瑣事。即使其生平小傳，亦止於學術氛圍與環境而已。

　　Kuhn的哲學首先是歷史哲學，多為對科學史的研究所發。因此要理解其哲學，必對於有關的科學史史料故事有比較全面的了解才好。在一定的意義上，真正了解了這些史實，就自然地理解了Kuhn的哲學。或謂「描述就是解釋」，當指此意。Kuhn為文，於科學史特為廣博，時代、專科跨度很大。所涉及的史料故事，散見於各處，有時不易驟然匯總。以義在下文中，常用相當比例的篇幅，介紹相關史實，一則以為這種介紹本身有益於對Kuhn工作的理解，一則也試圖為讀者提供一些便利。所用史料，盡可能指明出處，以利進一

---

❶　呂蒙正，「跋子美年譜」，引自胡仔《苕溪漁隱叢話》後集，卷30，廖德明校點本，北京：人民文學出版社，1962，226頁。

步研究。

　　Kuhn的哲學又特別具有啟發性。所以每出一論，注家蜂起，各執一端；而發揮經義，更是各逞其能。所有這些「後論」是否是Kuhn原意，甚至是否為Kuhn同意，均在可議之中。但一本書，一種哲學觀念，一旦發表刊出，即有了自己的生命，實在不是任何人能把握的，是所謂「作者未必然，讀者何必不然」❷，本來也無可厚非。唯以義功力不逮，面對這些大塊文章，豈敢遽言企及？所以對於這一類發揮，除個別一兩處外，本書均不涉及，以免枝蔓。

　　以Kuhn的觀念來考察中國古代，尤其是古代關於自然的知識的積累進化，常能有些新的見地。但題目既大，前人先進議論也多，自難一一照顧，祇能作簡單探討了。議論「有同於舊談者，非雷同也，勢自不可異也；有異乎前論者，非苟異也，理自不可同也。」❸所期望者，是提出一個新的考察問題的角度，或者可以引發一些新意。

　　Kuhn一書，難在內容多，牽涉面廣。挂一漏萬自不可免。惟希

---

❷　此處戲用譚獻論詞語，語見譚評《詞辨》，卷2，頁3反面，在《宋四家詞選》，廣文書局影印，不著印年。張海惠小姐幫助查對，謹致謝。又見謝章鋌《賭棋山庄詞話》，續編一，他說得很有意思，茲稍摘如下：「……字箋句解，果誰語而誰知之？雖作者未必無此意，而作者亦未必定有此意，可神會而不可言傳。」見唐圭璋編《詞話叢編》第四集，臺北：新文豐影印，3486頁。由此引申，下文將盡可能避免諸如「Kuhn說……」之類的寫法，以推求師意，或有不逮，以訛傳訛，有貽笑大方之懼。所有引文，盡量限於公開發表的文字。

❸　《文心雕龍》，序志第五十，王利器匯校本，上海：古籍出版社，1980，295頁。

望以義或可充一導遊，陪同讀者到處遊歷一番。走馬看花，多少為讀者介紹幾處佳境，以俟他日有暇，即可再往探看焉。

　　除了上文提及的諸位師友之外，本文的寫作還得到 T. S. Kuhn 先生的幫助，C. C. Gillispie 先生和 M. S. Mahoney 先生的幫助。E. S. Kennedy 先生，N. Swerdlow 先生，Norton Wise 先生曾撥冗與筆者多次長談。瞿國凱先生惠借《必要的張力》中譯本，汪芸小姐惠贈《結構》第二版中譯本，普林斯頓大學圖書館，Gest 東方收藏和 Mudd 檔案館予以查閱資料的方便。謹此致謝。家人的理解和支持，則是此書得以完成的一項不可須臾或缺的條件。本書寫完，欣逢吾母八十誕辰，謹以為壽，并頌吾母更登期頤。

吳以義

一九九六年三月

Lawrenceville, N. J.

庫　恩
以及科學史的哲學意義

目　次

第一章　Kuhn的學術生涯

Kuhn傳頗不易寫，因為Kuhn一生未見有什麼戲劇性的事可以讓我妙筆生花。他一生至今七十多年，極為平靜：從一所大學轉到另一所大學，從一間圖書館轉到另一間圖書館。既未受過迫害，也沒有成為明星。

作為歷史學家，Kuhn是幸運的：他享受了長達五十年的平靜的學者生活。如果說動亂和災難會造就文學家的話，歷史學家絕對需要太平盛世。他們從而可以慢慢地收集、排比資料，充分地思考、討論，靜靜地寫作。在這個意義上，Kuhn是幸運的。

這一章就是寫這一平靜而幸運的一生。第一節概述，以後六節分段略作發揮。與Kuhn發展關係密切的人、事、組織機構也隨時簡單介紹，希冀有助於勾畫時代背景。第二章起五章，分別討論Kuhn一生各時期的學術思想和貢獻，而本章又為其概述和線索云。

1.T. S. Kuhn簡歷

Thomas Samuel Kuhn❶，1922年7月18日生於俄亥俄州的辛辛

---

❶ 本段據 *Directory of American Scholars*，8th ed.，N.Y. & London：R. R. Bowker Co.，1982，v.8，pt.3寫成，稍作補充。Kuhn大陸通譯「庫

那提市。父親是律師，整個家庭瀰漫著猶太知識分子階層自由沉思的氣氛。

　　Kuhn在私立學校受中等教育。17歲入哈佛大學物理系，1943年畢業。畢業以後繼續在母校攻讀，1949年以「單鍵金屬聚合能量和原子量子缺失的關係」為題獲博士學位。先是，以歐戰方殷，學生必須參與戰時服務。Kuhn於1943─45、1945─48年兩度在科學研究管理部門任職，歷任科學研究發展辦公室助理研究員和國家研究委員會「博士前研究員」。1948年起，獲哈佛學社「青年學者」獎助金，凡三年，其間寫完博士論文，並作進一步研究。1951年起在哈佛任教學輔導，擔任「一般教育和科學史」課程，旋昇為助理教授。1954─55年獲Guggenheim獎助金，嗣後在「行為科學高等研究中心」做研究。1956─64年，在加州大學Berkeley分校，從助理教授依次昇至教授。1964年起在普林斯頓大學任教職，稍後任該校科學史和科學哲學專業主任。在此期間，先後同時兼任「量子物理學原始資料匯集計劃」主任，「科學家傳記大辭典」編委，「社會科學研究委員會」中心組成員，美國科學史協會主席，普林斯頓高等研究院特聘研究員。1968年昇為普林斯頓大學歷史系Taylor Pyne講座教授。1979年移硯麻省理工學院(MIT)，任科學史和科學哲學教授，稍後昇Rockefeller講座教授。

　　Kuhn得過三個榮譽博士學位，分別來自1973年的聖母大學，1979年的Rider學院和1980年的瑞典Linköping大學。

　　恩」，臺灣譯「孔恩」，香港以及其他一些中文資料上也有譯作「科恩」者。孰優孰劣，非以義學識所能判斷，──也許根本無所謂優劣。為此，凡西洋人名，除已有一致通用的成譯如「牛頓」者外，下文常採用原文，以免混淆。

Kuhn至此出版過三本專著，即1957年由哈佛大學出版社出版的《哥白尼革命》，1962年由芝加哥大學出版社出版的《科學革命的結構》和1978年由牛津大學出版社出版的《黑體問題和量子不連續性》。前兩本書都曾多次再版。Kuhn還在各種雜誌上公開發表過大約九十篇論文❷，其中最重要的，尤其是和他科學史、科學哲學思想有關的論文後來又在1977年由芝加哥大學出版社結集出版，是為《必要的張力》。在上述著作中，《科學革命的結構》曾被兩次譯成中文，是為1980年上海科技出版社出版的李寶恆、紀樹立譯本和1989年臺北遠流出版社出版的傅大為、王道還、程樹德、錢永祥譯本。《必要的張力》有1981年福建人民出版社譯本，譯者為紀樹立、范岱年、羅慧生等多人。

2.哈佛1：從三重奏到四重奏

從Kuhn在劍橋紀念大道公寓客廳的窗戶向東望去，可以看見樹蔭深處查爾斯河靜靜流過。河水有時在夕陽下會燦爛地閃耀，但大多數時候祇是靜靜地流過，提示著一種發人深省的沉靜，這和五十五年前，Kuhn第一次來哈佛時看見的沒有什麼兩樣。

三十年代末Kuhn所感受到的首先就是這種發人深省的沉靜。Kuhn是物理系的學生，而三十年代正是現代物理學的巔峰時代。1920年代量子力學所建立的輝煌理論，吸引了每一個對自然、對自然的哲學感興趣的年輕人。但是，哈佛決非一個以系科局限學生的技術訓練班。哈佛所要培養的不是規規小儒，而是真正的通才大器。

❷　著作目錄見 Paul Hoyningen–Huene, *Reconstructing Scientific Revolution*, The University of Chicago Press, 1993, pp.273—78及p.302.

這一點，對於Kuhn日後的發展直至名滿天下是決定性的。

　　科學史在這時候還沒有獨立成為一門專科，但已吸引了足夠的注意；而且，哈佛也聚集了足夠的人才把這種一般的、常人或者會以「業餘興趣」看待的課題變成一門真正的，令人為之付出畢生精力而不後悔的學問。國際科學史學會會長，*Isis*雜誌的創辦人George Sarton（1884—1956）從歐洲來美國就在哈佛住下❸，並留意培養自己的學術傳人。在哈佛學院，生物學家L. J. Henderson（1878—1942）❹早在1911年就開設了科學史課；1924年，他成為美國科學史學會的首任會長。哈佛化學家 J. B. Conant 是熱心的科學史教育家，他堅信真正的科學教育必蘊於科學史研究之中。這位哈佛科學史科的創立人在1932年正式受命為哈佛大學校長。我們稍後還有機會仔細研究Conant，——事實上，Kuhn幾乎可以說是出於Conant門下。這樣的學術環境，自然常常讓人有機會從歷史的角度考察知識整體。

　　在Kuhn的老師和學長中，有三個人當時正在演出「三重奏」這三個人後來都在各自領域中創立一片天地，但現在還祇是鋒芒初試。最年長的是Robert K. Merton（1910—），社會學家，科學社會學的

---

❸　作為科學史專家，G. Sarton的專業生涯頗不順利。他1916年到哈佛，主講科學史直到 1951 年，但終身教職卻晚至 1940 年代在校長 J. B. Conant的干預下才得到。關於Sarton，見他的女兒May Sarton, *I Knew a Phoenix*, N.Y., 1969, 及比較簡單的回憶錄, *Taxes Quarterly*, 5 (1962) 101—12。

❹　John Parascandola 博士論文, Univ. of Wis., 1968。簡要的敘述見作者為DSB寫的條目。據Parascandola考證, L. J. Henderson 1911年起在哈佛的科學史課是哈佛最早的同類課程。另外, L. Henderson 對於Sarton能在哈佛獲得教職也起了關鍵作用。

開山人，以「Merton命題」和關於英國清教徒的宗教倫理與資本主義發展關係的研究著名❺。其次是G. Sarton 的及門弟子I. B. Cohen。Cohen 1937 年在哈佛獲物理學學士學位，這時正在孜孜然攻讀Sarton的科學史學位。按Sarton的要求，一位合格的科學史家必須在四個方面，即科學專業、語言及語言學、歷史和哲學四大門類中受苦行僧式的訓諫。I. B. Cohen 日後證明他衹花了十年時間就完成了上述要求，成為美國第二個獲得科學史學位的人。——當然，這是後話。最年輕的是 Bernard Barber，Merton 的學生，這時正熱情地進行科學社會學研究。

Kuhn在1943年獲學士學位，同時獲Summa cum laude 榮譽稱號。這是哈佛學士學位獲得者所能得到的三級榮譽中的最高一級，常標誌著與諸如Π BK 和Σ Ξ之類的榮譽稱號相聯的社會公認的成就。的確，Kuhn從來就不是一個靠死讀書，靠考試吃飯的學生。在畢業的時候，他已參與了學生雜誌的工作。Kuhn公開發表的近九十篇論文的第一篇，正是在大學畢業時寫的對於「開放社會的普通教育」的看法，取名為〈我的意見〉❻。雖說不長，倒也充滿了年輕人的創見。

在攻讀碩士學位時，Kuhn成了日後Merton所謂的「四重奏組」的一員❼。我們方才提及的「Merton三重奏組」中最年輕的B. Barber，

---

❺ R. K. Merton, *Osiris*, 4 (1938) 360—632，1970年由N.Y.：Howard Ferting再版。再版有范岱年、吳忠譯本，成都：四川人民，1986。

❻ T. Kuhn, "Subjective View," *Harvard Alumini Bulletin*, 2 (22 Sept., 1945) 29—30.

❼ 據R. Merton的回憶錄*The Sociology of Science*，Carbondale：Southern Illinois University Press，1977，p.73，下文多處出於此，不另注明。

同時也廁身於這一四重奏組，從而透出這兩組學者的關係來。除了Kuhn和Barber，另外兩位成員是Charles Gillispie和Hunter Dupree。有趣的是這四人年齡相仿：Gillispie 和 Barber 生於 1918，Dupree 1921，Kuhn 1922；而且其中三人都在1949年獲得博士學位。

C. Gillispie 在完成歷史學學位後，即往普林斯頓任教，十年後創辦科學史專業。除了研究法國和歐洲科學史的專著外，他以主持DSB計劃享譽科學史界。DSB即《科學家傳記辭典》，從1970年起，費時十年，參加撰寫的包括世界各國的500多名科學史專家，涵蓋兩千年來5000多位科學家、自然學者生涯和學術研究。儘管Merton力圖說明格氏是有「社會學取向」的學者，其實他首先是一位歷史學家。他1962年出版的，後來被廣泛採用作為教科書的名著就是明證❽。他歷來反對先入為主的框架，歷來主張細緻地排比事實。他個性的平和，文風的典雅，知識的廣博，無一不令人深信他生來就是最優秀的歷史學家。他和Kuhn的五十年的友誼，無疑深深地影響後者對歷史的研究。

Bernard Barber主修社會學。他的老師Merton是G. Sarton的學生，在本世紀三十年代末就注意到了科學發展的社會因素。一般認為，Merton的這一取向和蘇聯人Boris Hessen的工作有關。1931年6月29日到7月3日，國際科技史會議在倫敦舉行。當時蘇聯國內政治、經濟甫定，社會主義、馬克思主義這些概念對西方學者還相當陌生。B. Hessen 為蘇聯代表團的主要發言人之一，在會上作了《牛頓「原理」的社會經濟根源》❾，用馬克思主義的經濟─歷史決定

❽ *The Edge of Objectivity*，Princeton：Princeton University Press，1962.

❾ B. Hessen, "The Social and Economic Roots of Newton's *Principia*," rpr., N. Bukharin *et al.*, *Science at the Crossroads*, London：Frank

論分析了牛頓的工作。自有牛頓、有以牛頓為題的科學史以來，十七世紀的科學大革命從來是被看作是人類心智，人類認識的偉大躍進。把科學和社會的發展，尤其是社會經濟的發展聯繫起來分析，這對當時的西歐學術界來說，幾乎是聞所未聞的，自然引起了極大的興趣和廣泛的注意。在英國，李約瑟則是最著名的，他力圖利用中國的社會經濟情形來解釋「中國為什麼沒有科學」或者「中國實際上有科學」之類❿。另一位深受影響的是J. D Bernal，1948年在牛津大學Ruskin學院演講，以後疊加擴充，成《歷史上的科學》一書⓫。至於Merton的前引著作，則被認為是該學派在美國的濫觴。Hessen的書1971年重印，Merton的書1970年重印，均加長編前言，可見這個學派在1960－70年間的活躍程度。

Bernard Barber在Merton影響下投身科學社會學，先在哈佛，後在哥倫比亞大學，與Kuhn過從甚密。稍後Kuhn為《社會科學百科全書》撰寫「科學史」條目，Barber則作「科學社會學」條；Kuhn撰《結構》，Barber又是最初的評講人之一；Kuhn在行為中心工作時，Barber正從事功能理論的研究⓬，注意力集中在和Kuhn一致的方向上。當Kuhn在談論「科學共同體」的時候，Barber正在研究科學家對科學發現的抵制，並引Kuhn關於哥白尼的工作為證⓭；而Barber和Fox關於偶然發現的理論⓮和研究又為Kuhn引用。

Cass，1971，pp. 149－229。

❿　李約瑟與Hessen的淵源可見於氏在Hessen文章再版時寫的前言，自然這是四十年後的文字，但多少反映了李氏對B. Hessen的心情。

⓫　J. D. Bernal, *Science in History*, London：Watts, 195/. 是書有伍況甫中譯，《歷史上的科學》，北京：科學出版社，1959。

⓬　參見B. Barber, *American Sociological Review*, 21（1956）129－35。

⓭　B. Barber, *Science*, *134*（1961）596－602，引用Kuhn在596。

　　這個「三重奏」組，R. Merton，I. Cohen和B. Barber，和「四重奏組」對Kuhn的影響是深遠的。一方面，這些學者在Kuhn以後近五十年的學術生涯中將與Kuhn密切來往，另外一方面他們的學術興趣和學術方法又相一致又不相一致，所以常可以相互發明，相互啟迪。在學術方向上，我們由此可以預見，Kuhn將兼顧社會的影響和科學內部邏輯的作用，兼顧社會學和歷史學，真正把科學史的內在學派和外在學派聯合起來，──並不是以一者取代另一者，並不是把兩者機械地合併，而是通過深入的歷史研究，真正揭示這兩方面因素在科學發展過程中共同作用的機制，從而在文化、社會、歷史的宏大背景上展示科學的發展。這種包舉全局，囊括各個發展方面的視野和做法，又可以追溯到哈佛當時的校長，Kuhn工作的熱情支持者和引導者J. Conant。

3.哈佛2：James B. Conant

　　在攻讀碩士學位期間，Kuhn先後在兩個半政府機構中工作。先是1943─45年間的「科學研究與發展辦公室」，繼而是1945─48年的「國家研究會」。這兩個機構都與哈佛有密切聯繫。從學術上看，這些機構未必對Kuhn日後的科學哲學有直接的影響，但對於一個大學剛剛畢業的理論物理專業學生說來，這是一個走回現實社會，重新發現科學在現實社會中的地位、功用和各種「外在聯繫」的好機會。

⓮　B. Barber and R. C. Fox，*American Journal of Sociology*，*64*（1958）
　　128─36，Kuhn的引證見《必要的張力》，203頁，曾慶宏譯，中譯本
　　201頁。

1946年，Kuhn獲碩士學位進入博士階段。1948年，他獲得哈佛學社的「青年學者」獎助金，日後Kuhn時常稱自己為「青年學者」。

哈佛的「學社」最初由哈佛的老校長A. L. Lowell匿名贊助，由J. B. Conant任校長起正式開始工作。這個學社不授任何學位，而且甚至不鼓勵爭取學位。它的主要宗旨是克服研究生教育中日益嚴重的「專業化」傾向，鼓勵學生自選範圍闊大的多學科綜合課題。這種Conant式的教育思想，意義深遠。讓我們先做一稍微詳細的考察。

James B. Conant對於美國學界1950年代後期到1980年代科學史的蓬勃發展起了關鍵性的作用。一方面他在任哈佛大學校長時大力鼓吹提倡科學史研究，並且自己親自參與，著書立說；另一方面他在哈佛設立的科學史教學研究班的確培養出了一大批最優秀的科學史家，這些人畢業以後，散居美國各個著名大學，形成一個巨大的研究系統。Kuhn正是在J. Conant的這一事業處於巔峰時進入哈佛大學學習物理學、進而轉向科學史的。

James Conant ⓯，1893年生於新英格蘭的一個小城，從小就是優秀學生，1914年以優異成績畢業於哈佛學院。他的興趣在化學方面，所以儘管本世紀最初十幾二十年對於歐洲的優秀學生說來是理論物理的黃金時代，Conant還是用比較實際的美國方式選擇了應用化學。兩年以後獲博士學位，並被留在母校作為輔導教師。當時歐洲的情形正是越來越緊張，戰爭似乎是不可避免的了。Conant因此有機會加入了一個秘密計劃，研究製造毒氣。這種研究工作使得他

⓯　J. B. Conant有自傳*My Several Lives*，NY：Harper & Row，1970，簡要的介紹見Jurgen Herbst為*Encyc. World Biography*，NJ：The MacGraw-Hill，1973，寫的條目。

這樣一個年輕的有機化學家得以接觸最優秀的大學教授、軍事指揮人員、工業家和軍火商。這種經驗無疑大大擴張了他的視野和社會交往。

歐戰結束，Conant回到哈佛，先任助教授，旋遷副教授，再遷化學系主任。他不同於其他教授之處在於他與化學工業的密切聯繫。從那時起，他一直任杜邦（Du pont）公司的顧問，並兼洛克菲勒醫學研究院的科學顧問。在第二次世界大戰期間，他還擔任過負責製造原子彈的曼哈頓計劃的顧問。

這一類的行政和人事管理工作引發了 Conant 對於教育的興趣。1933年，他出任哈佛大學校長。以後的時期中，他不遺餘力地宣傳、推行科學教育。在 Conant 看來，科學教育當然在於科學知識自身，但更重要的是「科學方法」或「科學精神」。 而此二端，非通過對於科學史的深入了解，不能做到。

他的這種觀念在《論對科學的理解》 ⓰一書中闡述最詳盡。這本書寫於1947年，最初是Conant在耶魯大學的一個學術講座。當校長Conant 在著意發揮他認為對於「美國」以後幾十年有頭等重大意義的主題時，24歲的Kuhn正坐在哈佛的教室裏聽課。根據Kuhn日後的說法，——比如在下文要討論的《哥白尼革命》和《科學革命的結構》中所再三強調的，Conant的影響對Kuhn後來幾十年的工作方向有決定性的作用。

《論對科學的理解》的緣起是耶魯大學的 Dwight Harrington Terry 講座。捐款人Terry 的規定，這個講座的內容應當是「在科學

⓰　*On Understanding Science*，*An Historical Approach*， New Haven：Yale University Press，1947.下文引用此書時，僅以括弧注出頁數，不再另注書名。

和哲學的背景上對宗教的研究」，特別注重於對科學成果的「消化和吸收」過程的研究。Conant 認為，對於美國這樣一個非宗教化國家，對於現在這樣一個「機器和技術專家」主導的時代，進行科學、尤其是「科學精神」的教育，是「美國民主制度」取得成功的一大關鍵（3頁），也是提高一般非科學專業的各界人士思維水準的一種需求（5頁）。

所謂「科學精神」，Conant說：「準確而無偏頗的對事實的分析祇有在科學領域裏才有可能；而這一原則的影響所及，則又造就出一種對所有事物都能進行無偏頗的分析的思想方法。」這種科學精神的培育和產生，可以追溯到古典文化最精深微妙的部分。Conant 認為，哥白尼、伽里略和Vesalius所代表的那種精神，並不來自為他們積累了無數實驗或觀測事實，無數方法技能的工匠和自然愛好者。這些人提供了關於科學的事，但沒有提供科學自身。啟迪科學的人，最直接對於科學革命發生影響的，是Petrarch, Bocaccio, Mechiavelli 和 Erasmas。他們提供了追尋真理的方法和精神。懂得和科學有關的方法，懂得科學所描述的事實並不等於懂得了科學。「僅僅了解科學並不是理解科學」（12頁），這就是Conant所提出的、行將影響整整一代科學史、科學哲學家的重要命題。

那麼怎樣從「了解」變為「理解」呢？Conant認為有兩條路可走：邏輯的或歷史的。所謂「邏輯的」，就是學習科學自身，通過學習科學的精細構造和具體推理來體會「對事實進行的準確而無偏頗的」分析精神；所謂「歷中的」，則是通過對科學史的學習和研究，重新經驗科學家當年從不知到知，從謬誤到正確的艱辛歷程，從而體驗這種「準確而無偏頗的」分析精神。以這兩條途徑而言，作者認為，「歷史方法十九是理解或正確理解複雜事物的方法」。

　　對科學的研究並沒有固定的方法和程式，就好像作戰一樣。軍事學院所作的戰爭史課程，正是為學生提供以後運用時可資參考的「範例」。如果真有所謂「科學研究的方法」，那麼為什麼科學家要花這麼長的時間一步一步摸索探求，最後才能闡明人人耳聞目睹的事實呢？科學家早年的種種困惑、誤解，是最值得向學生介紹的科學的精華（15頁），可是現在的教科書卻總是力求把事情寫得簡明嚴謹。為了培養「科學精神」，Conant認為，應當大力發展科學史研究（17頁）。

　　這是不言自明的。要懂得美國的民主制度，最好了解這種制度所以產生的美國歷史；要懂得作戰應變，機動靈活，最好熟讀戰爭史。問題是如何做。

　　科學發展，至少可以追溯三、四百年，形態紛繁；各科各行，豈能一語道盡？為適應科學專業的學生需要，也因為當時還很少有能縱橫幾門學科，上下幾個世紀的專業科學史學者，Conant提出了「案例研究」❼ 的方法。正如一滴水也能反映太陽的光輝，Conant認為，利用一些在科學發展上有典型意義的事例，著重研究，當能提示科學精神的某些最重要的方面。

　　他選的個案是波義耳。波義耳（Robert Boyle，1627—91）與牛頓約略同時而稍早，同是皇家學會的重要成員，一生崇尚宣揚科學，據說他隨時根據溫度計更換衣服。他最重要的工作之一是對氣體性質的研究，有聯接氣體在溫度不變的情形下壓力與體積的關係

---

❼　這種「案例研究」後來匯編成冊，是為 *Harvard Case Histories in Experimental Science*，Cambridge：Harvard University Press，1957，其中除了Conant本人的工作外，還有他的同事Leonard Nash，Duane Roller等人的工作。

的「波義耳定律」。 波義耳在進行氣體研究時，曾系統地運用了假說、實驗驗證、分析、觀察等「科學方法」。整個研究過程宛如一個以理性指導的層層深入，探究自然本來面目的引人入勝的故事，而在理性的冷峻分析之中又常常透出優美的和諧。明睿透闢的邏輯所展示的必然性，人的悟性與自然界固有理性之間的深刻的和諧都非常迷人。於是很快就有一大批學生聽從校長的教導，走進了科學史領域。我們在本書後面幾章裏將會看見，Kuhn是其中最優秀的一人。十五年後，Kuhn在他那本使他名揚天下的小書的前言裏滿懷感激之情寫道：「哈佛當時的校長James B.Conant 最先把我引向科學史研究，並使我關於科學進展本質的想法開始發生轉變。嗣後又慷慨給予批評意見，並費時閱讀本書初稿，提出了多處重要的修改建議」。

　　事實上，《科學革命的結構》一書就是獻給J. B. Conant的。獻辭寫道：

　　「獻給

　　James B. Conant

　　本書始於他的啟迪」

Conant是受之無愧的。

4.從哈佛到Berkeley

　　1943年，Kuhn以Summa cum laude從哈佛物理系畢業。這或者以最隱而不露的方式向我們提示了這位未來的哲學家將要離開物理學這個當時人人羨慕、人人敬佩的領域了。Kuhn的「自由研究」取

向很快在哈佛的學術環境中發展：與"Summa"相當的ⅡBK和ΣΞ榮譽加上在兩個機構中的工作經驗，使Kuhn獲得了「青年學者」獎助金。如前所介紹的，這個獎助金不壓迫學生為學位拼命，沒有約束力，也沒有一定之規，從而真正為學生創造了一個「自由環境」。金額未必豐厚，但對於青年學子說來，已是遠勝於「一瓢飲，一簞食」了。換言之，他們可以坐下來無憂無慮地考慮他們所想要追尋的問題了。這個獎助金時效三年，給了Kuhn一個寶貴的機會發展他的個人興趣。他因而更遠離了純物理學一步。

1951年「青年學者」三年修行期滿，Kuhn又馬上得到了哈佛的教職，這一教職持續了五年，Kuhn受命主講科學史。在這期間，他系統地閱讀了亞里斯多德。他發現，亞里斯多德決不能以現在觀點來評判；亞氏自有亞氏的道理❽。這一點成了他理解希臘以下直至文藝復興的科學觀念的基礎。他的《哥白尼革命》也蘊育於這一階段。

1954年，Kuhn進一步獲Guggenheim獎助金，從而使得他可以充分利用哈佛的五年一度的休假，專心做一些事。他要做的，首先是把這幾年最有心得的幾項研究寫下來。而Guggenheim獎助金本身，又正是為此一目的而設立的。可以特別提出的是，1954年與Kuhn同樣在1,295名候選人角逐中取勝的還有前文提過的，普林斯頓歷史學家C. Gillispie，以及科學史家G. Sarton的女兒，詩人May Sarton。Guggenheim獎助金無疑又把Kuhn向「綜合科學家」的方向上推進了一步。

John Simon Guggenheim基金會所設立的Guggenheim獎助金

---

❽　見Kuhn自己的回憶：Kuhn為《必要的張力》所寫的序言，中譯本，Ⅲ
　　—Ⅳ頁。

總部設在紐約，贊助範圍也比較廣，特別鼓勵研究和獨創性的工作。在諸多類似的獎助金中，數額也比較豐厚，可以維持一年的研究工作而無後顧之憂，所以競爭自然也激烈❶。在1953年Kuhn申請這份獎助金時，他並沒有多少文章發表：除了由博士論文改寫、發在兩家數學物理雜誌上的三篇文章之外，祇有討論牛頓和波義耳的三篇文章❷──而且從後來的發展看，這三篇文章在學術界未見得得到很好的評價。雖然Kuhn一直堅持他對牛頓光學書所附的《疑問》的重新詮釋，其他的牛頓學者似乎並未接受他的看法。Kuhn的幸運之處，也可能就是長處在於，他畢業於哈佛並在哈佛執教已近五年，他的老師和同事對他的工作和他的潛在能力有充分的了解和期望。所以，按Merton的說法，有出版物當然好，沒有的話，也不一定不能接受：因為那些真正第一流的學者，常常大器晚成。

　　但是，傳統習慣的壓力仍是不可忽略的。即使是才高氣遠的Kuhn仍感覺到出版物太少是個問題。現在，可以坐下來寫作了。1954─55年Guggenheim獎金期間產生出來的最重要的成果，Kuhn三本專著中的第一本，談論科學史的傳統主題《哥白尼革命》，後來由哈佛出版社出版❸。這對於Kuhn取得終生教職是必需的。

　　就《哥白尼革命》一書自身來看，這本長達三百頁的專著更像是一本教科書。事實上，這也確實是Kuhn在哈佛擔任「科學史與普通教育」課程時所用過的一份主要的材料。Kuhn在前言中滿懷激情地提到了他的兩位哈佛的同事，L. K. Nash，一位熱情支持他工作

---

❶　例如1991年的獎金額平均為$26,469／年，共有3,474人申請而最終167人獲得。

❷　見下文「化學革命」一章。

❸　見下文「哥白尼革命」一章。

的哈佛化學家和J.B. Conant。Kuhn說，和Conant一起工作使得他懂得對科學史的研究可以產生對科學研究的結構和功用的全新的想法。而且，要不是有了對哥白尼革命的研究，其他關於科學史的工作也不可能順利進行。Kuhn對Conant的感激敬佩之情，Conant對《哥白尼革命》一書的影響，Kuhn用一句話來概括："He fathered it."的確，除此以外什麼樣的說明都是多餘的了。

在《哥白尼革命》中，Kuhn對科學史和科學哲學作了第一次系統的闡發。首先，他提出科學史就是思想史❷：

> 科學概念其實就是思想觀念，因此科學概念就成了思想史的一個主題。科學史的這種做法至今還不多見，那祇是因為幾乎沒有歷史學家受過處理科學材料的技術方面訓練而已。

然而Kuhn，哈佛大學的物理學博士，當然有能力承擔這樣的工作。在《哥白尼革命》中，處處透露出Kuhn用思想史的大框架處理科學發展的消息來。從七、八年後他的《結構》的主要觀念反觀《哥白尼革命》，我們已經可以尋見諸如「規範」的概念，「革命轉折」的概念和「反常」的最初形態了。尤其是如何「按亞里斯多德的方法理解亞里斯多德的理論」，更是本書力圖追求的。《哥白尼革命》和1954－55年的Guggenheim獎助金因此被Merton稱為Kuhn想法做法的「分水嶺」。在這以後，Kuhn就成了強烈哲學取向的科學史家或者是強烈歷史取向的科學哲學家了。

在獲得Guggenheim獎助金後不久，Kuhn又得到了正在籌辦的

---

❷ *The Copernican Revolution*，p.vii，在1981年，第十一次印刷本中是 p.viii.

Berkeley 行為科學高等研究中心的邀請。這一意外收穫來自一個冗長的程序：

行為科學研究中心是一個研究機構，其組織方式頗為特別。簡單地說，它的成員是邀請來的而不是通過美國常見的「申請→審核→面談→決定」的程序遴選的。但是這種「邀請」模式並不容易實施。行為中心首任主任 R. W. Tyler 對於他的組織法有有趣的說明❷。他把可供考慮的候選人分為三個年齡組：45歲以上的，這通常都是大學的正教授，在各自領域裏都已事業有成，因此不難選出；35到45歲的，多數也都已獲得終生教職。以上兩組在本專科內已為人所熟知，著作已經刊行，所以評價比較容易。問題是35歲以下的年輕學者，他們的學術水準不易判斷，更不用說他們的學術潛力了。為此，Tyler的工作班子為主要的年輕學者建立了一個資料庫。這個資料庫為每位學者做了一份檔案，其中含有一份通常的履歷，主要出版物和評價，特別是由本中心邀請的由資深學者所做的分析和估價。這個資料庫涵蓋了2000多位人選，歷時兩年才初見規模。

這個資料庫為一個全國性的遴選委員會提供基本資料，而後這個委員會提出提名，再由中心的主管行政部門審核。如果一切順利，則對當事人發出邀請，而這個被幸運地選中的人到這時才真正與中心發生關係。

1955－56年間組建的第一代中心工作人員共有36人，Kuhn是其中六個最年輕的學者之一，時年三十二歲。主要研究成員的專業集中在心理學、社會學、人類學、政治學和經濟學方面，這正是這個研究所，「行為科學」所理所當然地要研究的學科。此外還有一

---

❷　R. W. Tyler, "Study Center for Behavorial Scientists," *Science*, *123*
　　(1956) 405.

位「行為生物學家」。 但一位研究科學史的物理學博士也在被邀之列，則令人小感意外。

按Merton的追述，當年力薦Kuhn的主要是Kuhn在哈佛的老師。首先是Edward A. Shils，一位對社會學和知識發展很早就懷有強烈興趣的老教授，早在1936年就同別人一起翻譯了Mannheim的書，在哈佛一直進行著合作研究項目。Merton也是薦主之一。Merton對於科學史一直懷有特別的好感。他本人是社會學家，但他堅信必須融合科學史的研究，才能對社會作完整和深入的說明。他長年擔任國際科學史專業期刊*Isis*的編輯工作，和哈佛科學史專業有密切的聯繫。

出於這些德高望重的老師的大力推薦，Kuhn被選入行為科學中心的第一屆研究人員名單。當Kuhn接到邀請時，他已是Guggenheim獎助金的領取者了。不得已，Kuhn謝絕了行為中心的邀請。Guggenheim一年期滿，Kuhn轉入Berkeley參與該校的一個試驗性的科學史專業班。雖說1955年未能進入行為中心，但既然在Berkeley任教，自然有近水樓臺之便。Kuhn又再次得到邀請，是為1958年。

這個機會在Kuhn說來實在是太理想了。行為科學中心是一個非教學部門，他因此免去了沉重的教學任務，可以專心做研究。而且，行為中心聚集了一批優秀學者，各自學有專精，不少人的專業是社會、政治和組織方面的，這和Kuhn所熟悉的物理、歷史相去頗遠。Kuhn在這兒，既有靜心澄煉他自己的想法的時間和安寧，又有學習討論擴展自己的可能。這一機會到來的時刻，按Merton所說，也是絕好的：Kuhn進入研究中心的1958年，距他最初注意到「科學革命」的概念大約十一年，距他第一篇科學史文章發表八年，距《哥白尼革命》的寫作三年。

這一靜心澄煉的結果，就是四年後出版的《科學革命的結構》。先是，芝加哥大學的Charles Morris，Rudolf Carnap和哈佛的Philipp Frank主持一套《統一科學百科全書》，邀請Kuhn撰寫有關「科學革命的結構」的文字。這個題目既已盤旋在Kuhn心中十多年，現在各方面條件具備了，自然下筆如有神。1959－61年，僅僅兩年多一點的時間，全書完成。這時Kuhn四十歲。「四十而不惑」，Kuhn對這本書當然有信心。但他當時也沒有想到，在以後的三十年裏，這本書將被一再重印至七十五萬冊，被移譯為十九種文字❷；這本書所討論的問題，將伴隨他走過一生。

5.從Berkeley到普林斯頓

Robert Merton說Kuhn寫《科學革命的結構》，在於「機緣巧合」，遂得盡展其才，確實有一定的道理。《科學革命的結構》一書，來自Kuhn長年的科學史研究和對於科學史的哲理性沉思。這種精神上的，甚至是潛意識上的追尋，起於他最初從一個理論物理研究生的角度理解亞里斯多德的努力，繼以作為專業科學史家對科學史的研究，尤其是對哥白尼的研究。這些觀念，這些想法的影子，已是蘊育胸中多年了。一旦接觸到行為科學研究中心的一大批社會科學家，這些想法即迅速成熟。

1958年Kuhn進入行為科學中心對於Kuhn思想的發展有重要的建設意義。簡言之就是他離開了他所為培育的、他所熟悉的自然科

---

❷　這個統計數字止於1991年。其中中文實際上有兩個譯本，即以第一版為原本的李寶恆譯本（1980）和以第二版為原本的程樹德譯本（1989）。

學和科學史的環境，進入了一個社會科學、尤其是社會學家的群體。Kuhn後來追述說❷，這是「這個專題研究的最後階段」。把整個思考串接起來，使整個科學發展的歷程突然顯示出一種理性的關鍵在於以下問題的提出：何以社會科學中能有諸多不相容的理論和模式共存，而自然科學一般不允許相互牴觸的理論和做法同時存在？Berkeley 行為科學研究中心的研究人員向 Kuhn 展示了一種他所完全不曾了解的研究學問的方式。自然，Kuhn把社會科學和自然科學的研究作為兩大門類做了比較。他發現，自然科學的研究中有一種對科學家行為的隱而不露的約束，這種約束的作用方式非常奇特，這種約束的轉變方式也非常奇特。Kuhn認為，這是研究自然科學幾百年來發展，理解自然科學史的核心概念，他給這種約束起了個名字，叫做「規範」。

1959年Utah大學召開了一個「科學人才識別研究會議」。這種會議現在是不多見了，但在五十年代末，舉國上下關心為何被蘇聯超過，讓蘇聯搶先發射了人造衛星的氣氛中，這種討論教育革命的會議並不少見。與會者以教育家、心理學家為多。Kuhn既然是「行為科學研究所」的一分子，自然也在邀請之列。

在會上，Kuhn作了題為「必要的張力」的發言，並散發了一個題為「測量在現代物理科學中的作用」的書面發言❷。後來的發展表明，這兩篇文章是Kuhn構思《結構》時的少數關鍵文章之一。在〈必要的張力〉一文中，Kuhn提出了他的，日後引起整個學術界熱烈討論的「規範」概念。在〈測量〉一文中，他又提出了「常規」、「反常」和「危機」等一系列相互關聯的概念。由此可知，結構的

---

❷　《科學革命的結構》，李譯本，iii—iv頁；程譯本，38頁。

❷　兩文見於《必要的張力》，第九篇與第八篇，黃亞萍、曾慶宏譯。

主要論點，在1959年晚些時候已經形成了。

　　1959年的Utah大學會議兩篇論文發表同時，另外一篇「純歷史研究」，〈能量守恆定律作為同時發現的一例〉也在《科學史的關鍵問題》一書中發表❷。這本書是一個論文集，當時科學史界最活躍的學者均有貢獻。Kuhn的〈能量守恆〉一文，在歷史學界頗受好評，他的歷史學家的聲名由是確立。Kuhn研究了一個頗為複雜的歷史事件，對科學中最重要、最基本的定律作了歷史的追尋，顯示了他作為歷史學家的實力。從Kuhn的思想發展上來看，這篇文章則更偏重於常規科學研究的特點。

　　進入行為中心標誌著 Kuhn 的研究工作進入第一個安定時期。1958年，Kuhn 發表文章、書評四篇，1959年高達六篇，其中包括上面提到的〈必要的張力〉和〈能量守恆〉這樣重要的進展。事實上，〈測量〉一文也在1959年完成，祇是其出版因故推遲到1961年而已。與此相對照，1960年Kuhn祇發表一篇會議論文，內容是他四、五年前所熱心的 S. Carnot，1961 年祇發兩篇，一篇就是前述的〈測量〉，實際上屬於1959年，另一篇還是Carnot，內容與上年會議論文接近。顯然，Kuhn在1959—61年間全力從事《結構》的寫作，無暇旁騖。

　　《結構》一書的主題，據Kuhn在「前言」中說，醞釀胸中十五年之久。1958 年進入行為中心以後，又得與諸多社會科學家討論，繼而在學術會議如 Utah 人才會議上發表片斷，又有《哥白尼革命》的研究基礎和寫作經驗，所以寫作過程相當順利。有一些片斷曾寄給同行如Merton閱讀，但總的說來可以說是「一氣呵成」，總結了Kuhn科學哲學和科學史觀念。寫完重讀全書，Kuhn自己馬上認識

❷　後來也收入《必要的張力》，是為第四篇，羅慧生譯。

到，這一進展該有重大意義。於是寫信給Merton，詢問該篇文字是否可以單獨成冊出版❷。

Merton與芝加哥大學出版社商討的結果是，《科學革命的結構》，Kuhn對於科學史科學哲學的重要闡述，同時作為單篇專著和《統一科學百科全書》的一部分出版，時為1962年年底。

《結構》出版的最初兩年，學術界的反應是謹慎的。在書中，Kuhn對科學的歷史發展作了哲理性的思考，把科學發展分為「常規科學」、「反常」或「危機」、「革命」諸階段，對歷史學家來說似乎無可無不可。科學發展有時快一些，有時慢一些，科學中的變革有時大一些，有時小一些，所有這些都是歷史學家所熟知的——當然Kuhn這樣說也沒有什麼錯。事實上，Kuhn學說中真正新鮮的東西，學術界還需要時間來消化和理解。

1961年，《結構》一書接近完成時，Kuhn又參加了另一個大項目工作。上世紀末到本世紀初的四十年，在物理學的發展上是一個足以與「科學革命」時代比美的輝煌時期。量子物理學、相對論和量子統計理論的產生和發展，百千倍地擴大了人的知識和力量，也同時造就了百千優秀的科學家，形成了一個真正的英雄時代。如何把這一段壯麗的歷史記錄下來，整理出來，一直是科學史家所關心嚮往的。1955年愛因斯坦在普林斯頓逝世，1958年W. Pauli在蘇黎士逝世，向科學史界提示了這項工作的急迫性：如不立即行動，很多歷史發展的細節可能永遠無法了解，很多寶貴的經驗可能會永遠喪失。遂有「量子物理學史史料」計劃之議，目的在於通過對老一輩物理學家的採訪，盡可能地收集量子物理學發展的第一手資

---

❷　Merton的前引回憶錄，pp.104—05。

料❷。1961－64年間，Kuhn與他的學生J. L. Heilbron以及另外兩人，受美國物理學史協會委託，從事此項計劃。這對理論物理學出身的科學史家Kuhn說來，當然令人愉快。然而，還有更令人愉快的事。

1963年底，哈佛大學校長向當時在普林斯頓教科學史的Charles C. Gillispie教授發出邀請，請他往哈佛擔任科學史系主任。可是這時Gillispie已在普林斯頓安了家，再加上普林斯頓嚴謹的學院氣氛也很合他的個性，Gillispie決定試圖不去哈佛。他面見了普林斯頓的校長，申訴了他希望在普林斯頓建立科學史專業以便做到與哈佛旗鼓相當的意見。結果是，他被任命為歷史系科學史專業主任，受命組建這個專業。

Gillispie當時手上有三個教職的空位。首先想到的當然是他近二十年的朋友，當時正在Berkeley的Kuhn。當年他們兩人都在哈佛研究院時，曾同任一個「學院」的指導教師。按哈佛管理習慣，大學生常被編入較小的管理單位，稱為「學院」。 各個不同專業的學生，因此有機會同處一處，相互學習。每個學院又有一些教學輔助人員，常由研究生或青年教師擔任。Kuhn與Gillispie為同屆研究生，興趣氣味相投，又同任指導教師，自然較為親密。於是，1964年上半年，Kuhn辭去Berkeley的工作，移硯普林斯頓。

1964年對Kuhn來說真是令人愉快的一年。普林斯頓的終身教職

---

❷　這一計劃最後完成後做成兩份，主要是錄音帶，分在哥本哈根的玻爾研究所和紐約東45街上的Institute for History of Physics。Kuhn與其他參與者曾作過一個簡要的介紹，*Sources for the History of Quantum Physics: An Inventory and Report*，Philadelphia：American Philosophical Society，1967.這份原始資料內容豐富，但使用頗為不便，所以至今未聞有基於這份資料的大型研究。

使得他可以安頓下來靜心研究,《結構》的出版使他聲譽鵲起,「量子
物理學史史料」計劃的順利進行又為Kuhn提出了無數全新的、令人
神往的研究課題。嚴格地說，物理學從經典領域過渡到量子領域，
是一次最典型的規範轉換。剛剛寫完《結構》，Kuhn自然想利用這
一段史料把他的科學史和科學哲學理論再推上一個新的高度。而且，
以量子物理的學科內容，Kuhn是哈佛的本專業的博士，受過系統的
專門訓練；以對史料的占有和熟悉，Kuhn參與主持了龐大的史料計
劃；以學術環境而言，Kuhn在普林斯頓，周圍有一大批訓練有素的
歷史學家，產生過十二位諾貝爾獎獲得者的物理系近在咫尺，領導
科學哲學一代風氣的 Carl Hemple 和將要領一代風氣的 Larry
Laudan就在同一小組裏工作,Kuhn的學術生涯這時真正處在輝煌的
頂點。

6.普林斯頓

　　1964年夏天，Kuhn移居普林斯頓，不久，搬進了Queenston 6
號，開始他一生中最長一段安定的教學寫作生活。安頓下來總是令
人愉快的，何況是在普林斯頓這樣的「柏拉圖的天堂」，何況是和
好多老朋友共事呢!

　　普林斯頓大學的科學史與科學哲學專業建立於1964年 ❸。但早
在1956年，C. Gillispie已開設大學高年級學生適用的「1900年以前
的科學思想：歷史及其影響」和研究生適用的「科學史」。根據普

---

❸　　以下關於普林斯頓科學史專業的介紹、課程設置和教員情形，均據學
　　　校檔案，藏Seeley G. Mudd Lib. Arch.

林斯頓的傳統，這些科學史的相關課程歸在歷史系。1960年,「科學史和科學哲學」被列為「專科」，由一個五人小組負責，Gillispie任組長，其他成員包括物理系的 V. Bergman，哲學系的 Carl Hempel和Hilary Putnam。這一小組進行了三年工作，到1963年，進一步擴充為「多系科教學組」，又加入了 S. Bochner, W. J. Oates 和G. T. Reynolds等人，分別負責數學、物理史和古籍的教學。至於1964年，由哈佛對Gillispie的邀請為契機，正式成為與系同級的「學科」，教員也不再如以前那樣兼職，而設專任教授四人，是為 S. Bochner,Carl G. Hempel, C. Gillispie和T. Kuhn, 仍由Gillispie任主任。另外還有副教授一人，是為 A. I. Sabra，這時他正忙著寫他那本日後讓他出大名的《從笛卡爾到牛頓的光學理論》。次年，1965年，M. Clagett 加入這一教學團體。碩學鴻儒，一時濟濟。對於學者說來，能有一個這樣的學術環境，自然是再讓人滿意不過的了。

　　普林斯頓大學素以重視本科教學著名。本科生的導論課往往都由最著名的大學者執教，對教員教學方面的要求也比較嚴格。Kuhn到普林斯頓，第一件事就是要安排一個教學計劃。

　　1964—65學年，Kuhn和Gillispie合講「科學思想：歷史及其影響」。這本來是Gillispie開設多年的課，現在充實內容，分兩個學期，在大學三年級授課。Gillispie講前半，第一學期，內容到1800年止；

Kuhn講後半，內容從1800年起。據Kuhn的課程內容來看❸，他要介紹「化學革命與原子理論」,「科學和工業化」,「科學機構的組織與政治」,「新興的生物學」,「能量學說」和「現代物理學思想的歷

---

❸　Kuhn為1964—65 *Undergraduate Announcement* 寫的「課程介紹」，同
　　藏上引圖書館。下引課程介紹，均據各年*Announcements*。

史背景」。很容易注意到，這些題目與Kuhn在五十年代和六十年代初的研究課題是一致的，Kuhn要向大學生們介紹他的研究成果。至於為研究生所開的課，則是聽起來平實得多的「科學史」。同一年，科學史研究班的研究生們還必須學習「科學哲學」。儘管由於《科學革命的結構》Kuhn正蜚聲哲學界，這門課仍舊由老前輩 Carl Hempel主持，而Kuhn則被認為是一個歷史學家。Hempel的課的主旨在於研究「自然科學和社會科學的結構、方法和前提」，聽起來與Kuhn的口味頗為相合。

1966—67年間，Kuhn開出現代物理學史，這和他在「量子物理學史史料」計劃中的工作有密切的關聯，和他後來撰寫《黑體問題》也有密切的關聯，當是一件承啟前後的事。1967—68年Kuhn更開出「科學知識的發展」，力圖把科學作為連續歷史活動的成果來研究，分析其中一系列的哲學問題，考察舊的觀念系統被替換時新舊科學知識系統在價值上和觀念上的關係。這二門課都是為研究生開設的，在以後的十年中經常出現在 Kuhn 的授課目錄上，成為他所心愛的「保留劇目」。

與此同時，C. Hempel 仍舊教他的科學哲學。1968 年起，Paul Benacerraf 開設「數學哲學」，Lawrence Sklar 則教起了「物理哲學」，而傳統的史學科目則仍由C. Gillispie和當時正當三十歲的M. S. Mahoney擔任。總的說來，Kuhn授課不多。一方面他不太喜歡教書，尤其是本科生的課，他始終覺得是一個負擔；另一方面他的《科學革命的結構》正迅速成為學界討論議論的中心，他需要更多的時間去注意這方面的發展。

先是，《結構》於1962年出版，反應並不十分熱烈，注意的人也僅限於歷史學家。可是《結構》對歷史學家說來，似乎沒有提供

什麼十分新鮮的東西。《結構》所談的科學史，不論大的時代還是個別歷史事實，均為史界所熟知。至於分析，那麼對「科學革命」的分析實在是汗牛充棟，讀不勝讀。

可是一年多一點以後，1964年起，《結構》一書開始引起普遍的重視。首先是社會學家。一如前述，哥倫比亞大學的Merton，一直注視著科學史的發展。他認為科學和技術的發展，是構造社會學理論，解釋社會現象的必不可少的一環。在Kuhn的著作中，他發現社會學進一步發展的一條途徑是建立「規範」之類的概念，社會學家們立即熱情地討論起"Kuhnism"來。

科學家則從另一個角度欣賞《結構》。《結構》給出的科學發展的階段理論：「常規科學」進而發展引出「危機」，或「反常」，通過被稱為「革命」的手段加以調整以後繼續發展，對於科學家說來非常暢曉明白，非常親切。他們覺得他們在從事具體的研究的同時，眼界一下子開闊了許多。六十年代中期，科學發展已進入這樣的一個紛雜繁複的階段，沒有人能自稱為「科學家」，也沒有人能自稱為「物理學家」。或者有少數人能稱得上「核物理學家」，但大部分人則是在更窄的專行中的「專門家」，如對某一型核反應堆的減速劑的核化學性能的專家或對登月火箭返回地面時彈頭形狀與發熱關係理論的專家。這種趨勢為科學發展所必然，但對科學本身卻不啻一個嘲笑。科學本來是為了瞭解我們廁身其間的世界而發展起來的，而現在科學家成了對世界整體了解最少的人。通過《結構》，科學家重新發現了自己，發現了自己在人類認識的偉大圖畫上的地位。——他們仍舊在處理非常專門的問題，但至少他們知道他們是這張偉大圖畫的一部分，甚至哪一部分；他們知道他們是這一偉大進程的一環，甚至哪一環。

心理學家所看見的又不同。因為Kuhn的工作明白地採用了心理
學的方法和術語，廣泛地利用了發展心理學的成果，他們覺得Kuhn
所開闢的，是心理學的一個新世界。

科學哲學的研究也因此深得啟發。至於 Kuhn 為止的科學哲學，
一直是祇有專業哲學家才感興趣，才有能力討論的科目。科學哲學
家的最終目標是如何把科學歸納到哲學分析中去。因此，研究科學
的邏輯結構，科學分析或結論的「合法性」以及科學用語的語言學
問題，是科學哲學的主要話題。為了保證論述無歧義的精確性，科
學哲學家用的都是人為構造出來的、比較單純的例子。但是論證「所
有烏鴉都是黑的」和「凡不是黑色的東西就不是烏鴉」等價或不等
價，在外行人看來如同癡婆說夢，在科學家看來枯燥無味，在歷史
學家看來不知所云。科學哲學的深奧繁瑣，令大部分讀者昏昏欲睡。
現在Kuhn的文章，植根於科學史的研究，內容具體，分析明白，正
好像在科學哲學界吹起一陣新鮮的涼風，讓人精神為之一振。

到1964年，《結構》成了談論的中心，1965－66年間討論Kuhn
論題的重要文章有十七、八篇之多，並且展示了一種趨勢：不是因
為這些討論解決了大家所關心的問題，而是由之產生了大家所共同
關心，都有興趣的問題。

所有這些反應都是Kuhn始料所不及的。三十年後，他不無躊躇
滿志地回憶說❸，「人們，對我說來似乎是大群大群的人，……非要
從我的著作中挖掘出那些本來不存在的想法，其中有些是我所絲毫

---

❸　T. Kuhn 為 Parl Hoyningen–Huene, *Wissenschaftsphilosophie Thomas
　　Kuhns*,　Braunschweig：Vieweg & Sohn, 1989, 所寫的序。該書有
　　Alexander T. Levine 的英譯, Chicago：Chicago University Press, 1993,
　　引文見p.xi.

不能苟同的……。」

　　Kuhn當然重視別人的討論。但是，一本書一旦出版，就有了它自己的生命，誰也無法規定別人的想法。Kuhn在普林斯頓的最初幾年，並沒有打算做深入的答辯，祇是注意地閱讀別人的批評罷了。因為除了上課教學之外，他還在準備他的「下一本」書。既然《結構》引起了如許反響，下一本書必須是一本真正出色的書，這是Kuhn當時注意力所貫注的地方。

　　這本書的主題選定為量子物理學史。1961—64年間為「史料計劃」的工作，使得Kuhn成為世界上少數幾個對量子物理發展的第一手資料了解得如此深入廣泛的人。而且量子物理的發展從本質上說來，是關於「規範」替換，新舊概念體系更新的最好的例子。《結構》一書的主題，將在這裏得到最好的發揮。Kuhn在這本書上下的功夫，寄託的希望是顯而易見的。1967—68年間，Kuhn發表了兩篇關於量子物理史的文字[33]，為九本關於量子物理學史的書寫了書評。事實上，這兩年他除了應邀為《社會科學百科全書》寫了一個條目「科學史」之外，祇有一篇短文與量子物理學史無關。

　　在普林斯頓，Kuhn是個真正的忙人。1964年，他參加了一個「社會科學研究」的工作小組，不久又參加了Gillispie主持的《科學家傳記辭典》的編寫委員會。1967年起任普林斯頓大學科學史專業的主任，1968年至1970年任美國科學史研究會主席。他的學術工作也充分被肯定：1968年，他被選為M. Taylor Pyne講座教授，是為普

---

[33]　即上文提及的*Sources for the History of Quantum Physics: An Inventory and Report* 和 "The Genesis of the Bohr Atom," *Historical Studies in the Physical Sciences，1*（1969）211—90.後一篇文章與J. L. Heilbion合寫。

林斯頓歷史系的第十二個講座教席。

講課、研究，寫作、討論，這大概就是學者的生活了。除此之外，他們還需要什麼呢？

7.從普林斯頓到MIT

其實學者也和常人一樣，需要一個世界。他們的工作需要別人理解，他們需要和別人討論交流，他們還需要別人的關心和愛護。

1970年初，Kuhn明白地感覺到他的《結構》未被很好的理解，有些部分他本來也未能講清楚，所以他企圖作一些澄清和修正。在六十年代末七十年代初，最引發爭議的是「規範」一詞。在《結構》和別的文字中，Kuhn從未正面定義過這個Kuhn理論的核心概念[34]。「規範」或「範式」或「典範」在Kuhn理論中，是一種隱秘的，具有約束力的樣板，對科學的發展起重要的制約作用。因為沒有明確的定義，所以這個神秘的詞獲得了最廣泛的討論和發揮，也招致了尖銳的批評。

面對科學哲學界的批評，Kuhn寫了兩篇文章，發表在I. Lakatos等人編寫的討論知識成長的論文集中[35]。稍後，又藉《結構》再版

---

[34] 原文是一個字paradigm，這兒的三個譯名分別見於李譯《結構》19頁，《必要的張力》229頁，以及程譯《結構》67頁。本書中三種譯法雜用，文從字順而已。

[35] 即《發現的邏輯還是研究的心理學？》，原載於*Criticism and the Growth of Knowledge*, ed. I. Lakatos & A. Musgrave, Cambridge：Cambridge University Press, 1970, pp.1－20, 中譯本見上引《必要的張力》第十一篇，紀樹立譯。另一篇"Reflection on my Critics"，見於上引Lakatos編的文集，pp.231－78，未聞有中譯本。

的機會，撰寫了一篇很長的跋，即「1969年再版後記」❸，討論有關的批評。但是這些文字顯然未能解決問題，反而使問題的爭論更趨熱烈，而且離Kuhn原意更遠了。

　　爭論主要在哲學家們之間進行，而理論的發揮則是社會學家和心理學家的功績；至於歷史學家，他們不為所動，依舊致力於史料的發掘與史實的重建。1974年，Kuhn發表「再論範式」❸時，他討論的對手幾乎清一色地變成了哲學家：I. Lakatos, K. Popper, R. S. Cohen, 和F. Suppe。哲學的力量就這麼大，科學史家Kuhn為了想說明科學史的哲學意義，身不由主地變成了哲學家。

　　比Kuhn更新一代的科學哲學家，迅速地接過Kuhn歷史主義的做法，把科學哲學的歷史學派發展到煥然一新的局面。

　　1970年I. Lakatos和A. Musgrave主編的《批評與知識的增長》出版❸。這是英國倫敦政經學院 Lakatos 及其學派主要代表作的匯編，其中Lakatos自己寫的〈證偽和科學研究綱領的方法論〉一文，正是這一學派主要意見的正面陳述。Lakatos 批評 Kuhn 在批判Popper的證偽主義時，未能注意到還有「精緻」的一面，這種精緻證偽主義可以避免Kuhn的批評，並把科學革命當作合理的進步而不當作信仰的改變展現出來。

　　次年，Lakatos再發表文章❸，論述科學史的理性結構及其重建。

─────────────

❸　這一篇跋見於《結構》英文第二版, pp.174─210, 中譯見上引程譯《結構》233─270頁，傅大為譯。

❸　中譯見上引《必要的張力》第十二篇，紀樹立譯。

❸　即上頁注35所引Lakatos所編文集。

❸　I. Lakatos, "History of Science and its Rational Reconstructions, "in *In Memory of Rudolph Carnap*, eds. R. C. Buck and R. S. Cohen, Dordrecht：Reidel, 1971, pp.91─136.

與 Lakatos 在英國約略同時而稍早，加州大學的 P. K. Feyerabend 在美國刊出一系列文章引起科學哲學界注意。在上述 Lakatos主編的文集中，也有他的大作。1976年，他的代表作《反對方法》出版❹。在某種意義上，Feyerabend更贊成強化科學史在科學哲學中的地位。他利用科學史強調說，事實上沒有任何普遍適用的東西在科學中起過支配作用。那麼Kuhn的核心概念，神秘的約束者「規範」就沒有存在的空間了。1978年，Feyerabend再在德國發表兩篇文章，正面討論Kuhn的科學革命理論。

Kuhn在普林斯頓的同事H. Putman等人則從語意哲學的角度來看問題。1974年在紀念Popper的文集中先有一文，1975年，他的《哲學論文集第一卷：數學、物質與方法》出版❹，提出了全面的論述。

D. Shapere❹對Kuhn的發展是從對《結構》的書評開始的，接著 1964，1969，1971、1974、1977 逐年發展，最後提出一種「科學實在論」。Shapere既不同意Kuhn，又不同意Popper，對Lakatos和Feyerabend也都有修正，自成一派。

七十年代的科學哲學界，學派林立，觀點紛繁。Kuhn對於這新一波的發展，當然有開關之功，間或也參與討論，但顯然已不再是討論的中心了：對科學哲學這樣迅速發展的學科，十五、六年前的

❹ P. K. Feyerabend, *Wider den Methodenzwang. Skizze einer anarchistischen Erkenntnistheorie*, Frankfurt：Suhrkamp, 1976. 該書英譯本遲至1988年由London：Verso出版，但是一個修訂本。

❹ H. Putnam, *Mathematics, Matter and Method, Philosophical Papers*, v.1, Cambridge：Cambridge University Press, 1975.

❹ D. Shapere, *Philosophical Review, 73*（1964）383—94，以後好幾篇論文都收在*Reason and the Search for Knowledge*, Dordrecht：Reidel, 1984.

《結構》，已經是歷史了。

但是歷史學家Kuhn還在工作。1972年，他受聘任普林斯頓高級研究所研究員。該所制度，總聘有百餘研究人員，但其中僅二、三十人為常任，其餘皆為短時聘任。這樣可以不斷有人員交流，保持研究所始終處於學術前沿。Kuhn當然極為愉快，一則他可以進一步減少在大學的教學任務，二則這個曾由A. Koyré擔任的工作對任何科學史家都是終生的光榮。——Koyré在法國高等研究院的一席，則由C. Gillispie兼任。

1978年，談論已久的「下一本書」出版，是為《黑體理論與量子不連續性，1894—1912》❹。這本書所依據的工作，或者它的最初肇始，在「量子物理學史史料」計劃，距Kuhn動筆撰寫已有十五年了。十五年間隔產生了兩個後果：一是這個主題經歷了長年的思索和收集資料，二是有些細節，尤其是技術細節，又由於年代相隔久遠而變得模糊不清了。

寫作者有時會經驗到這樣一種情形：一個主題，資料越是豐富，對主題的思索越是長久和深入，越是想寫得好，反而有害於寫作。因為資料在頭腦裏雜陳羅列，主要論點又常常交織紛繁，寫作時反而覺得難於排比，線索也不能流暢爽捷。Kuhn在寫《黑體》一書時，正是這種局面。

但是他決心寫好這部書。這部書貫穿他一生三個主要學術方向——理論物理學、科學史、哲學，應該是他一生學問的概括和結晶。在寫作期間，他身心全為之吸引。好在普林斯頓大學的事不多，所

---

❹ T. S. Kuhn, *Black-Body Theory and the Quantum Discontinuity*, *1894—1912*, N.Y.: Oxford University Press, 1978. 下文提及本書是牛津大學出版社出版，蓋指美國，在英國則由Oxford: Clarendon出版。

任一、兩門課也與寫作方向一致，又講授多年，駕輕就熟，而且還
有幾個得力的學生和助手如J. L. Heilbron和Norton Wise，1975－77
年，三年時間，書稿也就寫完了。

　　這是一部標準的科學史著作：三大部分，十章，正文 254 頁，
注釋94頁，徵引書刊手稿近370種，這還不包括「史料」計劃錄音
帶所提供的內容。連出版者也是「標準的」：1978年，這部談論已
久的書由牛津大學出版社出版。這部他傾注了巨大的精力，寄託了
誠摯的希望的書出版的時候，Kuhn 的心情的確不是外人所能了解
的。在感謝了他的家人為他的寫作所付出的種種犧牲之後，Kuhn寫
道：「有時候他們一定會感到困惑，不知道這些犧牲會不會得到相
應的回報。」**❹❹**

　　"Whether the flame is worth the candle"，答案是令人失望的。
《黑體》所產生的影響不如《結構》遠甚，書評也非常一般，──
甚至還不能說是「一般」。量子物理學史久負盛名的研究者 Matin
Klein，耶魯大學物理學史的Eugene Higgins 講座教授，在一年後的
書評中直率的寫道：「……本書未符所望。……作者花了這麼多努
力來討論這一事例，卻未能展示複雜性與多樣性，也未能展現量子
物理學發展最初年代在知識界激起的興奮和激動。」**❹❺**

　　來自哲學界的和社會學界的評論也是平平，──如果能稱得
上是「平平」的話。哲學界驚訝地發現諸如「規範」之類的概念並
未得到闡發，社會學界則對於《黑體》是一部純粹的概念史感到失
望。的確，《黑體》所處理的1894－1912年量子物理史，是人類認
識史上最令人困惑，也是最令人振奮的年代，因而歷史學研究也多，

---

❹❹　上引Kuhn，p.xiii.

❹❺　*Isis*，*70*（1979）429－40，引文在p.434。

其中不乏名家手筆，不乏深刻精闢的分析。要百尺竿頭，再進一步，實在很難。

最感到失望的，不用說，是Kuhn本人。就像人們常常相信預感一樣，《黑體》在寫作時就讓Kuhn費了很多氣力，及至出版，他在序言裏寫下的"Whether the flame is worth the candle"──得不償失的擔憂，竟成了事實。

《黑體》所討論的主題，同樣也是Kuhn在普林斯頓大學的拿手課程的主題。「二十世紀物理學史」或「量子物理學中的哲學問題」是他所心愛的題目。對於這些問題的種種研究，種種沉思，往往最先出現在課堂講授裏。「現代物理學史」他講了不下十次。可是1976─77學年的最後一堂課，當Kuhn講完這一段深奧玄妙，燦爛莊嚴的歷史時，學生沒有按普林斯頓的習慣鼓掌致敬。Kuhn被深深地傷害了。這是他最後一次講授這個主題。

這時他住在高等研究院幽靜的宿舍區，除了婉轉鳥語，松林裏的風聲之外，有時可以聽見鄰家的鋼琴。在忙碌的人看來，這幽靜是不可企求的享受；對孤獨的人說來，這直成了不可忍受的壓力。1978─79年，Kuhn有例行的教授休假，他藉此去了紐約大學；次年，恰好麻省理工學院有不用擔任教學任務的研究教授席缺，Kuhn遂辭去了他的講座教授席位，移居波士頓。以後他還多次回到普林斯頓，包括1990年專程來參加老友Gillispie的退休儀式，但再也沒有在這個他度過了他最輝煌和最孤獨的歲月的小鎮久住過。

麻省理工學院的教授席很適合Kuhn的口味，事實上，他也要作一靜靜的反思。1981和1982年，他基本上沒有發表文章。1983年，他又重新討論他最早提出的基本概念如「可共量性」、「可比性」和「溝通可能性」。以後各年，都有一些論文發表，包括接受Bernal獎

金時的講話。1992年，在哈佛科學史系作《科學的歷史哲學所遭遇的困擾》，回顧和討論了這個他為之努力一生的大題目**⑯**。

1993年冬，Kuhn開始覺得時有不適。1994年春天，醫生診斷為肺癌。旋入院手術治療，效果良好。在這以後，Kuhn一直靜靜地住在他紀念大道的公寓裏。從公寓的窗口向東望去，可以看見樹蔭深處查爾斯河靜靜流過。河水有時在夕陽下會燦爛地閃耀，但大多數時候祇是靜靜地流過，提示著一種發人深省的沉靜。

---

⑯　"The Trouble with the Historical Philosophy of Science,"這是Kuhn 1991年11月19日在哈佛作的Robert and Maurice Rothschild 榮譽講演，後由MIT印成小冊子非正式發行。

第二章　「化學史」和Kuhn早年對科學史的研究

說「化學史是科學史的母親」，這究竟在多大程度上可以成立，恐怕一時難以判定。但於Kuhn個人來說，倒很有幾分道理。

從哈佛畢業以後的最初幾年，Kuhn的主要注意力顯然是在化學史上：除了1951年三篇由博士論文改寫衍化的物理學文章外，他一連氣發表了四篇討論十七世紀化學的文字，其內容大致可以分為兩類。

一是從牛頓《光學》所附的一個「疑問」出發，質疑原文，認為史料有問題，進而討論牛頓的化學反應機理理論，即「鎖鎚」理論。這一系列努力並不成功：科學史界顯然不接受Kuhn對史料的質疑，而Kuhn也未能因此建立起他的科學史家的聲譽。——這一聲譽還要再過八年，等他的〈能量守恆定律作為同時發現的一例〉發表，才最終建立起來。

另一方面是對波義耳和十七世紀「結構化學」的研究。從本質上說，這一研究與對牛頓《光學》「疑問」的研究个同，屬於歷史學或者是哲學的分析而不是對史料的校核考證。以後我們會看到，這是Kuhn的當行本色。事實上，Kuhn以後漫長的科學史科學哲學

生涯中，史料研究再也沒有占主要地位了❶，而對科學發展的歷史
學和哲學研究，最終使Kuhn得享幾乎「第一人」的大名。

本章討論Kuhn 1951—52年間的有關化學史的文章，依上面所
說的兩類，分節進行。

1.「疑問31」的史料研究

Kuhn在科學史方面發表的第一項工作是關於牛頓的，題為〈牛
頓的「疑問31」和黃金的遞降分解問題〉，見於1951年的 *Isis* 第42
卷❷。這篇短文寫於Kuhn獲得博士之後不久，其做法與哈佛的「
Conant學派」有很大的聯繫。

「疑問31」是附在牛頓《光學》一書之後的一系列札記的最後
一篇❸。牛頓初作《光學》，對關於「光的折射、反射、衍射和顏色」
的實驗規律作細緻探究，所論題目都是可以通過實驗觀察的，切實
確證的東西。可是還有一些似乎不能為實驗所觸及，卻又非常重要
不能割捨的問題，牛頓遂以「疑問」的形式討論：先是17問，後增
加為24問，1717年牛頓最後一次修訂該書，增至31問。

對於牛頓以後的科學家、科學史家說來，「疑問」的價值絕不

---

❶ Kuhn後來參加、主持的《量子物理學史料》計劃旨在史料搜集，非史
料研究。而據此產生的《黑體問題》，更是著重利用史料重建量子物理
學史的發展，當不致與上面的說法太矛盾。

❷ *Isis*, 42 (1951) 296—98。

❸ *Opticks*, N.Y.：Dover, 1952, 這是根據1730年第四版重印的。「疑問」
在原書339到406頁上。未聞有《光學》一書的全譯本，但其中「疑問」
部分有中譯，在《牛頓自然哲學著作選》，上海，上海人民出版社，
1974；下面的引文在該書195—96頁上。

低於《光學》正文本身。——恰相反對，這部分的文字被認為是牛
頓探索自然，詢問自然的最活躍，最富創造性的思索的原始記錄，
因此研究者殊多。其中「疑問31」篇幅最長，幾占整個「疑問」的
二分之一。這一問的主要內容是對物質本性的沉思、揣想和假說，
包括能做「超距作用」的物質微粒在物理和化學過程中的行為，對
「Hausbee 實驗」的試探性解釋，尤其是被後世引為「微粒說」濫
觴的關於物質是由小而硬的粒子構成的假說。Kuhn 所討論的一段，
對現代化學家說來是化學親合力問題。牛頓的「疑問」起於金、銀
對兩種強酸有不同反應。牛頓原文不長，不妨照錄如下：

> 強水能溶解銀子而不能溶解金子，王水則能溶解金子而不能
> 溶解銀子。是否可以說，強水已經微細到不但能鑽進銀子而
> 且足以鑽進金子中去，但缺少的是使它能鑽進金子的吸引力；
> 而王水已經微細到不但能鑽進金子而且足以鑽進銀子中去，
> 但它缺少的是使它能鑽進銀子的吸引力呢？因為在王水中除
> 了強水和加在其中的一些鹽精或者硇砂之外，什麼也沒有，
> ……

　　牛頓在這兒使用的語言，儘管已經經過中譯者的疏通，仍舊同
現在通行的說法相去頗遠，有些是詞義，有些是語義，正確的詮釋
因而就不是一件容易的事❹。

---

❹ 詮譯、考究十七世紀的化學用語是現在仍在進行的工作。好在以下涉
　及的幾個化合物都是相當常見、業已考釋明白的，其來源恕不一一注
　出：一則枯燥，一則枝蔓。主要參考書為 M. P. Crosland, *Historical
　Studies in the Language of Chemistry*, Mass.：HUP, 1962；有些故事

　　牛頓談論的兩種「溶液」aquae已為化學史家確定為兩種我們現在常用的酸。aqua fortis，「強水」，在十七、十八世紀煉金術文獻中常作*Æ*（即 A與F兩字母的合寫），近乎今日所謂旳硝酸；aqua regia則接近於今日的硝酸鹽酸混合物，俗稱「王水」： 因為牛頓緊接著寫道，aqua regia不過是aqua fortis和「鹽精」或「硇砂」的混合物，他還注意到甚至普通的食鹽溶解在 aqua fortis 裏也會使這種混合物溶解黃金的能力大為增加。

　　牛頓在這裏描述了兩種化合物。「鹽精」即今日的氯化氫(HCl)；而硇砂，Sal ammoniac，則很可能是氯化銨(NH_4Cl)。Sal ammoniac原意為Ammon之鹽。Ammon是希臘化了的埃及神，一個長著大角的公羊頭人形怪物。遠古時代，供奉Ammon的主要神殿在利比亞距孟菲斯不遠的一個綠洲。神廟附近有一小池，往來的駱駝均在此休息。駱駝的尿、煙炱和海鹽混在一起，經過數百年的積累，形成了一層特別的「鹽田」。因其近Ammon神殿，所以被晚期煉金家稱為Ammon 鹽，而不知其實在為何物。直到牛頓以後很久，1782 年，才由瑞典化學家Torbern Olof Bergman杜撰了一個字形相近的字寫入拉丁化的化合物名詞表中，這就是我們今日所熟知的ammonia，氨，俗譯「阿摩尼亞」。

　　這樣牛頓當時談論的現象大致明瞭了：他注意到強水（硝酸）

見於J. R. Partington, *A History of Chemistry*, London：MacMillan, 1962, 3 vols. Partington又作《化學簡史》，有胡作玄中譯本，北京，商務，1976。 惟 Sal ammoniac 牛頓原文作Sal armoniac，案此詞原作amon，或牛頓時代訛寫作 armon，待查。其歷史參見，例如，*The Merriam–Webster New Book of Word Histories*, Mass.：Merriam–Webster, 1991, pp. 12—13.

可以溶解銀但不能溶解金，而王水可以溶解金但不能溶解銀。他的問題是，如何解釋這一現象。

如果不作深思，「解釋」一詞很可能被看作一個毫無問題的概念，其意義即如這個詞本身所提示，不能也不必再進行任何的分析。自然界是外在於人的，自然科學的觀察和實驗方法又如此細緻謹慎，其推理邏輯又如此嚴格縝密，如果不經過深思熟慮，很容易相信一旦現象被注意到，一旦觀察測量達到了必要的精度，「解釋」就會相應地產生，科學也就隨之發展。其實不然。

牛頓對上述現象的解釋基於他的「微粒說」。假定物質均由小粒子構成的微粒說起源很早，但到笛卡爾寫完他的《哲學原理》時，這一假說才由臆想完全演化為科學家的「工作假定」❺。十七世紀的化學家力圖以這一預設來解釋或改造當時的化學知識體系，構造統一的圖景。他們假定這些小粒子上帶有「鈎」、「環」、「孔」，以及類似鎖鐚鎖眼的結構，這些微觀結構決定了不同粒子，亦即不同物質的物理、化學性質。為什麼甲物質和乙物質能夠發生化學反應而不能與丙物質發生類似的反應呢？無他，因為甲的微觀結構與乙相合而不與丙相合，一如一把鑰鐚可以開一把鎖而不能開另一把鎖一樣。比如酸，就是由帶有針尖狀的微觀結構的小粒子構成的。何以知之？試以舌嘗嘗任何一種酸，即有一種被刺疼的感覺，正如表皮

---

❺ 參見，例如笛卡爾對磁性的微粒說解釋，在*Ouevres*, Paris, 1824, t. 3, *Principia Philosophiae*, Ar.133—183. R. S. Westfall, *The Construction of Modern Science*, Cambridge：Cambridge University Press, 1971, pp.36—38, 以此為機械哲學─微粒說的典型例子。有趣的是，《哲學原理》的兩個英譯本，E. S. Haldame & G. R. T. Ross 1911年本和J. Cottington et al. 1985年本都把這些段落略去了。

被任何尖銳的東西刺疼一樣。

這種詮釋方式在十七世紀是相當流行。如上面舉的關於酸的例子，即見於N. Lemery所著《化學教程》**❻**。這本書曾被一再重印，其論述直至Lemery 1715年去世時，仍被法國科學院總幹事Bernard le Bovier de Fontenelle 稱為「激發每個人的好奇心的閃閃發光的新科學」。

牛頓對這種詮譯的理解與上引Lemery的解說在原則上很相近。在與Lemery差不多同時，他以「猜想」的形式寫道**❼**：

> ……當把任何金屬放進富於鹽酸的水裏時，就像放進強水、王水和硫酸時一樣，在水中飄流的鹽酸粒子撞擊金屬，……金屬粒子因連續震動而進入水中。

他的確談到了鹽酸粒子進入金屬粒子的「孔」的問題。但是，牛頓對化學作用的微粒說解釋，似乎總是存有遺憾。在同一段文字中，他又寫道，普通的水不能如上述「鹽酸粒子」那樣撞擊金屬，進入「孔」中，——

> 並非因為水由過分粗大的粒子組成，而是因為水與金屬不相

---

❻ N. Lemery, *A Course of Chemistry*, 1686年英譯本, pp.23－26. 這本書在作者生前（他於1715年去世），至少出了十版。

❼ 這段話見於牛頓1678/9年2月28日給波義耳的信，見 T. Birch, *The Life& Work of the Honourable Robert Boyle*, V, p.72. 這本出於1744年的書後來很不容易見到。1958年, I. B. Cohen和T. Kuhn, C. Gillispie, Marie Boas, Perry Miller 合編《牛頓自然哲學書信選》時又特別輯入這一封信。

交際：因為在自然界裏，確有某種神秘的原則，根據這一原則，液體與有些東西有交際，與另一些卻不相交際。……所以強水能溶解銀，但不能溶解金；而王水能溶解金，卻不能溶解銀，等等。

　　牛頓在這兒，正如很多科學家在某一領域草創時一樣，用了一些日常生活的詞彙如「交際（sociable）」，因而意思有些模糊，但整個的詮釋構架則無疑是微粒說的一系列假定。在上引《光學》「疑問31」中，牛頓的基本取向仍是微粒說，所以有「進入」（Entrance）之說；但是對於純粹的粒子論與機械哲學的詮釋仍有不滿，所以又有「吸引」（Attractive force）之說。正因為牛頓在粒子說取向之上的種種考慮，正因為這些考慮牽涉困擾牛頓多年的「力」的概念，牛頓才把這個題目列入他認為還不能當作嚴謹的「實驗科學」來研究的「疑問」之中；也正因為如此，牛頓在這兒的用語也特別詰屈聱牙，晦澀難解。

　　牛頓的「微粒說」與他的「吸引力」概念的衝突在Kuhn閱讀《光學》，撰寫〈「疑問31」和黃金的遞降分解問題〉時還幾乎沒有人研究過。「吸引力」以及這一概念的神秘主義背景，與之相關的Paracelsus的工作也都還未引起科學史界的充分注意❽，所以Kuhn，

❽　關於「隱秘學術」對科學發展的影響，見Paolo Rossi的綜述，*Francis Bacon*：*From Magic to Science*，Chicago：The University of Chicago Press，1968，更細緻的見Allen G. Debus，*The Chemical Philosophy*：*Paracelsian Science and Medicine in the 16th and 17th Centuries*，2 vols.，New York，1977，以及同一作者為劍橋科學史叢書寫的小冊子 *Man and Nature in the Renaissance*，Cambridge：Cambridge University Press，1978。在Kuhn研究牛頓光學疑問31時，這些工作還

當時才28歲，從這一段文字中看出來的還衹是文字上的費解。

Kuhn 的意思是，既然這一段文字不可解讀，那一定是印錯了。並舉「金屬置換秩序」為證。根據這一假定，Kuhn 猜想，aqua regia 不能溶解銀這件事在牛頓那兒應該是以「粒子的大小粗細」來解釋的。他進一步推論說，這樣看來，原來上面一段話中，「最後兩個分句在印刷時正好換了個位置」。

這種論證方式實在有點武斷，聽起來讓人想起中國古代讀書人隨意改經的故事。其實這一段歷史中含有日後 Kuhn 得以成大名的「科學革命」分析的典型例子，衹是Kuhn現在還沒有從這個角度看問題罷了。當然，這是後話。

Kuhn 對牛頓《光學》原文的質疑幾乎立即受到專家的質疑。Marie Boas ❾是以研究十六、十七世紀科學史、特別是化學史著名的學者。在給 *Isis* 編輯部的信裏她指出Kuhn的做法有問題：即便不論有沒有假定「印刷錯誤」的任何依據，Kuhn用來證明「可能有」印刷錯誤的主要論據，即牛頓關於金屬置換次序的文字，是關於強水aqua fortis而不是關於王水aqua regia的，沒有理由把這兩種在十七世紀化學家看來截然不同的東西相提並論，更遑論互相取代。Marie Boas 還舉出了牛頓 1678/9 年 2 月 28 日寫給波義耳的著名的信，認為牛頓當時就「明白提出王水對於金有一種吸引力而對銀則沒有」。Marie還提到，在這封信裏，牛頓明白談論了「親合」即sociable的概念。所以儘管Kuhn挑選出來的這一段話聽起來不順耳，可是沒有理由把它推翻直至重新寫過，更沒有理由假定有「印刷錯誤」。

Kuhn在雜誌上再次答辯。他承認2月28日的信與他的「對牛頓

遠遠沒有完成。

❾ *Isis*, *43* (1952) 123.

關於……親合力的想法的重建」相衝突。但是，這封寫於「三十八年前的、主題是討論以太的信」似乎不能完全用作說明牛頓《光學》中物質結構思想的充分依據。然而他同時也承認，用aqua regia代替aqua fortis是一種「未經證實的推廣」。這就在他原來的論證上退後了一大步。而Kuhn-Boas的討論也沒有再進行下去，——如果再由Boas發言的話，她一定會指出，在答辯中，Kuhn又犯了一個史料上的錯誤：疑問31最早刊於1706年版《光學》上，編號為24。而1717年修訂時，由於在原來的「疑問17」後又加入七問疑問，所以編號推至31。由此，牛頓寫給波義耳的信至多是在「疑問」撰寫的28年而不是38年前。

2.對波義耳的研究

Kuhn 在 1950 年代最初幾年關於十七世紀化學的另一成果是〈波義耳和十七世紀結構化學〉❿。和〈「疑問31」和黃金的遞降分解問題〉一文相比，雖然在時間上衹差一年，無論在寫作方法上，論證的側重面上，還是在材料的運用上，這篇文章表現出了明顯的不同。

以波義耳為研究的主題是很自然的。我們已經看見這位十七世紀的貴族化學家曾經是J. Conant的一個心愛的題目。對波義耳關於氣體、尤其是氣體彈性的研究，在五十年代初很為科學史界所留意。至於波義耳參與並作出重要貢獻的大氣壓力的研究，幾乎被當作科學史和科學方法論的一個經典例子，一直到現在仍然是科學史學生

❿　T. Kuhn, "Robert Boyle and Structural Chemistry in the Seventeenth Century," *Isis*, *43*（1952）12—36.

學習的一個重要主題。

　　Kuhn所選擇的研究角度與這一研究主流稍有不同。他研究的是波義耳的「粒子論」或者甚至說他的「粒子學說」。Kuhn的目的，并不在於說明波義耳在這一方面有多少發明或闡述，或者波義耳如何是一個不同流俗的、傲視同輩的科學偉人，——恰恰相反，Kuhn所力圖說明的，是波義耳「並不是一個孤獨的『先驅者』，而是一個極大限度地發展了化學的概念體系，使之與他當時的科學思潮主流相協調一致的人」。

　　文章分為十段，各段並無獨立標題，衹是以花樣印刷記號區分。第一段類似引言，介紹分析當時各家科學史流派或研究者對波義耳的工作，特別提出了「原子論」即 Atomism 和「粒子理論」即 Corpuscular theory不同；Kuhn強調說，波義耳所談論的是後者而不是前者。對於波義耳在化學史上的地位和對化學史本身的理解，因之亦產生相應問題。

　　化學史在波義耳一段，有一個大家都注意到了的問題，即十八世紀起，「化學思想」有一「明顯的衰落」；何以波義耳的工作，在今天看來似乎是引向原子學說的正確的闡述，未被十八世紀化學家理解採納。Kuhn列出兩派主要學說。J. R. Partington 和 E. J. Holmyard 以及更早些的 T. L. Davis 認為波義耳尚有未能說清楚的地方，也未能真正把實驗方法和元素概念連接起來。另一派研究者如E. Meyerson和H. Metzger則認為 ⓫，波義耳之所以未能作出化學

⓫　E. Meyerson, *Identity and Reality*, Tr. fr French ed., London：George Allen & Unwin Ltd., 1930； H. Metzger, *Les doctrines chimiques en France du début du* XVII*ᵉ à la fin du* XVIII*ᵉ siècle*, Paris：Presses Universitaires de France, 1923, 以及他的另外兩本書。這幾本書對

革命，是因為化學革命並非是通過與煉金術或經院哲學的決裂而做成的，——恰恰相反，這種革命是一種對古代希臘哲學和醫藥化學的精心改造，經過一種連續不斷的發展和擴充而來的。

儘管解釋完全不同，這些研究者在一點上似乎並無異議：波義耳是一個孤獨的先行者，是因為「時機不成熟」，所以他不可能成功。

Kuhn在這段引言以下，洋洋灑灑，花了八段的篇幅，力圖說明，如果從十七或十八世紀化學發展的主流傳統來看，波義耳不是一個孤獨的人。

Kuhn首先區分了「原子論」和「粒子哲學」這兩個不同的概念。Kuhn 指出，波義耳一方面大力批判 Sennert, Basso, Magnen, Etienne de Clave和Jung的「原子論」，一方面發展了這種理論，——其最重要的就是加上了「運動」的概念。Kuhn三次引用波義耳原話，說「宇宙是一自身包含運動的大機器」，物性不外乎「物質和運動」。

波義耳這種訴諸運動的原子論，Kuhn認為，近接培根、伽桑第和笛卡爾的物質理論，遠一些則可以追溯到伊比鳩魯和德謨克里特學派的一些議論，而這正是十七世紀中葉的「科學觀念的大氣候」。波義耳所做「僅此二端」：「粒子哲學」和「系統地運用實驗方法」來發展「哲學」，即我們今天所謂的自然科學。

Kuhn進一步比較了「原子論」與「粒子理論」。他認為對經典原子論說來，運動是感覺、性質變更的原因，但在波義耳的粒子哲學中，運動就是「性質自身的起因」。這種機械哲學的信念使他著力強調粒子的排布與運動，又使他堅決拒絕諸如用「元粒子的固有特性」來解釋化學反應的嘗試。這在波義耳關於嬗變的論述中清晰

_____

Kuhn的影響「特別大」。

可見。

　在十七世紀波義耳時代的化學家中，相信金屬能從一種「元素」變為另一種是很普遍的。這種變化叫作「嬗變」。 G. Sarton等早年研究者都曾注意到這一事實，並把這種想法歸為煉金術的「殘餘」。Kuhn援引了波義耳的原來論述並以此說明，波義耳不僅相信一種金屬可以變成另一種金屬，而且相信世間任何一種物質，經過其所以組成的元粒子適當地重新排列，都可以變成任何一種另外的物質。波義耳的這一結論，並不是建立在實驗上的。實驗在當時化學家的心目中，還沒有重要到超過「哲學」的地步。波義耳的結論，恰恰是由他的粒子哲學提出來的：既然萬物由粒子組成，粒子的排列結構當然決定性地構造了萬物。

　Kuhn力圖說明，這就說明了波義耳不同於他同時代化學家的地方。所以波義耳一方面是他自己時代的一員：相信嬗變，即使沒有實驗依據也相信這一先驗的結論；但他又不是這時代的一員：他對嬗變的解釋是建立在他自己的「粒子論哲學」之上的。

　正因為這一種困難，在波義耳的著作中，常常可以看見懷疑派的論調和折衷主義的處理方式。「波義耳擔負起了把中世紀和文藝復興時代遺留下來的陳舊神秘的殘餘從化學中清除出去的任務，並努力利用他所處時代中最先進，碩果非凡的科學理論來重建化學。……但是，以風靡十七世紀的形而上學原子論導出的概念體系來取代舊有的元素理論的建設性工作卻是失敗了，……因為這一努力與當時的流行觀念相衝突。依照這種關於化學的見解，化學是一種分解和組合的藝術，其最終目的是把元素分離出來和確定物質的組成成分。」⓬

⓬　Kuhn上引文，36頁。

3.Kuhn對科學史的哲學意義的最初探索

　　從化學史的角度來看，Kuhn早期關於波義耳、牛頓的工作影響不大。在他的文章發表五年後出版的研究波義耳的專著❸，並未將Kuhn關於波義耳不是孤獨的先驅者的觀念收入，文章也未被選入「參考文獻」；以後的《科學家傳記辭典》❹中的波義耳條也未收此文，儘管當時Kuhn已經因為後來的工作成了大名。最後，晚近的討論科學革命的總結性專著，I. B. Cohen的《科學中的革命》❺所附的，長達五十五頁的重要文獻表中，仍未給Kuhn的波義耳一席之地，儘管作者是Kuhn的老師、朋友和同事。

　　但這並不是說這些化學史研究在Kuhn的思想發展中不重要。事實上，這些工作提示了Kuhn最初進入研究領域時的情形，提供了Kuhn工作的最初取向，還提供了Kuhn日後一些重要概念的最初形式。

　　Kuhn是在哈佛「通才教育」綱領的影響籠罩之下進入研究領域的。如前述，J. Conant自身就是一個化學家，他的科學史研究也集中於化學，特別是波義耳和十七世紀化學的發展。Kuhn從這一點上入手，正表露了他和哈佛Conant學派的血緣關係。

　　最初取向是對科學史的反思，或者說是科學史的哲學意義。最初關於史料的研究以及因之產生的〈牛頓疑問31〉， 即使不是不成

---

❸　Marie Boas, *Robert Boyle & Seventeenth Century Chemistry*, Cambridge：CUP, 1958.

❹　C. Gillispie ed., *DSB*, N. Y.：Scribner, 1970—。

❺　I. B. Cohen, *Revolution in Science*, Cambridge, M.A.：Harvard UP, 1985.

功的，至少是不令人鼓舞的。我們以後還有機會看到，Kuhn於純歷史，尤其是歷史文獻的細枝末節的考證，成績平平。對Kuhn說來幸運的是，他似乎很快發現了自己的專長，而轉向闡述哲學性歷史發展。另一方面，化學史史料的研究，也可能衹是一個小小的插曲，因為Kuhn後來多次說過，對於科學史的哲學沉思，早在1947年就開始了，衹是因為學業的安排，未能深入持續下去而已❶。

　　這種「最初取向」後來就成了Kuhn工作的主要取向。這對於像Kuhn這樣由自然科學，尤其是物理學這樣的精密科學轉入歷史學、哲學研究的人說起來頗為自然。科學家所關心的是科學自身的發展和科學家自己在其中所扮演的角色，於是這種反思即在相當程度上表現為對科學發展的內在規律的追尋——至於是否有這樣的內在規律，則被認為不是一個問題。

　　Kuhn認為，科學的概念衹有在其特定的背景，尤其是歷史背景中才能是有意義的。這兒「特定的歷史背景」是什麼意思，並不容易一下子說清楚。在〈波義耳〉一文中，他多次接觸到類似的論點。在陳述這些論點時，他用了 intellectual climate（15頁）❶，scientific tradition（18頁），chemical doctrines（21頁），conceptual scheme（36頁）等字。「理論氛圍」也好，「科學傳統」也好，「化學原則」也好，「概念體系」也好，又似乎都不足以傳達他所力圖要說明的、制約波義耳想法，無形中規約波義耳的研究方向的東西；但這一神秘

---

❶　T. Kuhn, "Preface to *The Essential Tension*", *The Essential Tension*, Chicago: Chicago University Press, 1977, p.xvi，中譯見紀樹立等譯，《必要的張力》，福州：福建人民出版社，1981，viii頁。Kuhn說，在1947年，他曾「困於科學革命的概念」。

❶　這兒的頁次均指*Isis*原文頁次。

的東西，正是波義耳破舊立新的對象，波義耳企圖摒棄而代以自己的發明，從而改造化學的一個關節點。1650年波義耳未能說清楚他心裏在想什麼、從而也未獲得他的朋友和同事的普遍注意；同樣，1950年Kuhn也未能說清楚他心裏在想什麼，也沒有引起普遍的注意。

差不多五十年後的今天，重新檢討Kuhn在1950—52年間關於化學史，尤其是關於波義耳的工作，平心而論，當年學術界未予Kuhn以充分的注意實在沒有什麼不公平。——他並不是被忽略，也不曾被遺漏，是他自己的學術思想還有待豐富，有待深入，有待展開。他的想法還相當零散，因此在陳述中忽隱忽現。Kuhn因此還要再磨鍊十年，才能在科學界正式與像Popper這樣的人分庭抗禮。

但是，他的研究取向和一些重要的概念已經顯現。和一般「純歷史學家」如C. Gillispie不同，盤旋於Kuhn腦海之中的，首先是而且一直是「科學家是如何做科學的?」——他們受什麼引導? 他們被什麼制約? 我們常說的「科學革命」，即科學中的破舊立新，又是指的什麼?

要回答這些問題，波義耳和十七世紀化學史還不夠，還不能提供一個足夠闊大的視野，使讀者能把這種常被稱為「革命」的巨大變革盡收眼底；還不能提供一個足夠寬敞的舞臺，讓Kuhn把他對於科學史的精深微妙的反思一一展示出來。

幸運的是，為了執行他在「通才教育」計劃中所擔任的教學任務，Kuhn很快轉向了關於哥白尼的研究，這一研究導致了Kuhn第一部單行本著作的出版。更重要的是，在對哥白尼革命❶的研究中，他的科學哲學思想獲得了很大的進步。

---

❶ 我在這兒在一種不嚴格的、廣義的意義上使用「哥白尼革命」這一術語。下一章將做進一步的討論。

第三章　哥白尼革命

　　Kuhn 常說他關於科學史和科學哲學的研究起於五十年代初他在哈佛擔任的，為非自然科學專業的學生開設的一門介紹科學發展的課。這門課的一個主題就是哥白尼關於太陽系的工作。在《哥白尼革命》和《科學革命的結構》兩書的前言裏，Kuhn都特別提到了這一教學經驗❶。我們還會陸續看到，關於哥白尼工作的研究的確構成了Kuhn日後發展起來的科學哲學的歷史依據。於是，熟悉、研究哥白尼革命以及相關史料，對於了解和評價Kuhn的工作自然是十分必要的了。

　　對哥白尼的研究一向是科學史的一個中心論題。早在科學史成為一門獨立的學科之前，關於哥白尼的生平和著作就有了相當的研究。1879年，哥白尼的《天體運行論》德文全譯本出版，使得近現代不熟悉拉丁文的研究者得以方便地閱讀這一著作；稍後，1883－84年間，L. Prowe的《哥白尼傳》❷出版。這一傳記至今仍是哥白

---

❶ *The Copernican Revolution*，Cambridge：Harvard Univ. Press，1957，p.ix；*The Structure*，Chicago：Chicago Univ. Press，1962，p.ix，又見程譯本35頁，李譯本iii頁。

❷ L. Prowe, *Nicolaus Coppernicus*, Berlin, 1883–84. 1967年由Osnabrück重印。N. Swerdlow稱之為「輝煌的學術成就」，見氏著*Mathematical*

尼的標準傳記。世紀初，P. Duhem的《世界體系》（1913－17），G. Sarton的《科學史導論》（1927－），T. L. Heath的《Aristarchus傳》（1913）和J. L. E. Dreyer的《從Thales到Kepler的行星理論史》（1906）又為哥白尼研究提供了大量的背景材料。稍後，Edward Rosen ❸ 又把最重要的相關原始史料譯成英文（1939）；與此差不多同時，A. Armitage的《哥白尼傳》（1938）也為英語世界提供了第一部比較完整的學術性傳記。至此，關於「哥白尼革命」的重要史料工作均已完成。從Kuhn所列的，他所據以進行研究的參考文獻來看，上述工作構成了他的史料基礎 ❹ 。

　　史料一旦豐富，對史料的分析即相應展開。在Kuhn以此為題進行教學和寫作的時候，這種分析工作正達到熱烈的高潮。1948年，A.O. Lovejoy發表了《偉大的存在之鏈》，Kuhn後來稱之為他得以「塑造」他的想法的最主要的源泉。1949年，H. Butterfield的《現代科學的起源》正式明確了被習慣上稱為「現代科學」的東西，其起源應當在哥白尼及其時代。1952年中，三部本論題中最具影響力的著作相繼刊出，即A. C. Crombie的《從奧古斯丁到伽里略》，G. Sarton的《科學史古代史部分》和O. Neugebauer的《古代精密科學史》。 以上這五本書，都出自專家之手，以後都被列為科學史經典

Astronomy in Copernicus's De Revolutionibus, pt.I, p.3.

❸　E. Rosen， *Three Copernican Treaties*，New York：Dover，1939，rpr. 1959. E. Rosen是英語世界研究哥白尼的先驅之一。在他的書裏，附有1938－1958和1959－1970（僅見於1971年修訂版）「哥白尼書目」，是了解研究哥白尼狀況的最方便的目錄學工作。他自己寫過或編輯過七部專著，120多篇論文，均列在*Studia Copernicana*，XVI，Wroclaw：The Polish Academy of Science Press，1978，pp.9－25.

❹　參見"Bibliographical Notes，" *The Copernican Revolution*，pp.283－85.

著作。它們集中在短短的三、四年中出現，或可視作對哥白尼革命的「解釋性研究」進入了高潮。同年，哥白尼《天體運行論》的第一個英文全譯本出版；1954年，A. R. Hall《1500－1800年的科學革命》正式喊出了「革命」的口號。這時，距Kuhn的《哥白尼革命》發表，祇有三年了。

　　細看這幾部書，很容易注意到它們的寫作方式或研究方式頗相類似：「夾議夾敘，以敘為主」。和以前的大部分作者不一樣，這幾位作者在描述歷史發展，介紹歷史事實時，都有一個解釋性的框架。它們都力圖把科學發展放在從文藝復興起的西方思想大變革，大解放的背景上討論，又都重視科學發展的內在的、自身的承繼關係。同時，它們都力圖說明十六到十七世紀科學領域中發生的劇烈變革；而哥白尼的工作，正是這種劇烈變革的開始。這就使得對哥白尼的研究，重新成了科學史研究的一個焦點。

　　本章先對哥白尼的工作以及相關史料作一簡單介紹，為閱讀Kuhn的《哥白尼革命》張目。其次介紹Kuhn的書。以上凡三節，於內容則不厭其詳。因為唯有對歷史有充分的了解，才可能充分理解Kuhn對這一段歷史的分析和反思。完成對本題的陳述之後，加贅介紹晚近科學史家在哥白尼革命研究上的進展，──這些知識為下兩章的分析所要求；最後以一段小結性的文字為本章終結。

1.哥白尼以前的宇宙圖景

　　對天象的研究是最古老的一門學問。其意義，或者說支持其久盛不衰的原因，大概有兩個方面。一是務實方面的，希冀通過觀察天象來安排節令，計劃農事，以後發展為授時制曆。另一是務虛方

面的，希冀通過觀察，了解過去未來，追尋休咎的原因，以後發展為占星術。無論這兩方面的哪一邊，都希望盡可能地了解天象的規律，──如果真有規律的話。行星的週期性的運動，當然最早被注意到，種種關於行星運動的理論也就相應地產生出來。

這種理論所最終追求的目的，是一套完整的圖景，這圖景一方面應該可以用來說明、預測天象，一方面必須符合一些基本的原則。這些原則在不同的時代當然各有不同。可是從遠古到哥白尼以前，基本上是一套被後人稱為亞里斯多德原理的約束條件。其中最主要的，是天體必須作圓周運動，而且其速度必須是定常的❺。

初看起來，這是很幼稚、很武斷的前提。為什麼天體運動必須是這麼簡單的呢？難道人的智慧，即使是在古代，僅限於此嗎？其實，這一前提正是深思熟慮的結果。按亞里斯多德的物理學，運動可以分為「向上」的和「向下」的，──這兩種運動可以概括我們日常生活中所看見的大部分運動，其特點之一是這種運動總有終結。但天體的運動最明顯的特點恰恰是它們永遠沒有終結，它們是永恆的。什麼運動是永恆的呢？祇有圓周運動。因為在圓周運動中，沒有起點，也沒有終點；無所謂上，也無所謂下。每個運動既可視為前進，又可視為後退。而且，在圓周的每一點上，運動的情形與別的點上完全相同，無所謂原因，無所謂結果，因而情形永不改變。恆定速度的圓周運動，正是天體運動之永恆、之無原因的最好說明。

可是這樣建造出來的圖景，還必須與實際觀察到的天象運動相

---

❺　本段以及下面關於三項技術的敘述參見 E. J. Dijksterhuis, *The Mechanization of the World Picture*, New Jersey：Princeton University Press, 1986（1961年英譯初版）, I, C, a, pp.54－60, 有劉珺珺等中譯，北京：求實出版社, 1985.

合。「現象」從古到今都是理論的出發點，又是理論的歸宿。所以天文學家必須靈巧地在「現象」和「原則」之間周旋。兩邊都照顧到的，就是好的天文學家，祇顧一頭的，就不為大家接受。

托勒玫是公元二世紀人❻，他對從亞里斯多德以來天文學家所做的種種試嘗，加上他自己的補充、修正，作了一個總結。在他的時代，行星的運動已經有了很細緻的觀察。當時已經了解到，在不同的季節，不同的時期，行星相對於恆星背景的運動是很複雜的：有時快，有時慢；有時從東向西，有時從西向東，——這叫「逆行」。為了同時滿足亞里斯多德在四百多年前訂出的原則和行星每天晚上在夜空中展示出來的現象，托勒玫採用了三項技術，即偏心圓、本輪—均輪系統和等位點。

偏心圓假定行星運動的中心與地球並不相合，因此行星有時距地球較近，有時較遠。對於在地球上的觀察者說來，行星在近處運行較快，在遠處較慢，就好像我們覺得在我們面前呼嘯而過的馬隊比遠處奔馳的馬隊快得多一樣。這就解釋了為什麼行星運行在我們看來有時快有時慢，雖然行星始終以恆定不變的速度繞地球運行。這一技術應用於分析太陽的運動時特別成功，——留意在托勒玫體系中太陽是一顆行星，而地球才是占據中心地位的特殊球體。

本輪—均輪系統更複雜一些。行星在一個小圓上逆時針勻速運行；而這個小圓即本輪的中心又在一個大圓即均輪上逆時針勻速運行。地球在均輪的中心。對於地球上的觀察者來說，行星的運動就是上述兩重逆時針勻速運動的合成。適當地選取本輪和均輪的速度，可以構造出非常複雜的運動模式。如果本輪的速度比較快，當行星行至某點的時候，地球上的觀察者會看見它是在做順時針運動，儘

❻ 托勒玫傳見G. J. Toomer的*DSB*本傳，在*DSB*第11卷，pp.186—206.

管「事實上」行星及其均輪都是在作逆時針勻速運動。這就解釋了「逆行」。

但是利用這兩項技術還不足以做出和行星運動的觀察數據相合的星表，所以真正普遍採用的還是上述兩項技術的聯合使用，即等位點技術。除了我們已經熟悉的偏心圓和本輪—均輪系統之外，又多了一個點，叫做等位點Equant。由偏心圓技術我們知道地球不在均輪的圓心，而偏向一邊。等位點則正是偏心圓中與地球對稱的但偏向相反方向的一點。而對於本輪—均輪系統中相對中心點而言的勻速要求也相應地變作相對於等位點的要求。換言之，等位點取代了地球的偏心位置，又取代了均輪圓心作為勻速的參照點位置。

利用這三項技術，托勒玫保住了亞里斯多德的原則，做出了行星運動的星表，這個星表可以用來推算行星在恆星背景上的位置，準確度令人滿意。他把這些寫入了他的《天文學大全》，這部書的阿拉伯文本在哥白尼之前三百年又被譯成了拉丁文，並得到了一個半阿拉伯半拉丁的名字，叫Almagest，中譯《至大論》❼。

托勒玫利用這三項技術構造了一套完整的理論，包括其本原則、概念、術語，和計算方法。他還列出了對於一些星體運動的計算實例，有時稱為「表」。這種表給出具體的行星位置和出現時刻，可以通過觀察來驗證。令人欽佩的是，托勒玫的結論常常被細心的

---

❼ 「《至大論》」一名從李珩譯《科學史》，北京：商務印書館，1979，93頁；這本書書名也有譯作《天文學大全》的，這是因為托勒玫的希臘文原著用「大全」為名，而《至大論》則是其阿拉伯文譯本的名字。因為最後通行的拉丁文本最初是由阿拉伯文本譯出的，所以書名從後者。該書有R. C. Taliaferro英譯，在C. G. Wallis 主編的*Great Books of the Western World*，Chicago，1952，第16卷中。

觀察者證實。如果不太準確，還可以通過靈巧地應用上述三項技術，重新調整理論所構造的圖景，最終獲得理論預期與觀察的一致。

亞里斯多德－托勒玫對於天體運動的解釋，實在是人類理智理解自然的一大成功。其前提直觀明晰，其技術包容性和適應性很強，其結果與觀察常常脗合，即使有誤差也還是在可以理解的範圍之內。這就使得它成為在科學史上維持最久，最令人讚嘆的理論之一。從它出現到哥白尼的工作，整整一千多年，幾乎沒有遇到任何困難的挑戰。——即使是哥白尼，我們馬上就會看到，也沒有拋棄托勒玫的原則和主要技術手段。哥白尼所做的，還是「重新調整理論所構造的圖景」，使之更加優美而已。

2.哥白尼及其工作簡述

哥白尼出生於1473年2月19日。父親經商，家道殷實❽。他的名字原來寫作Koppernigk，現在的寫法Copernicus是他上大學後按當時的習慣改的拉丁化名字。哥白尼長大的地方叫Ermland，是一處夾在波蘭和條頓騎士團勢力範圍之間的半獨立的領土。哥白尼的

---

❽　哥白尼的學術性傳記數量有限且僅見於德文，其中最享盛譽的是 L. Prowe在110年前寫的：*Nicolaus Coppernicus*, Berlin, 1883—84, 1967 年由Osnabrück 重印，兩卷三冊。M. Biskup 1973年編纂傳記資料匯萃，*Regesta Coperniana*, 在 *Studia Copernicana* 第八卷中。N. Swerdlow & O. Neugebauer, *Mathematical Astronomy*, N.Y.: Springer–Verlag, 1984, 包含一個幾乎長達100頁的引言，多數篇幅處埋哥白尼傳記和相關資料，是最新的研究成果。A. Koestler, *The Sleepwalkers*, New York：MacMillan, 1959, 是通俗傳記的代表作，其中第三篇寫哥白尼。

舅父Lucas Waczenrode在當地很有勢力,後來升到Ermland 的主教。哥白尼父親早逝,十歲以後全由舅父撫養。舅父生性剛強自信,哥白尼以後的生活道路完全出於舅父的安排。1491 年哥白尼十八歲,舅父把他和他哥哥Andreas送去Krakow大學。Krakow是當時波蘭的首都,波蘭又正處於歐洲東西兩部交流的要衝。波蘭的鼎盛期Jagellonian王朝剛剛過去,Krakow仍舊瀰漫著強烈的文藝復興時期特有的人文氣氛。五年以後,哥白尼兄弟在舅父的安排下又遊學意大利。先在 Bologna 大學學習教會法規,稍後也學習諸如希臘文、占星術之類的課程。天文學也占很大的比重,因為教會法規的學生應當能利用星表來推算重要的宗教節日。在 Bologna 哥白尼結識了著名的占星家Domenico Maria Da Novara(1454—1504)❾。Novara和哥白尼一起做過星表的計算。大部分研究者認為哥白尼在Novara那兒第一次聽見對托勒玫體系的批評。Novara認為托勒玫在《地理學》裏描述的若干地方的緯度已不適用,他進一步推論說北天極以大約四十萬年的週期在移動。Novara的這一理論非常著名,雖然哥白尼未能同意此說,但論者以為對於哥氏日後地動說的創立,Novara對托勒玫權威的質疑當有深遠的影響。

　　1500年,哥白尼兄弟去羅馬參加教會慶典,其間哥白尼應邀做過幾次數學或天文學的講演。1500年11月6日,他還在羅馬觀察了月蝕。1501年,哥白尼返回Ermland參加了就任教會職務的典禮,隨後又返回意大利。這次他的目的是學習醫學,所以轉入 Padua 大學。在中世紀和科學革命時代,學生們在各大學之間轉來轉去是很

---

❾　對 Novara 的研究見*DSB* 本傳。另有P. J. Melchior, "Sur une obser-
　　vation faite par Copernic et Dominique Maria," *Bulletin*
　　dell'Academic r. de Belgique, 5th ser., *40* (1954), 416.

普通的事。

在Padua大學，哥白尼從Girolamo Fracastoro教授學習哲學、醫學和占星術。很可能在這一階段，哥白尼還接觸到了阿拉伯天文學的一些成就，——我們自然不能肯定，因為沒有任何史料幫助我們了解他這一階段的生活❿。1503年5月31日哥白尼在Ferrara大學獲教會法博士學位。在此之前，舅父已為他在Heilsberg安排了一個教會職位，哥白尼從此可以不愁衣食。

回到Heilsberg之初，哥白尼充當他舅父Warmia區主教的私人醫生和助手。1510年，他離開Heilsberg去Frauenburg，開始獨立生活。哥白尼所以離開舅父的原因並無史料記載，但科學史家相信這很可能和他的「日心觀念」的形成有關。

哥白尼的「日心說」的第一次系統的、半公開的表述見於一個現在被科學史家稱為《提要》的文件。據分析，這份《提要》寫於1508到1514年間，多數可能在1512年之前，甚至在1510年⓫。這份《提要》是匿名的，流傳的份數也不多。最令人驚訝的是哥白尼以

❿　科學史家對於哥白尼在大學裏學習的情形還幾乎是一無所知。但十五世紀的大學，尤其是哥白尼曾學習過的那幾間大學，我們現在仍有所了解。見例如 P. W. Knoll, "The Arts Faculty at the University of Cracow at the End of the Fifteenth Century," 載於 R. S. Westman ed., *The Copernican Achievement*, Berkeley: Univ. of California Press, 1957, pp.137─56; R. S. Westman, "The Astronomer's Role in the Sixteenth Century," 載於*Hist. Sci.*, *18* (1980) 105, 其中第三章專論天文學教授在大學中的工作情形。

⓫　這是 E. Rosen 的結論，見 *Three Copernican Treaties*, New York: Octagon, 1971, pp.334─35。這一研究被N. Swerdlow稱為是「對哥白尼工作和生平的重要而深刻的考察。」，見 Swerdlow 前引*Mathematical Astronomy*, p.6。

後再也沒有提到過這份文件，他留下的書籍和筆記記錄中也沒有提到過這份文件。

《提要》的寫作時間和哥白尼離開Heilsberg去Frauenburg的時間一致，所以很多史家猜想這兩件事有關聯。如果真是如此，那麼這個科學史上最重要的事件應當發生在 1510 年，——恰是伽里略觀察到木星的衛星系統的 100 年前。有趣的是，和一般猜想相反，晚近的科學史研究表明，哥白尼的這份《提要》，或哥白尼關於日心體系的最初設想，與天文觀察似乎沒有什麼關係，而與Peurbach，尤其是他的學生Regiomontanus的星表有直接聯系❷。

《提要》分九段論述日心體系❸。第一段為引言。引言開宗明義地指出先前的天文學家所遵奉的基本原則是「天體應常依正圓作勻速運動」。但在天文學實踐中，無論Calippus和Eudoxus的同心圓技術，或是托勒玫的等位點技術都未能達到完美表述這種原則的地步。因此，哥白尼認為他有理由試探一種「更加合理的」方案。這一方案先由七條基本「公設」建立日心體系的圖景。第一條論「天體運動的中心」。對今天的讀者說來，這一概念一定頗為怪誕，但從亞里斯多德物理學的角度考察，這一中心非先定義不可，不然重

---

❷　這一說法的主要依據是哥白尼的一份手稿。因在Uppsala大學圖書館發現，故常稱為「U手稿」。U是一組對Peurbach和Regiomontanus星表的數據摘錄和分析，而這份星表的1490年和92年的兩個版本又正巧與U裝訂在一起。細緻的考證見 N. M. Swerdlow, *Proc. Amer. Phil. Soc.*, 117 (1973), 6：424－26。Kuhn撰寫《哥白尼革命》一書實在Swerdlow前好多年，當然未及利用這些史料分析哥白尼革命。

❸　《提要》最先由E. Rosen英譯，在*Three Copernican Treaties*，初版於1939年，N. Swerdlow的注譯本最善，見*Proc. Amer. Phil. Soc.*, *117* (1973) 6：423－512.

物向什麼方向下墜，輕物何以上昇都不好解決。哥白尼沒有否定這個概念，但他說事實上沒有這麼一個中心存在。——所謂的中心，對哥白尼來說，是天體運動的「軌跡」「軌道」或是「圈」「球」的中心❶。哥白尼也沒有原則上定義這兩個概念；抑或是天體運行所畫出的空間裏的路徑，還是真正承載天體，使之運行的，有實在物質可言的球體。

第二、第三兩條分別說地球繞日、太陽居於宇宙的中心。第四條說太陽和地球的距離較之整個宇宙的尺度是非常小，第五、六條說太陽和恆星的運動只不過「看來如此」，實際上是地球在運動而不是日月星辰。最後一條即第七條說行星的逆行也是由於地球運動造成的。

細看這七大公設，可以看出在撰寫《提要》時，哥白尼的日心體系已經形成，其基本圖景與今日我們所了解的，也就是三十年後他本人在《天體運行論》中所描寫的，已沒有大的不同。但在這幾段簡短的文字中，我們還可以注意到，哥白尼的表述仍有很重的亞里斯多德體系的色彩。我們上面力圖指明，談論「運動中心」，談論「圈」或「球」，自然還是在亞氏托氏理論框架中，而且整個圖景以「公設」的形式提出，自然也為日後的理解留下爭論的餘地❶。

❶　從現在對天文學的了解看，「圈」（Orbium）和「球」（sphaerarum）的差別甚大：「圈」提示了一種非實體性的軌跡概念，而「球」仍未脫亞里斯多德的「水晶球」的基本圖景。哥白尼在這兒用的是「圈或球」，令人小感困惑。Swerdlow 譯本將兩字均譯作 spheres，於是文章成了"celestial spheres or spheres"，似不可取。

❶　見前引 *Proceeding*，p.436；Rosen 譯作 "celestial circles or spheres"，見前引 *Treaties*，p.58，似有「詮釋」Orbium 一詞之嫌。其困難在於，哥白尼本人竟意屬「圈」或「球」，實在很難一言判明。參見 E. J. Aiton,

在「公設」以下，哥白尼花了整整一段說明以前關於地球不動的說法，最主要的依據是「外在現象」。如果說在「公設」中我們看見很重的亞氏理論色彩的話，這兒對「外在現象」的質疑，雖然祇是在公設後的說明裏，則是非常非亞里斯多德化的。在這以後的一個半世紀裏，也就是所謂的「科學革命」時代裏，理性對現象的理解和批判，將成為科學的新精神和主流。

《提要》第二段談「天球次序」，基本上是「公設」3的細微闡述，第三段是對「公設」6即太陽的視運動的闡發，也是哥白尼理論的概念核心。哥白尼認為，太陽有三種視運動，對應於地球的週年、週日運動和地球軌道的偏斜。這就解釋了年復一年，太陽東昇西落和四季交替的現象。

地球一旦被賦予運動，立即發生的問題是宇宙萬物的運動原來所依據的一個不動的參照點消失了。——以後再談論運動時，我們應該以什麼為判斷的最終依據呢？哥白尼《提要》的第四段即致力於建立一個新的「絕對參照體」，那就是全體恆星，或者說是布滿恆星的蒼穹。

第五段是月球理論。晚近的研究表明，哥白尼的月球理論與一位十四世紀的阿拉伯天文學家 Ibn al-Shāṭir 一模一樣，祇不過所用的參數稍有不同而已。

六、七、八三段討論行星，其中六討論外行星，七、八分別討論金星和水星。這不僅因為後兩者較地球更靠近太陽，而且，對哥白尼以前的天文學家說來，此兩者實在是周天除日、月外最引人注目的天體。而恰恰是在行星理論上，哥白尼對於托勒玫顯示出巨大優勢。這倒不是哥白尼比他的先人少用了多少本輪均輪，而在於哥

"Celestial Spheres and Circles", *Hist. of Sci.*, *19* (1981) 75—114.

氏在數學上更加優美，在天文學上更加合理。

　　但是這種判斷是從以後的發展「倒過來」做出來的。對於我們這些在整幅圖景已經完成，機制已經明瞭，物理基礎已經確立以後受教育的人說來，這是當然的。因為我們據以判斷理論「好壞」的標準正是這個我們正在研究其好壞的理論所提供的。對於哥白尼同時代人，這個理論的「巨大優勢」完全不是不言而喻的，甚至不是顯而可見的。《提要》在一些同人中傳閱以後，未聞有革命性的後果。——唯一有史料支持的後繼事件是 1514 月 5 月 1 日一位名叫 Matthew ⓰ 的 Krakow 醫生在筆記本裏寫下他收到或見到一份手稿。據他的描述，這份手稿祇可能是哥白尼的《提要》。但我們還知道這份手稿引起了相當的注意，因為二十幾年以後 Rheticus 就以此為因緣來見哥白尼並促成了《天體運行論》的出版。這是後話。

　　《提要》原稿上有些因為疏忽造成的錯誤，研究者據此推想《提要》是一時匆忙中的即興之作。關於哥白尼的早期工作，除了《提要》之外，就是在1514年他曾應Middelburg的Paul之邀討論過曆法。他似乎沒有給出什麼「革命性的」意見。他之所以被選中徵詢對曆法的意見，一則是因為他頗有天文學學術上的名聲，更重要的是教士們原來就應該懂得利用天文學知識推算重要的宗教節日。

　　以後十幾年,哥白尼都忙著履行他教士職務的另外一些義務。東普魯士與波蘭之間的爭鬥一直在惡化，直至1519年兩邊正式開戰為止。哥白尼的教區大部分被東普魯士軍隊占領，哥白尼本人逃到了附近的Allenstein。這場戰爭斷斷續續地延續到1525年，哥白尼有幾次還必須親自身披甲冑，效命沙場。這和我們的大文學關係似乎

⓰　E. Rosen, *Three Copernican Treaties*, pp.343—44，但作者未引證原始資料的出處。

很遠了。但是，對於了解為什麼早在1510年前後就形成的日心說會遲遲到三十年後才發表，不無幫助。

從《提要》寫作到1529年差不多二十年時間裏，哥白尼時有天文觀察記錄。這些記錄中有一部分後來用於《天體運行論》。細看這些記錄可知它們既非持續不斷的象日後第谷那樣的職業觀察家的工作，又非一個天文愛好者偶然興趣所至的完全零散的札記。這些記錄更象介於兩者之間的文字。與此同時，哥白尼的日心體系的主要觀點已經在歐洲傳播開來。1533年，甚至梵蒂岡教廷都有正式的關於哥白尼工作的解說和報告。差不多同時，1535年，波蘭學者也提到了哥白尼的工作，並把它推薦給維也納的同仁。在他們看來，哥白尼的工作是重要的，因為「沒有行星運動的真實知識，任何氣象的或星相的預言都不能完成。」⓱

從這些通信來揣測，哥白尼在1530年代中期就已經能相當系統地闡述他的工作了，但他仍未打算發表。其原因，就現在所知，有宗教教廷人事更疊，也有個人生活瑣事，但似乎與天文學學問本身並沒有多大的關係。一直到1539年，一個二十五歲的年輕人Georg J. Rheticus慕名來到哥白尼處，才在哥白尼的摯友Tiedemann Giese的幫助下，促成了《天體運行論》的發表。

Rheticus是1539年5月到達哥白尼所在的Frauenburg的。作為送給哥白尼的禮物，他帶去了一大批Petreius出版的科學書籍。接著，他同Giese一起在Löbau待了幾個星期，研究哥白尼的手稿。科學史家相信，他所看見的很可能就是《天體運行論》的初稿。是年九月，Rheticus完成了一篇長文，他把它叫做〈初論〉，*Narratio prima*,

---

⓱　這是波蘭學者Bernard Wapowski 1535 年10月15日給在維也納的同事寫信時說的，詳見前引N. Swerdlow，p.17.

儘管他以後並未再寫「再論」「三論」。這篇文章是現代科學史家知道的《提要》以後、《天體運行論》之前唯一一份闡述哥白尼理論的文件，1540年3月在Danzig發表。這篇論文寫得非常好，「文采飛揚，清晰詳實」。 這就使得哥白尼《天體運行論》的發表提到議事日程上來了：一則哥白尼對Rheticus的才智熱誠有了信心，二則歐洲學界對哥白尼理論的全面、細致的闡述有了興趣。於是Rheticus介紹的出版商Petreius正式與哥白尼商討接洽出版事宜❶。

具體做法大概是這樣的。哥白尼先對初稿做修改潤色，再送去紐侖堡Petreius處印出校樣，校樣再由哥白尼校核改定，再送回出版商印刷出來。在整個工作中，Rheticus起了兩頭奔走的聯絡人的作用。在修改過程中，哥白尼一定重新檢討了他的體系的整個構架。1540年7月1日他給不少朋友寫信，提及如何應付「哲學家和神學家」的可能的批評。因為一方面他堅信他所說的地動說是對的，另一方面他也確實無法「證明」他的理論。1541年4月20日，一位叫做Andreas Osiander❶的路德教派人士回信說，據他所見，天文學家的「假說」不一定是關於信仰的宣言，而可以祇是用於提供計算方便的模型，僅是再現「現象」。在他給Rheticus的一封類似的信裏他還說這樣的提法可以使新理論更易於為人所接受。

在當時的氣氛之下，Osiander的建議也不失為一種解決問題，

---

❶　G. Rheticus對於《天體運行論》的出版，出力厥偉。但對他本人的情形的研究尚稱不多。最方便簡明的——很可能是僅有的英語文獻是他在*DSB*中的傳，在*DSB*第十一卷。

❶　A. Osiander常被描述為一個破壞哥白尼工作的人，其實這種說法不確。細緻的研究見B. Wrightsman, "Andreas Osiander's Contribution to the Copernican Achievement", 載上引R. S. Westman所編的 *Copernican Achievement*中。

化解歧見的辦法。但哥白尼與Rheticus都不贊成。儘管如此，修訂
出版工作繼續進行，到1541年10月，修訂工作大概就完成了；1542
年5月，Rheticus把書的清樣交給了出版商，同時哥白尼寫了給教皇
保羅三世的獻詞。──整個出版工作至此順利完成，餘下來的祇是
Rheticus負責監督印刷出版就是了。

　　1542年10月，Rheticus得到了萊比錫一所大學的教授職位，必
須趕去赴任，而且《天體運行論》的出版想必也沒有什麼大事要他
非在左右不可。他於是離開紐侖堡而委託A. Osiander權董其事。這
就使得Osiander有可能擅自給哥白尼的著作加了一個序言，〈就本書
所用的假說敬告讀者〉。他在這篇序言裏發揮了他上年4月給哥白尼
的信中所提出的「天文學理論祇是假說，祇提供計算的基礎」的論
點，進一步說天文學的假說根本不可能追溯到事物的真正原因，除
非上帝有意披露這些原因。因此，在天文學領域中對假說信以為真
的人實在比不研究天文學的人更蠢。他的這些說法顯然沒有得到
Rheticus或是哥白尼的摯友Giese的贊同，因為Osiander的序言刊出
後，Rheticus和Giese曾預備去紐侖堡控告他擅改原著。更糟的是，
《天體運行論》出版兩天以後，1543年5月23日，久病在床的哥白
尼就去世了。而Osiander的「序言」又未署名，所以之後相當長的
一段時間裏，讀者頗為這篇序言困惑，弄不清哥白尼的原意是什麼。
據Rheticus後來追述說，哥白尼對這篇文字也「深感不快」。

　　《天體運行論》這本宣告一個時代到來的書❷，就其本身說來，

---

❷　如前所記，哥白尼的原著1543年5月21日或稍早在紐侖堡出版。這個版
　　本被認為是符合哥白尼的原意的。第一個刊出的譯本是1854年在華沙
　　出版的波蘭文譯本，其後是1879年的德譯本。奇怪的是這本書的英譯
　　本直到1952年才出現，收入C. G. Wallis主編的《西洋名著》第十六卷

倒不見得處處顯著劃時代的革命性。全書分為六篇，第一篇講宇宙
的基本構造和地球在宇宙中的位置。這一篇很有些像先前的《提要》，
又與托勒玫的《至大論》和 Peurbach、Regiomontanus 的《至大論
提要》有相同的結構。我們在以後章節中還有機會再討論這一篇。
但第一篇的第12－14章則是相當純粹的數學工作，對於哥白尼同時
代的人說來，決非輕易可以看懂。第二篇在某種意義上是這一討論
的繼續，完全注重於球面三角的數學討論。如果說哥白尼的工作有
特別重要的意義，那麼這種意義正藏在他的數學工作裏。如果他僅
僅對於地球的位置或運動作了一個猜想，儘管這種猜想為以後的發
展所證實，他還是沒有比古希臘的思辯哲學家前進了多少。正如
Kuhn在研究了哥白尼工作以後說的，哥白尼工作的高度數學化使他
免於被「哲學家」擊倒，從而使他的工作真正成為傳世之作。

　　在數學準備完成以後，哥白尼在第三篇裏處理天體的非均勻進
動和天體軌道平面的傾斜問題。這是一個托勒玫處理過的天文學傳
統問題。哥白尼同時代人 Johann Werner 在1522年曾作《論第八層
天球的運動》。哥白尼也參與討論，所以對他說來這不是一個生疏的
題目。對我們的主題饒有興味的是，哥白尼在討論中採用了所謂的
「Ṭūsī 連環」技術，顯示了他對於阿拉伯天文學成果的了解。稍後
我們會看見，Kuhn在《哥白尼革命》裏對《天體運行論》的討論止
於第一篇的前十一章，所以未能注意到阿拉伯天文學的影響。當然，

中，譯文頻遭批評，參見，例如 O. Neugebauer, *Isis*, *46* (1955) 69
－71. 隨後又有 A. M. Duncan 1976年譯本和 E. Rosen 1978年譯本。本
書還有俄譯和印地文譯本。遺憾的是，本書沒有中文全譯本，下文大
略提出幾點討論實在是為以後文字所必需，非敢遽言「介紹」這樣一
本對人類思想史有重要作用的大書也。

這是後話。

第三篇表明哥白尼所遭遇的困難是雙重的。首先天體運行的參數從托勒玫時代到他當時已有變化；其次這些參數的測定常常帶有很大的誤差。這兩種不準確度又同時顯示在相同的參數裏，要在這樣的基礎上完成理論，實在很困難。哥白尼採用的方法也是兩套，一是採用非常複雜的數學技術，實在不行時索性採用「湊」的辦法；二是把這些古代的數據或理論擱置一邊，簡化問題，自做一套。但是不管採用哪一種方法，哥白尼都表明他深受阿拉伯天文學的影響。

第四篇談太陽和月亮的距離、視差和半徑。在這一篇裏，哥白尼顯得更多地受益於Regiomontanus的《提要》。論者以為本篇是《天體運行論》中「最令人困惑」❷❶的一段。哥白尼為了能湊出合宜的結果來，對本來就含有錯誤的解說作了一系列不自洽的修正。但是從科學史的角度來看，這一篇實在是非常重要的，因為在這裏可以看見Ibn al-Shāṭir的月球理論──哥白尼的陳述與這位比他早200年的阿拉伯人一模一樣，祇是在參數上有所修正。而參數修正的依據，有來自希臘、印度、阿拉伯和中世紀拉丁文的資料。

哥白尼這樣處理他的月球理論，或者說精心湊出「合宜的結果來」，自有其苦衷。與月球理論直接相關的就是月蝕日蝕，既為人人重視，又為人人可以測驗。所以要「合宜」自是不易。第五篇進而研究行星理論，情形即迥然不同。首先這是哥白尼新理論的一個核心問題，其次這多少比較理論化，觀測不盡是人人可為，因此哥白尼有可能在理論上發揮。初看起來，本篇大部分內容都由托勒玫的理論出發，似乎在方法上無重要突破。其實在運用托氏方法的同時，哥白尼引進了兩方面的革新。首先是引進了地球的運動，並以此解

❷❶　N. Swerdlow語，見前引*Mathematical Astronomy*，p.75.

釋、歸算外行星的運動、計算一系列參數。這正是我們現在看到的
哥白尼日心體系明顯優於地心體系的地方；其次是通過上述革新，
所有的行星運動即可以重新規化為均速正圓運動的組合。這一點為
我們今日而言似乎不太重要，但對哥白尼時代的人說來實在是重要
得很。

第五篇文字最長，內容最豐富，而且對科學史家說來，另有一
處引人注目的地方：哥白尼採用的模型常與十三、十四世紀阿拉伯
天文學家的做法暗合。有一些重要的方面，哥白尼除了在「日心」
這一點上和若干參數上與阿拉伯人不同之外，簡直就是一模一樣。
這一點在二十五年以前還很少為人注意到，而對於現今的科學史學
者說來，則是一個基本事實了。這一科學史研究成果的哲學意義，
容稍後作更細緻的討論。

第六篇繼續討論行星理論，但哥白尼於此鮮有建樹。大部分的
內容與托勒玫類似，而他引用的「觀察資料」並非他自己所作，亦
非托勒玫所作。在討論火星時，哥氏甚至改動「觀察」資料以遷就
理論模型。

但是無論如何哥白尼是第一個在完整的理論構造和模型的基
礎上提出了日心說的人，他在科學史上的地位亦因此確立。如果說
日心說是一場「革命」的話，那麼哥白尼是揭開序幕的人。在哥氏
當時，恐怕並沒有一個人認識到「革命」已經開始了。而哥白尼對
於《天體運行論》出版的不安，則更多地來自於他內心的衝突。至
於小說中常說的他是看見了《天體運行論》的一個印本才溘然長逝
一節，固然能激發文學家的才思，構造戲劇性的情節，於科學史及
其哲學意義，卻無多關聯了。

在哥白尼能提筆寫字的最後幾天裏，他曾在一張小紙條上抄下

了一段Thomas Aquinas那的話❷：

> 生命短暫，感官遲鈍，加之性情的疏陋和生活的負擔，人所
> 能了解知道的事本來就很少。知識的誤用，記憶的缺失，甚
> 至使得那些我們先前有所了解的東西也隨著時間的流逝從我
> 們的心靈中忽忽褪去，……。

　　帶著這樣的遺憾，哥白尼於1543年5月24日去世，下距牛頓的
誕生恰一百年。

　　哥白尼把「地不動日動」的托勒玫體系換成了「日不動地動」
的新體系，從這一點上看，很容易相信這是一場把一切都正恰倒了
個位置的革命。在歐洲中古史上，又找不出任何事件或人物作為哥
白尼工作的真正先聲。換言之，哥氏的工作在三十五年前的科學史
家看來，真正如高山墜石，從天而降，這就很容易使人相信這是一
場突然爆發的革命。Kuhn所要處理的，就是這麼一個事件，這樣一
段歷史。

3.Kuhn對哥白尼的研究

　　《哥白尼革命》❷一書，如前所述，是由課程教學材料發展起

---

❷　這段筆記先為 Ernest Zinner 所引，見 *Entstehung und Ausbreitung der Copernicanischen Lehre*, Erlangen, 1943, p.244, 但有一詞negligentiae 似誤印作negligentiae。

❷　T. Kuhn, *The Copernican Revolution*, *Planetary Astronomy in the Development of Western Thought*, Cambridge：Harvard Univ. Press,

來的，自然就有很重的教科書的味道。全書七章，另外還有一個技
術性附錄，處理天文學中採用的一些技術和算法，因為這方面的基
礎知識實為理解哥白尼的工作所必需。

　　《哥白尼革命》附題為「西方思想發展中的行星天文學」，即把
本書主題擴充到「西方思想發展」的大框架之中。留意前述Kuhn寫
作時先後問世的幾部以西方文化為背景的史學著作，如 A. O.
Lovejoy, H. Butterfield和A. R. Hall 的寫作方法和考查問題的角度，
可知Kuhn的作法實在是這一潮流的自然演進。全書七章中，四章敍
述哥白尼之前的行星天文學，占全書篇幅一半之多。第一章介紹古
代宇宙論，從原始宇宙論中的蒼穹觀念（4-5頁），到希臘「科學宇
宙論」中的「雙球宇宙」學說（27頁前後），到太陽在該宇宙體系
中的運動情形（33頁），洋洋灑灑，意在使讀者對於哥白尼前的宇
宙理論有一充分的了解。其所敍內容，則幾乎全是科學史常識，唯
「雙球宇宙」，即以人為一圈的內層和以星為一圈的外層的雙球型
的宇宙模型，為Kuhn所心愛，特設專名以引起注意。第二章承第一
章餘緒，進一步介紹行星理論。從嚴格的意義上說，哥白尼天文學
實在是一行星理論，其對太陽的種種議論均在與行星的關係方面，
所以對於行星運動前史的了解自然也很重要。本章從「視運動」概
念談起，迭經圓軌道，本輪均輪系統，偏心輪等技術手段的討論，
完成了對托勒玫天文學行星理論的概述。

　　古代這些關於天文的研究在哲學上有什麼意義呢？這是Kuhn所
要極力闡發的一個問題。不然的話，如他在前言中所說，重複一個
被反覆講述的故事，應當是很無聊的。Kuhn在這一段為大家所熟知

　　　　1957.自出版以來，大約重印了15次。下文引述用的是1981年的第11次
　　　印刷本，頁碼均置於括弧中，不再另注。

的科學史中，看出了新的問題。

首先，Kuhn指出，古天文學知識，尤其是以「雙球宇宙」為名的天文學是一個概念系統，一種理論，是「人類想像的產物」（36頁），「源於觀察而又超越觀察」。事實上和傳統的或者直覺的想法相反，科學談論的不是自然界而是人對自然界的理解。一方面，科學的內容確實是關於我們廁身其間的宇宙萬物的；另一方面，科學又是人對於這種外在世界的理解，因而又是人腦的創作。最初明白系統地指出這種「既非客觀存在，又非主觀臆造」的概念的，是英國哲學家A. Popper❷。我們以後還會看到他對Kuhn觀念的影響。

「雙球宇宙」的理論即是這樣一種概念體系。它提供了一個研究者可以方便使用的框架，把紛亂雜陳的觀察歸納到了一個有序的結構之中，從而大大簡化了關於宇宙的描述，這是這一理論在「邏輯上」的存在意義。從簡單性原則來看，「雙球宇宙」實在是很成功的。它提供了對自然現象的一種理解，一種世界觀，按Kuhn的說法，這是這一理論在「心理上」存在的意義（39頁）。當人們從邏輯上能夠「解釋」，從心理上能夠「理解」日月星辰昇降隱現，他們就願意用這一概念構架來考慮問題，作出進一步的預測。哥倫布對地球為球形的信念，Kuhn認為（40–41頁），就是這種概念體系富有成效的一個好例子。

所以這種概念體系就成了一種「信念」。但是科學既非純主觀的臆造，自然還受制於客觀的自然界，其聯接點正在觀察，尤其是

---

❷ K. Popper的系統闡述出現較晚，見他1967年在國際科學哲學大會上的講演，後來成為《客觀知識》的第三章，〈沒有認識主體的認識論〉，邱仁宗譯，收在《科學知識進化論》一書中，北京：三聯，1987，309—60頁。

對科學所預期的事實的觀察。預言有而果然有，則理論為「真」，反則反之。此即所謂「證偽」，其論甚明。但Kuhn認為（75–76頁），事情沒有那麼簡單。在科學史上，未見如此單純的事；在技術上，也不可能做到如此清晰決斷，因為「觀察從未在絕對的意義上與一概念體系不合」。

比如說托勒玫的日心說，一方面在其存在、並被利用為基本的解釋框架的一千多年中，不斷地與觀察數據發生或小或大的衝突，一方面又經歷不斷的、或小或大的修改使之與觀察更加一致。哥白尼以前的天文學家並沒有立即拋棄舊有的托勒玫體系。事實上，他們在這一體系中堅持工作了一千多年，進行了各種各樣精巧的修補和改建。那麼，Kuhn問道（76頁）：

是什麼把時而顯現的偏差與不合變成了無可規避的衝突的呢？被一代人懷著敬意稱道為精深宏大、氣象萬千的概念體系怎麼到了後代眼裏就變得含混晦澀、繁瑣愚拙了呢？為什麼科學家有時無視種種理論和觀察的不一致而堅持一種理論，有時又轉而放棄他們所堅持的理論呢？

Kuhn說這就是剖析科學信念所產生出來的問題，即一個運作順暢的概念體系如何被替換的問題。「這一問題，簡而言之，就是科學革命的邏輯結構」（75頁）。

Kuhn寫下這些問題的時間當在1956年夏天，時年34歲。他接著寫道，他要用下面兩章來討論這些問題。這個年輕人顯然沒有想到，為了回答這個問題，他在五年後還要再專門寫一本書；在他今後的生涯裏，還要再寫十多篇論文作進一步討論。他當然更不會想到，

在以後的半個世紀中，這個問題將成為科學史科學哲學的一個中心問題。他當時的想法是，這種概念體系的替代變更，應該是一個多重因素作用的共同結果。因此，他進而考查導致哥白尼革命的非技術性的、非天文學的，甚至非關科學方面的原因。

　　亞里斯多德的物理學和天文學當然是首先要考查的一大流源。在第三章裏，Kuhn介紹了亞氏「物理學」的主要概念。亞氏的「物理學」大略同於今日的「非生命科學」㉕，上至天文地理，下至物質生成，物體運動，都在其視野之內。而亞氏的目的，在於建立一個包羅這紛繁萬象世界，給出統一解釋的大體系。這一出發點與托勒玫的描述性的理論不同。為了「解釋」，亞里斯多德構造了世界賴以建立的要素：對於宇宙整體而言，是一種後來被稱作「以太」的無所不在的東西；對於我們人類廁身其間的現實世界，或者依亞氏所說「月下界」，則是水土氣火四大要素。宇宙中沒有「空」的地方，因為「自然厭惡真空」。日月星辰也非懸浮在空中，而是鑲嵌在一套同心球上。對於「月上」即天體，和「月下」即地球表面附近的物體，各有一套原則約束規範其運動。要而言之，「月上」為圓周運動，於是永恆，無所謂開始，也沒有終點；「月下」萬物的自發運動，在於尋找其自然位置。於是輕者自浮，冉冉上昇，雲、氣是也；濁者自沉，匐然下墜，石塊泥土是也。「月下」的理論當然不能用於「月上」，反之亦然。這樣，亞里斯多德就從另一個角度，在不太精確的意義上或者可以稱作從力學或物理學的角度提出了對行星運動的解釋。這種解釋日後同基督教的教義相結合，構成

㉕　亞里斯多德的物理學，綜合性的介紹似以 E. J. Dijksterhuis, *The Mechanization of the World Picture*, Princeton：Princeton Univ. Press, 1986, I, E, 最為常用。本書有劉珺珺等中譯，已見56頁注引。

了以後一、兩千年西方思想界對宇宙理解的正統概念系統。

　　Kuhn 多次說起閱讀亞里斯多德是他關於科學發展史觀念形成的非常重要的一步。在《哥白尼革命》的寫作中，這一影響已經可見端倪。在稍後關於科學革命結構的討論中，我們還有機會進一步考查這一問題。

　　遠古思想、托勒玫和亞里斯多德構成了哥白尼以前的關於天體運動的三大流源。儘管內部不盡自洽，儘管與觀察時見衝突，這一理論體系穩穩地持續了十五、六個世紀，直到文藝復興前後，一些直接導向哥白尼革命的因素才出現。這些因素構成了 Kuhn 的第四章，也是敘述哥白尼工作前的最後一章，照Kuhn的寫法，革命臨近了。

　　Kuhn認為這些前導因素可以分三個方面考察：宗教方面的、學術方面的和天文學技術方面的。

　　對於早期基督教教義說來，亞里斯多德的理論是個異端。因為《聖經》明明白白地說「神坐在地球大圈之上，……舖張穹蒼如幔子，展開諸天如可住的帳棚」（《以賽亞書，40：22，中文用「神」版），明顯與亞氏對宇宙的描述不同。但經過長期演化，到了十一、十二世紀，亞氏的理論又被採納為正統，最明顯的例證是St. Thomas Aquinas（1225—74）在他的《神學大全》中明白引入了對《聖經》的非章句解，即以《聖經》為啟示性文字，並不能作逐字逐句、拘泥於字面意義的解釋。這樣，儘管在細節上亞里斯多德與《聖經》還有不合甚至牴牾，其間根本的衝突終於得到了化解。所以古希臘特別是亞氏的學說，在哥白尼革命前的兩三個世紀裏，頗是流傳。

　　這種流傳一方面使人有機會了解古代學術，一方面也使得古代學術有機會受當時學者的批評質疑。這種學術上的質疑，Kuhn列為

前導因素的第二方面。其中最為突出的，是巴黎學派的N. Oresme。對於哥白尼革命最有意義的,是 Oresme 關於運動的相對性的論述。Oresme舉了很多例子，強有力地說明，沒有任何論證，邏輯上的也好，《聖經》上的也好，物理上的也好，可以斷然判定地球是運動的還是靜止的。這就為哥白尼地動說掃除了障礙。

在討論這兩方面的前導因素時,Kuhn常從整個西方思想史的角度去考察問題。這樣做法的好處是視野開闊，尤其是對初學者說來，容易建立一套完整的歷史演變圖景，從本書的副標題看，這似乎也是Kuhn寫這本書的一個目的。Kuhn在本書寫作時，當頗留意西洋思想通史。他在這一時期發表的書評，證實了這一推斷。

在為H. Dingle著*The Scientific Adventure*寫的書評裏❷，Kuhn討論了作者對科學革命，尤其是哥白尼革命的處理，頗多稱道。「但是」，Kuhn緊接著寫道，這種討論「過於瑣碎，過多地徵引佚事，過分注意科學發現本身，而對當時並存的其他科學概念體系和實驗所產生的相互作用留意不夠，因此未能提供科學思想發展模式的真實情形」。在另一篇書評中，Kuhn提到這一類的科學史或思想史書籍，應能同時兼顧西方傳統的「延續和多樣」。參照他對哥白尼革命的直接起因的處理，可以看出他正在艱苦地探求一條能達到這樣高標準的路。

採用這一寫法，同時又引發生了另一方面的問題。既然強調歷史流源，強調重視整個歷史演進而不是「發現本身」，這種關於前導因素的討論就好像又變成了歷史背景的敘述，而不是Kuhn先前所稱的「直接的、有因果聯繫的」（83頁）因素了。為此，Kuhn又回到天文學本身。

---

❷　*Speculum*, 28, 1953: 879—80. 下面引文見880頁。

在以「哥白尼時代的天文學」為小標題的一段中，Kuhn提到了德國人Georg Peuerbach（1423—61）和他的學生Johannes Müller(1436—76)，但馬上轉入了作為時代大發現的葡萄牙航海以及稍後的哥倫布發現新大陸。這一標題下最大部分的文字是介紹五世紀學者Proclus及其他「新柏拉圖主義」學派的學者。最後歸結到哥白尼，認為「新柏拉圖主義可能對哥白尼關於以太陽為中心的新體系的構想有所幫助」，並且進一步斷言「新柏拉圖主義在哥白尼關於太陽和數學簡單性的考慮中是顯然可見的」（均在131頁）。

和前面三章相比，討論哥白尼革命的「直接原因」的第四章顯得無力得多。作者多次聲稱要考察「直接的、有因果聯繫的」前導因素，卻又一再回到整個西洋思想史的背景與流源的一般性介紹上。細看當時科學史的研究狀況，可以知道這一明顯的薄弱環節並不是作者寫作上或材料剪裁上的簡單失誤。在Kuhn撰寫《哥白尼革命》一書時，關於哥白尼走向他新學說的歷史過程即「年代表」已經為史家所掌握，但導向這新學說的思想史過程，即這一發現的具體細緻的發展，哥白尼由哪些問題入手，其間利用過哪些考察方法，哪些為主要的影響因素及其作用途徑，均因史料匱乏而暫付闕如。作為以史料分析為出發點的研究者，Kuhn自難為無米之炊。

討論哥白尼工作的第五章本質上是對哥白尼《天體運行論》前十小節的評述，長達50頁。首先是哥白尼的獻詞和前言，Kuhn用以分析哥白尼提出他的新體系的動機。因為科學史的研究表明，哥白尼考慮他的新體系時，即十六世紀的最初三、四十年裏，並沒有特別嚴重的，把托勒玫體系逼向絕境的事情發生。哥白尼決定對托勒玫體系做根本修改，是因為十三個世紀以來對托勒玫體系的修正未能奏效，「一個富於洞察力的天文學家自然會對在同一體系裏的進

一步修補努力能否切實成功感到毫無把握」（140頁）。所以哥白尼的工作，並非起於某一項具體觀察的結果，也非是某一個因素的作用。當這種對進一步修補的成功希望隨著時間的推移變得越來越杳渺無據的時候，當我們前一章所描寫的科學和哲學的「大氣候」達到了這一關鍵的轉折點時，哥白尼即覺悟到新體系為進一步發展所必需。

Kuhn接下來逐段討論了哥白尼《天體運行論》第一部的前十章。案《天體運行論》共六部，第一部為其引言和理論依據。Kuhn把他的研究限制在這一部分裏，一是因為這一部分與他的主題關係最大，一是因為對其他的五個部分的研究在當時還未展開。

Kuhn注意到，並且在所引的哥白尼原文中也著意指出畢達哥拉斯與新柏拉圖主義的影響（例如141，142，145─46，149頁）。這種影響可以在第一小節「宇宙是圓球形的」，第二小節「地球是圓球形的」和第四小節「天體運動是匀速的、永恆的，循圓弧形或組合圓弧形軌道」的論證中看出來。但是，這種以圓為完美幾何圖形的觀念固然是畢氏和新柏拉圖主義的典型議論，卻不為他們所專有。亞里斯多德闡述天體的運動也循相同的論證途徑。所以 Kuhn 寫到，直至第四小節，「哥白尼的論證是亞里斯多德式的或經院哲學式的，並未與傳統宇宙論明顯不同」（148頁）。從第五小節起到第九小節，哥白尼提出了地球的運動。他的論證程序是這樣的：既然星辰運動已是大家所共見的，而這種運動只能用或者是天穹運動而地球不動，或者是地球運動而天穹不動兩者之一來解釋，而「正是天穹包羅萬物，那麼為什麼運動不應該是被包含者〔指地球〕的運動而反而是包羅萬象的包含者的運動呢？」哥白尼進而援引畢達哥拉斯派學者Heraclides和Ecphantus來支持他的看法。哥白尼接著推進他的論證。

其次，既然地球運動，它即不可能在宇宙的中心，因為所謂中心當是不動的。地球與各行星之間的距離也常在變化。如果把這些都考慮進去，即可為行星的運動及其種種變化提出一個「合理的原因」。哥白尼接著援引了Philolus，同樣也是一個畢達哥拉斯派學者，來支持他的看法。

這種論證方式在今天的，受現代科學教育的讀者看來自然是難以置信的。哥白尼的論證當然如不止於此，在他的《天體運行論》的後幾部裏，他還要從數學上作進一步的分析。但這並不是說上面引述的那些論證就不重要了。在哥白尼的時代，它們的重要性不亞於後面的數學討論。對於西洋思想界的震撼，甚至更多地來自這樣的論證而不是數學。但是，要不是後面的數學論證，哥白尼的學說充其量不過是古人猜想的一個十六世紀再版，「如果哥白尼討論宇宙論的部分（即第一部）單獨出版的話」，Kuhn非常正確地指出，「哥白尼革命就不會，也不應該以他的名字來命名了」（184頁）。

根據哥白尼的構想，太陽獨居宇宙中心，地球繞日運行，年復一年，而太陽也因此出現在不同的恆星背景上。如果有任何星體相對於恆星背景離我們地球較近的話，我們地球上的觀察者也會看見，或更嚴格地說，也能通過精密的儀器觀察到它們在恆星背景上的位移。這種位移天文學上叫周年視差，雖說這一現象在哥白尼時代從未被觀察到。對於行星說來，哥白尼理論要直觀得多。利用運動疊加，即使是對天文學沒有什麼了解的人，只要記住相加的法則，都可以明白地解釋困惑了天文學家多年，逼使托勒玫學派採用複雜的本輪均輪系統的現象，尤其是逆行、留、和內行星的大距。

對哥白尼著作的其他部分的考察需要更多的數學和天文學的專門知識，Kuhn於是轉向對哥白尼工作的總評。「因為他是第一個

基於地球運動探討天文學的人，哥白尼常被稱為第一個現代天文學家。但是，正如《天體運行論》行文所顯示的，說他是托勒玫天文學的最後一個傳人也同樣令人信服」（181頁）。的確，如果從哥白尼考慮問題的角度，論證的方式和他所追求的解答來看，他的工作是和托勒玫一脈相承的。這樣看來，與通常印象不一樣，哥白尼不是一個摧毀舊的，創造新的的革命家；他更是新舊兩個傳統的聯結環節。這正是Kuhn所要著力說明的（182頁）：

> 要問哥白尼的工作是古代的還是現代的，就好像要問一條道路上的轉彎弧段是屬於轉彎前的那段直路還是轉彎後的那段直路。從轉彎的地方看，前後兩個路段都可見。可是從轉彎前面的那段路向轉彎處看，路似乎先是平直地伸展出去然後即消失了，而轉彎處正是這段直路的最後一點。如果從轉彎以後的路來看，路是從轉彎處開始的，並且開始以後一直是平直的。轉彎弧段既分別屬於前後兩個路段，又不屬於任何一段。

這就叫轉折點。這是Kuhn對哥白尼革命的一個基本評價。哥白尼是在一個大的概念體系中作了一點小改進，但這小改進引發了以後一個世紀的變革。在這個意義上，我們稱它為革命。「《天體運行論》的意義並不主要在於它說了什麼，而在於它使得別人說出了些什麼」（135頁）。

Kuhn接下來花了一章，即第六章，探討哥白尼讓「別人說出了些什麼」。和討論導向哥白尼革命的諸因素和傳統的四章洋洋灑灑的文字相比，這似乎單薄了一些。但哥白尼以後的發展，特別是Kuhn

行將討論的第谷、開普勒、伽里略已為一般人所熟知，而真正細緻的研究又為主題和篇幅所不容，Kuhn的這一處理也就可以理解了。

第谷（1546—1601）為十六世紀提供了最完整、最精密的觀察資料。現在的天文學史家常稱他為望遠鏡使用以前天文觀察的頂峰。他在丹麥的觀象臺，有皇室的贊助，設施地點為一時之冠。但是在他的長達幾四十年的工作中，他沒有觀察到周年視差。根據哥白尼的理論，如果地球繞日運行，應該可以觀察到這種較近的天體在較遠的恆星背景上的以年為單位的周期性位移。既然沒有觀察到這種位移，第谷即覺得哥白尼方案率難接受。他重新提出了一個「在幾何上與哥白尼體系相同的」體系（205頁），所不同的是地球回到了宇宙的中心並不再運動。

第谷的貢獻是他的模型使得哥白尼學說受到了廣泛的注意。特別是他的模型與亞里斯多德的「天球」即天體鑲嵌其上，賴以運行的透明實物球體的概念有明顯衝突，因而把哥白尼的理論中所隱含的物理的或力學的革命因素凸顯出來了。到1572年以後，他對新星的觀察，特別是1577年對彗星的觀察向亞氏的「月上」「月下」分野提出了嚴重的質疑。「哥白尼去世後的一個世紀裏，天文學觀察和理論所引進的新發現和新發明，不論是哥白尼的支持者還是反對者做出的，都在某種意義上為哥白尼理論提供了例證」（208頁）。

第谷的學生開普勒（1571—1630）利用第谷留下的完整而且精密的觀察資料，以哥白尼模型為框架重算了行星運動的主要參數。他發現哥白尼模型內蘊含了令人驚異的數學和諧。包括地球在內的當時已知的六顆行星，其軌道所在的大球以從「宇宙的中心」太陽向外伸展的次序，依次內切或外接正方體、正四面體、正十二面體、正二十面體和正八面體。從幾何上看，祇有這五種正多面體為可能，

所以應當有六顆而不是五顆行星，所以地球也只可能是一顆行星。他進而發展了「宇宙和諧」理論，建立了他的三個關於行星運動的定律。這些定律的真實性或真理性由第谷的觀察資料和它們所顯示的與柏拉圖、畢達哥拉斯數學和諧觀念的一致性支持。

　　與開普勒同時有伽里略（1564—1642）的工作。開普勒的興趣和成果在於用數學或神秘的和諧理論整理第谷的工作，尋出其中「真的原因」，他認為他在他的「宇宙和諧」裏找到了這種原因。伽里略則更注重天文學和「物理的」原因。他第一個使用望遠鏡，看見了木星的衛星系統。——這就是一個縮小了的哥白尼太陽系。他觀察了金星，看見了金星的位相變化，哥白尼曾在《運行論》(I, 10)裏預言過。這是對哥白尼體系的第一個直接證明。至此，哥白尼學說不再以假說的面目出現，而成為天文學中一個與舊理論競爭其生存權利的新理論。這一競爭在以後一個世紀裏漸次完成，——

　　　　對地心說的信仰先是神經正常的一個標誌，後來變為僵強固
　　　　執的保守主義的標誌，再變為非同一般的孤陋寡聞的標誌，
　　　　最後成為瘋狂盲目的信仰主義的標誌（227頁）。

　　在十七世紀中葉，重要的天文學家裏即很少有人懷疑哥白尼學說了；到十七世紀末，沒有一個天文學家還執著於托勒玫了。

　　哥白尼學說在十七世紀的發展還有另外一個，或者可以不太恰當地稱為「物理的」層面。Kuhn在第七章也是最後一章考察這一層面。開普勒為哥白尼理論體系找出的數字學的神秘原因並未能說明天體為什麼是這樣運動的，他只說明上帝為什麼是這樣安排的。從伽里略、尤其是笛卡爾起，追尋天體運動的「機制」成了十七世紀

科學的一大潮流。英國的T. Diggs提出了無限宇宙的概念，笛卡爾提出了渦旋理論，Hooke提出了萬有引力的概念，最後牛頓建立了力學。比及牛頓工作完備的形式刊行時，正恰是哥白尼的《天體運行論》問世的145周年。

Kuhn對哥白尼理論以後的發展當頗為留意。在撰寫《哥白尼革命》一書的同時，他細讀了不少關於「物理」發展，即探求上面所說的哥白尼理論的物理學原因的書籍。在《哥白尼革命》寫作的同年，他對於A. Koyré的〈開普勒至牛頓落體問題文獻史〉一文的書評發表在*Isis*上❷❼。細看這一篇書評，很容易發現它的論述與《哥白尼革命》是平行的。以1600年為分界線，十六世紀的研究被稱為是「第一階段」，其主要的論證集中在重物的直線下墜的解釋上。亞里斯多德和托勒玫關於地球中心以及靜止不動的理論的一個重要論據就是重物豎直下落，並落回它們被拋起來的那一點。如果地球運動，例如從西向東，重物落下時應該較其被拋起的地點偏西。N. Oresme對此提出了不同的解釋，他認為重物「也可能」落回原地。Oresme的這一論證，Kuhn說，被哥白尼在他的著作中引用。1600年以後的第二階段，開普勒、費馬、伽里略、Bulliandus、Borelli都參與了這個問題的研究，直到1679年Hooke和牛頓的關於萬有引力和自由落體的通信。Kuhn在這兒看見了哥白尼革命的真正進程——不是他說了什麼，而是他使得別人說出了什麼。

稍微前一、兩年，Kuhn還一連發表了另外兩篇書評❷❽，評述五本討論笛卡爾的專著。連同他在書評中徵引的其他專著，所涉及的書在十部以上。這顯然不是蜻蜓點水式的研究所能做到的。在對英

---

❷❼　*Isis*, *48* (1957) 91—93.

❷❽　*Isis*, *44* (1953) 285—87; Ibid., *46* (1955) 377—80.

國研究者J. F. Scott的工作的評論中，他還援引了十年前發表的一篇法文論文。在評論中，Kuhn特別強調歷史學研究和哲學的結合。事實上，他正是從歷史和哲學兩個角度去評價這些書的。

再前，我們還看見他對A. R. Hall《十七世紀的彈道學》一書的評論⓴。彈道學，或者狹義地說對拋射體路徑的研究，和落體問題一樣是十七世紀物理學的一個大問題。在援引皇家學會諸成員的研究同時，Hall還討論了伽里略和以前的Tartaglia的工作。書評中，Kuhn引用了E. J. Dijksterhuis的《世界圖景》一書，該書當時還沒有英譯本，顯示了Kuhn的閱讀範圍和對第二手文獻的鑑賞能力。

與此差不多同時的是Kuhn對伽里略《兩大世界體系》的鑽研⓾。他對這本書的兩個譯本都有評論。這兩個譯本都出自名家之手：一是加拿大學者S. Drake 的全譯本，愛因斯坦為之做序；一是T. Salusbury 的改寫本，Giorgio de Santillana 注釋並做歷史背景介紹。被愛因斯坦⓿稱為「對於每一個對於西方文化史及其在政治經濟發展上的影響感興趣的人來說，都是一個知識的寶庫」的《世界體系》是對哥白尼學說的最重要的發揮之一，也是科學史上少數幾本經典著作之一。Kuhn對它的研究明顯地反映在《哥白尼革命》的最後一章裏。

綜觀全書，Kuhn努力在歷史的進程中描述和解釋哥白尼革命的

⓴　*Isis*，*44*（1953）284—85.

⓾　*Science*，*119*（1954）546—47.

⓿　A. Einstein， "*Foreword to* Dialogue concerning the Two Chief World Systems，" trans. by S. Drake， Berkeley：Univ. of California Press，1953.引文在p.vii.愛因斯坦的這篇序言有中譯，在《愛因斯坦文集》第一卷，北京：科學出版社，1975，579—85頁；伽里略的書也有中譯，《關於兩大世界體系的對話》，上海：上海人民，1974。

意圖甚為明顯。Kuhn引入了西方思想發展的源流，並以對此源流的分析作為整個事件的背景。他力圖考察紛繁眾多的歷史因素，並稱他自己的這種方式為「多元化」的考察。這是他在本書序言中就說明的（vii頁）。但是這種考察時常陷入困難。比如在相當細緻地介紹了 N. Oresme 關於運動和重物下落的非亞里斯多德的觀念之後，作者必須承認，事實上我們並不知道哥白尼是否真正讀過 Oresme（144頁）。整個哥白尼革命與事件發生前的歷史事件的聯繫衹能說是「他想必總知道一些他們的（案指Oresme或類似學者的）工作」，或者「他可能至少聽說過這些非常有影響的學說……」（144頁）。在這個最重要的關鍵點上作者之所以深感無力，是由於純科學史研究並沒有能提供可資分析的資料。

另一方面，Kuhn在同時間的另一篇書評中也提到❸，過分細緻的史料追尋和分析可能會使文章顯得「零散」，他又怕史料羅列會使讀者覺得「炫耀細節過分而分析解釋不足」。Kuhn在這兒所談論的，正是困擾每一個歷史學作者的問題：究竟如何把歷史陳述與相關分析安排在他們的著作裏？用他們的行話來說，「史」「論」究竟如何結合？

儘管幾乎所有的科學史研究者都聲稱他們的研究是基於科學史進程、事件、或者事實的，他們對如何處理這些素材的見解卻是很不一樣的。M. S. Mahoney 教授曾說過一個故事。有一天 C. G.Hempel 走進辦公室看見Mahoney，隨口問他一段科學史是不是如此如此的。當Mahoney告訴他「不是」時，Hempel教授說，「啊，那我得另找一個例子。」

從科學史家的角度看，Hempel的態度簡直是一種不負責任的挑

---

❸　*Isis*，48（1957）92.

選史實，是不可容忍的隨意性。他們認為，任何對歷史的分析應當是從總體出發的，談論一個孤立事件是沒有意義的。從科學哲學的研究者的角度看，這正是他們對繁紛的歷史事件去粗取精、去偽存真的過程。因為歷史如此複雜，不可能要求每一事件都能恰當地反映所有科學發展的邏輯，而科學史的研究正是要能選取適當的事件或歷史片段，加以說明和發揮，使得這種本來隱蘊的邏輯得以彰顯。

Kuhn在《哥白尼革命》一書中並沒有明白表示他傾向於哪一取向。因為本書的教科書性質，——其本來也起源於在哈佛的教學，書中的確介紹了不少歷史材料。但絕大部分都是當時科學史界所熟知的，並不出於Kuhn的獨創性研究。如果真要把本書的歷史和哲學兩個取向作一比較的話，Kuhn還是在後一方向上表現出較多的獨創性。但這種獨創性不是表現在對哥白尼革命的任何哲學判斷上，也不是表現在對哥白尼方法或理論的結構分析上，而是表現在對整個歷史發展，「概念體系」如何形成，這種「概念體系」如何限制和規範科學研究，使之呈現長時間的穩定，科學家們為什麼有時又突然放棄一個概念體系而轉適別的概念體系：表現在對所有這些問題的沉思之上。這種沉思並未導向，更不用說構造出任何具體結果。但是，如此明白地把這些問題從紛繁的歷史現象中抽提出來，表達出來，無疑具有強烈的啟發性。

4.科學史家對《哥白尼革命》的反應

《哥白尼革命》一書出版以後的最初反應可以在分析其相關書評中看出。1957年6月15日的《圖書館雜誌》❸大概是最早發表意

---

❸　Milton B. Wenger, *Library Journal*, *82*（1957）Pt.2, 1669－70.

見的。以該雜誌的性質而言，其評論當然不是科學史或科學哲學的專業分析，而是為圖書館管理經營服務的。評論者Milton B.Wenger似乎是紐約市一家公司的工程師，他注意到的唯一與我們的主題相關的一點是Kuhn的書「對於為什麼自然研究者要花那麼長的時間才能接受日心體系給出了一個不錯的說明」，因而這本書是「引人入勝的，並值得一讀——不論是為了知識還是為了消遣」。

　　一年多以後，另一位評論者❸注意到Kuhn把構成哥白尼革命的數學和物理上的發現與「當時的哲學和學術氣候環境」一起研究，認為頗為可取。差不多同時，Kuhn的書得到了當時最負盛名的哥白尼研究權威Edward Rosen ❸的評論。Rosen對本書的評價不高，在他篇幅不長的評論中，Rosen 以隨口例舉的方式一口氣舉出了二十八個錯誤，從數據錯誤到名詞的拼法錯誤都有。Rosen 最後以「令人遺憾」之類的詞結束了他的評論。

　　Edward Rosen 當時是紐約 City College 的教授。這位波蘭裔的猶太教授是差不多所有最重要的哥白尼史料的最初英譯者。哥白尼的《提要》，給B. Wapowski主教討論J. Werner「第八重天運動」的信，以及G. Rheticus的關於哥白尼工作的解釋性文字均由他介紹到英語世界中來。在他一生漫長的學術生涯中，Rosen 發表了一百多篇介紹哥白尼或哥白尼革命的論文、通俗讀物或小品。他的評論自然重要。他對史料的熟悉和占有程度，當然不是Kuhn當年可以遽言企及的。對於這樣把一生都奉獻給哥白尼研究的老學者，任何一個小錯都是不可原諒的，何況Kuhn還把他的名字拼錯了四次。

　　Rosen 的批評不可謂不對。但從差不多四十年以後的今天看，

❸　*Saturday Review of Literature*，Sept.12，1959.

❸　Edward Rosen，*Scripta Mathematica*，*24*（1959）330—31.

還有更深的一個層面值得注意。像Rosen這樣的學者，鑽研史料，考比事實，一生不倦，而他的主要取向也更多地在史料和史實方面。對於志在探求「科學發展規律」的三十五歲的Kuhn說來，「細節」差不多是「小節」的同義語，他的注意力不在「細枝末節」之上，而在於歷史的整個演進。很多年以後，史學界開始談論「大歷史」「小歷史」❸⑥。這種做法上的分歧，這種著眼點上的偏側，實在不是一種簡單的「細緻」與「不細緻」的分歧。

---

❸⑥　參見，例如，黃仁宇，「自序」，《萬曆十五年》，臺北：食貨出版社，1985，第1頁。此一用法與黃博士的概念不甚相合，戲用之。

第四章　必要的張力：科學發展的內在原因

　　Kuhn在《哥白尼革命》最後寫的「道路轉彎」的比喻是意味深長的。科學發展既似直路又不似直路，轉彎部分既屬於彎前的道路又屬於彎後的道路，哥白尼的工作既是對傳統的發展又是對傳統的否定，所有這些黑格爾辯證思維意味很濃的論證方式在五十年代末的科學哲學領域裏還是聞所未聞的，對沉溺於歷史細節的科學史家也提示了歷史研究在大尺度上的哲學意義。在 Kuhn 創造力最旺盛，著作最豐的年代裏，這種黑格爾辯證思維的影響一直貫穿。此點在研究Kuhn時當不能忽視。

　　Kuhn關於「常規科學」和「科學革命」的概念可以作為這種思維方式的一個好例子。1959年在Utah大學發表的這些見解，後來常被誤會。其中重要的原因蓋為讀者未能以這種黑格爾方式考察這些概念的真義。科學發展中，「常規」和「革命」是一直存在著的相反相成的兩個方面，相互制約，相互平衡；有時一方為主導，有時一方展示為次要方面，但兩者一直是共存的，形成一種張力，使得科學一直處於這種緊張狀態之中。這　觀念的精深微妙之處，在於「共存」，在於兩者的相反相成，在於從動態的角度考察歷史。這一精深微妙的特點，在五十——六十年代，對於科學哲學和科學史說來，頗為新異；尤其是美國學者，對黑格爾學說留意不多，因此Kuhn

此論一出，令學者刮目，儼然有領一代風氣之勢。

　　Kuhn對於黑格爾的淵源，在E. Meyerson，在A. Koyré。前者專精哲學，與H. Høffding善，而Høffding時為黑格爾學說大師之一。後者被視為三十——四十年代科學史界的精神領袖，而其哲學工作則常在復興黑格爾學說。Kuhn心儀這兩位學者既久，學問做法上自然日趨接近。後來Kuhn論文結集出版，題名曰《必要的張力：科學中傳統與變革研究》，當指此意。

　　本章討論Kuhn1957─60年間的幾篇文章，追尋Kuhn《結構》一書的早期發展，與下一章共同構成Kuhn對科學進步理論的系統介紹和解釋。

1.Utah大學會議：常規科學的概念

　　現在的問題是，為什麼有時候科學家會遽然拋棄已經成立多年的理論，轉向新說；有時候又執著舊的理論，無視種種問題層出不窮？在對哥白尼的研究中，這一問題以最鮮明的形式擺在Kuhn面前：為什麼在托勒玫至哥白尼的長達十二、三個世紀的時間間隔中，科學家所汲汲追求的祇是以理論去「湊」觀察資料，甚至以觀察去「湊」理論，卻始終沒有想到過別的試探方式？

　　這種科學進步中的革命與非革命演變的模式，一定一直盤桓於Kuhn心頭。在寫完《哥白尼革命》以後不久，Kuhn有機會去Utah大學參加科學人才識別研究會議，在會上他散發了一篇論文，宣讀了另一篇。這兩篇論文構成了日後Kuhn得享大名的《科學革命的結構》的非常重要的一部分。

　　在會上散發的論文，後來幾經增刪，改名為〈測量在現代物理

科學中的作用〉，刊登在1961年的*Isis*上❶，這時已是一篇長達三十頁的大文章了。在修改增刪中，作者顯然大量利用了近代物理學史的資料，因為正是這一領域，「測量」表現出特於其他任何學術領域中的作用。

在〈論測量〉的一開頭，Kuhn就提出了一個乍一聽來聳人聽聞的論斷：「教科書中（關於測量的）表述的方式必然會把人們引向歧途」（179頁）。

說Kuhn的這個論斷「聳人聽聞」，是因為任何教科書都教導說物理理論的最初起點和最後證明都有賴於測量。如果測量的結果與理論的預期相一致，那麼這個理論就是「正確的」。比如我發展了一套關於地球自轉的理論，並由之推出明天，12月15日太陽應該在早晨7：35昇出地平線，結果在指定的地點做上述測量，發現太陽「果然」在那一預期的時刻出現，那麼從現代科學的觀點來看，不僅這一個預測被認為是正確的，而且整個理論的推導、前提，乃至假定，都會被認為是正確的。

Kuhn從一個「前物理學家」的角度（177頁）提出異議。他問道，當人們談論「與理論的預期相一致」中的「相一致」三個字作何解釋？稍微了解物理學的人都知道，測量永遠是近似的，而物理理論也不能總是產生出絕對精確的結果。對於測量說來，儀器精密程度的限制，測量時偶然因素的作用，以及所謂的「人差」即基於觀測操作人員技術水準，工作習慣的誤差總不會小到零。對於科學說來，要建立一個理論，首先必須使對象「純粹化」：　研究平面運

---

❶ Kuhn, *Isis*, *52* (1961) 161—93. 中譯見前引《必要的張力》，論文8，〈測量在現代物理科學中的作用〉，176頁起。以下引用此文，如不另加說明，均據此一中譯本，頁次亦然。

動時當然假定平面是「無摩擦」的，研究真空時當然假定真空真的是「空」的。但所有這些前提與測量時的實際情形並不相合。於是「純粹化」就成了「簡單化」。所有這些關於儀器，測量，理論的假設、前提及其「簡單化」問題在物理學中都是熟知的，誰也不再認為有進一步討論必要，因為在物理學中，這種不一致被「熱力學第五定律」所概括地歸納為一個大家所接受的概念，即所謂的「相一致」是指一種「合理的一致」而不是指「絕對的一致」。換言之，測量與預期不必無限精確地相一致，祇要落在一個「合理的」範圍之中，全局從假設前提起至計算出預期值止均告成立。

　　Kuhn考察了這種「合理的一致」說法以後，即利用他的哥白尼學說發動進一步的攻擊，這一攻擊具有強大的殺傷力。「對於托勒玫及其直接繼承者來說是天文學理論與觀察之間合理一致的東西，在哥白尼看來，恰好是證明托勒玫體系肯定錯了的有力證據」（183頁）❷，那又是怎麼一回事呢？原來這兒對「合理的」三個字沒有作明晰的詮釋。誰、憑什麼來判斷一種相對的、近似的「相一致」是「合理的」還是「不合理的」呢？Kuhn發現，「科學實踐證明，沒有始終適用或始終可用的外部判據」（183頁）。如果大部分專家——即「同行」們——認為並且接受一個偏差是「合理的」，那麼它就是「合理的」。這些專家判斷這個偏差是不是「合理」，又依賴於他們對所要證明的理論的信心。Kuhn發現，我們似乎在「證明」合理性上兜圈子。他認為必須對這一測量理論問題作細緻的考察。

　　首先要考察的是一種被Kuhn稱為「常規測量」的東西。什麼叫「常規測量」？Kuhn的例子是愛因斯坦的廣義相對論❸，牛頓的運

❷　Kuhn原注：參閱《哥白尼革命》，72─76頁，135─43頁。

❸　愛因斯坦的廣義相對論的最清晰準確的通俗解說見氏著，《狹義與廣義

動定律和A. Lavoisier的化學理論。牛頓從定義「力」,「質量」和「時空」出發，發展了一套理論。用之於天體，成果斐然。然而按牛頓理論，要分析一顆行星的運動，必須考慮太陽與此一行星的相互吸引以及其他諸天體，——在牛頓時代是五顆其他行星——對這一行星運動的影響。這種複雜的多元問題，或可戲稱之為「七體運動」，不要說在牛頓當時，即使在三百年後的今天，仍不可能在數學上獲得精確解答。牛頓於是簡化問題，忽略其他天體的影響而只論太陽與一個行星的相互作用，即「二體問題」，推出了（注意：這是從理論上推出）開普勒在七、八十年前從觀測測量數據中「悟出」的開普勒定律，名聲大噪。但是行星運動的實測數據與牛頓理論相去有間，於是大數學家如歐拉輩又把被牛頓簡化掉的種種因素一一拾回，理論越來越複雜，乃至發展為一套完整的「攝動理論」，而與觀察也越來越接近。一直到愛因斯坦，對水星的運動理論一直在修正之中。這種理論與測量相互走近，相輔相成的例子還很多，Kuhn引用Wolf的著名科學史著作作為例證❹。

　　Kuhn認為，起於牛頓的這種科學活動，是把「潛在的秩序」變成「現實的秩序」的活動：

　　　大多數科學實踐都是這樣一場複雜的和消耗性的清理工作，
　　　它鞏固上一次理論突破所開創的陣地，並為下一次突破作好

　　　相對論淺說》，楊殷潤譯，上海：上海科技出版社，1964。原文出自愛氏本人之手，而譯文之流暢傳神更使閱讀成為真正的享受。謹此向譯者致敬。

❹　A. Wolf《十八世紀科學技術史》，周昌忠譯，上海：上海科技出版社，1986；Kuhn原注為注釋20，引該書75—81頁。

　　基本準備。在這場清理工作中，測量無疑具有最一般的科學
　　作用（186頁）。

　　「常規測量」，這樣看來，正是在理論已經確立，但尚未完善
的時候出現的。精度的提高，哪怕是從百分位、千分位上的一小點
修正，對理論的完善都有很大的意義。這種工作是積累性的，換言
之，非革命性的。其目的不在於建立一個新的理論，而在於為一個
已經建立的理論確立更加堅實精細的基礎。

　　如果理論並未真正確立，測量則可能更多地充當「評判者」的
角色。Kuhn以道爾頓關於NO，NO2和N2O的例子說明了測量的這
種作用，──氧的氮化物之間的重量整數比，無疑「證明了」道爾
頓的定組成定律，進而證明了他的原子論，至少道爾頓自己是這麼
認為的。但是，Kuhn所要說的恰恰是「當時存在的大量資料畢竟是
不能支持道爾頓定律的」（193頁），例如Proust關於氧化銅的工作證
明，在不同的銅的氧化物中，氧的重量比不是簡單整數比。這就從
根本上打擊了原子學說。我們今天之所以相信實驗「證明了」原子
學說，是因為我們是被現在的教科書教導出來的。我們所相信的，
不是歷史事實，不是科學發展的真實情形，而是「物理科學中的一
些自圓其說的預言」（194頁）。

　　Kuhn接下來考察理論與觀察、測量的關係。這是一個大問題。
早在本世紀二十年代，這就是愛因斯坦與海森堡這樣的人討論而無
法得出結果的題目❺。究竟是觀察測量決定了理論向何處去，還是
理論決定了觀察測量什麼才是有意義的，實在與雞生蛋蛋生雞雷同。

❺　《愛因斯坦文集》，第一卷，北京：商務，1976年，211—12頁。這是
　　愛因斯坦1926年春天同Heisenberg的一次談話記錄。

Kuhn 認為，從科學史整體考慮，似乎後者，即理論決定觀測為多。他承認有些定律，諸如氣體壓強的波義耳定律，有關局部電路的一些定律真是從測量發展起來的。但是，「它們是如此地例外，而且，在它們出現之前進行測量的科學家已經知道了一切，唯獨不知道他要得到的定量結果的特殊形式」（196頁，著重點是原有的）。與此同時，也有很多理論，如靜電相互作用的庫倫定律，「非常像是不用測量而猜出來的。尤其是，庫倫的結果似乎沒有使幾位科學家感到吃驚」（198頁）。這是一個有趣的例子，讓我略作發揮。

所謂電學的庫倫定律，是指兩個靜電荷之間的作用力與電荷量大小成正比，與它們相互距離的平方成反比❻。這一「平方反比」關係，從科學史上看，是同牛頓的萬有引力定律類比而得出的。庫倫提出以後，測量相繼展開，其簡要情形略如下表❼。

實驗測量者	年　份	庫倫定律 r 的指數 "2" 的可能誤差
M. Cavendish	1773	2×10^{-2}
C. A. Coulumb	1785	4×10^{-2}
J. C. Maxwell D. MacAlister	1873	4.9×10^{-5}
S. J. Plimpton E. Lawton	1936	2.0×10^{-9}
Cochran　等	1967	9.2×10^{-12}
Bartlett　等	1970	1.3×10^{-16}
R. Williams　等	1971	$(2.7 \pm 3.1) \times 10^{-16}$

❻　參見，例如，D. Haliday & R. Resnick, *Fundamentals of Physics*, New York: John Wiley & Sons, 1988，§§25–6, 25–8, esp. p.578.中譯見鄭劍玲等譯《物理學》，北京：人民教育出版社，1965。唯中譯是據較早版本譯出，故有關章節序次稍見不同，見28–5及28–6，但內容相去不遠。

❼　郭奕玲，〈庫倫定律的實驗驗證〉，《物理》，10 (1981) 12：761。

　　為了清楚地凸顯我們正在討論的問題，上表中的一些技術細節，如精度漲落之類，都不予追究。分析上表，至少可以看出三個方面的問題：一是這些實驗測量工作持續了兩百年，也就是說，兩百年來，我們對庫倫定律的信心，似乎並不建立在實踐測量的堅強支持之上；二是這種測量，至今沒有能斷言距離r的指數是2，只是說它很接近2而已；三是這種測量中的每一微小進步，從百萬分位到千萬位的一個微小前進，都有賴於測量設計思想，儀器裝備和技巧的巨大改進，因而也不能指望在看得見的將來，會有什麼重大突破，雖然我們常常看見新聞報導說某人「一舉解決了幾百年懸而未決的問題」。

　　那麼是什麼理由使我們相信庫倫定律是正確的呢？任何一個高中或大學學生都會理直氣壯地說，這是因為教科書裏這麼寫的。那麼是什麼理由使寫教科書的人，在臺灣好像永遠是吳大猷，相信庫倫定律是正確的呢？他們會理直氣壯地說，因為科學家都這麼認為，或曰科學家一致的看法如此。那麼是什麼理由使所有科學家相信這是正確的呢？他們會回答他們的老師，那些令人尊敬的已故的科學家們就是這麼說的；他們的教科書，那些被那些令人尊敬的人奉為經典的文字就是這麼寫的。但這樣的追尋似乎在邏輯上是循環的，雞生蛋，蛋又生雞，那麼第一隻雞的情形是怎麼樣的呢？

　　第一隻雞庫倫是一個土木工程師，所以他能設計一隻很精巧的扭力稱，這一隻稱又能很精巧地測量一些很小的力。他將這一新技術試用於靜電力的測量，發現靜電力大抵為平方反比。因為牛頓曾經說過萬有引力是平方反比的，庫倫於是很自然地假定電力也是平方反比的。一則挾牛頓的餘威，一則實測與平方反比的猜想也相去不遠，庫倫定律由是成立。

　　現在我們總算跳出了邏輯循環，由第一隻雞庫倫找到了第一隻蛋牛頓。且不說庫倫的類比，即「電和引力差不多」有沒有依據(實際上是沒有，不過當時人以為很快會發現)，　我們自然要問，那麼牛頓的平方反比定律又是以什麼為依據的呢？細緻的科學史研究使我們有可能了解到「平方反比」的概念最初起於一個名叫 Ismael Bullialdus 的人 ❽，他猜想力的作用應該和光的傳播差不多。光的強度是以平方反比形式變化的，所以力的作用「想必也是」。　由光類比到引力，再由引力類比到電，利用科學史的工作，我們在理清物理學的邏輯結構方面似乎頗有斬獲。

　　那麼光的平方反比又是從哪裏來的呢？科學史也知道得很有限。大略而言是把光比作微粒的假說。若一定量的光微粒飛離光源，以球形擴散出去，分布在單位面積上的粒子數與此單位面積與光源的距離平方成反比。如果以上種種假定都成立，那麼這一點可以由數學簡單地證明出來。而這一猜想與實際情形頗為相合：光強度的確相當迅速地隨距離減弱，所以光強度的平方反比定律也沒有遭到嚴重的質疑。

　　基於這一分析，Kuhn 寫道，

　　　　一個高度發展的理論體，通常就是物理科學中富有成果的測
　　　　量的前提。……在這些科學中，理論一定總是引導實驗，並
　　　　且後者最多也祇能起第二等的作用 (199頁)。

---

❽　Max Jammer, *Concepts of Force*, Cambridge：Harvard University Press,
　　1957，對這段歷史作簡要描述，見該書第五至第七章。上引 Bullialdus,
　　見 p.92，留意 Bullialdus 的名字有多種不同寫法，*DSB* 作 Boulliau，該
　　是比較通行的拼寫。

這就是Kuhn的結論。從測量在技術上的相對性和它在歷史上對理論的依賴，Kuhn證明，它的作用是「第二等的」，而理論，或者說是科學家的共同信念，更占真正的主導地位。

2.「反常」的典型事例

上一節所討論的，是理論與測量結果大致一致的情形。Kuhn引進了「合理的一致」，意在說明這種一致並非絕對的，這樣就在理論與測量驗證或測量資料的關係中加入了一個彈性環節，留下了一個人為判斷和人為調整的餘地。因為如果以測量或實測數據作為理論唯一的判據，在理論上既與構造概念時採用的「純粹化」即「簡單化」的做法不合，在技術上又為實驗操作的有限精度不容，——這種「絕對的一致」實在是外行人的誤解。如果Kuhn的分析僅止於此，那麼他不過為這一個熱門主題增加了一篇新文章而已。但Kuhn接著考慮了下列問題：

「如果不一致怎麼辦？」或者用Kuhn自己的「相當濃縮的和圖解式的描述」（202頁），就是

〔理論與實測之間的〕不一致有時可以通過對理論或者是對儀器的調整來消除。……但是這種不一致有時也可能持續。一旦如此，我們即面臨了一種「危機」或者「反常」的局面。這時，這種揮之不去的不一致就會影響那些在這一領域中進行研究的人。在竭盡全力利用通常的近似方法或改良儀器而又鮮有成效時，他們會不情願地承認「有些事是弄錯了」。（譯文稍有改動）。

對該項課題的研究者說來，這種揮之不去的不一致無疑是一種嚴重的警告。Kuhn一口氣舉出了海王星的發現、氯和一氧化碳的本性，惰性氣體的發現，電子概念的提出，自旋概念的提出，中微子的發現六個例子來說明這種反常在科學發展中的意義。而且，如果把眼光再放大一些，如果不僅研究發現，而且研究科學理論的發展，「情況還要有力得多」(204頁)。Kuhn再次提出一長列名單支持他的論點，即「在形成通常引起理論革新的特別深刻的危機中，測量對於科學前進有……最有意義的貢獻」(206頁)。

這種測量與理論不一致並進而引起「理論革新」的最典型的例子，是Kuhn研究過不久的哥白尼革命。丹麥人第谷以精緻的天文觀測馳名於世，他的觀測資料在他去世時傳給了他的學生兼助手開普勒❾。

開普勒和第谷不同，他首先是一個理論家。他所關心的是「宇宙的構造」。 1596年，開普勒發表了一本討論宇宙圖景的書，時年25歲。早在Tübingen大學，師事Mästlin時，他就已經深信哥白尼學說了。在上述那本後來常被稱作《宇宙的秘密》的名著中，他圖文並茂地介紹了哥白尼體系。他認為，正是引進了地球自身的運動，火星大到不成比例的本輪，木星土星小到不成比例的本輪，均可得到合理的安排；這三顆行星在沖附近的運動也可以得到合理的解釋；

---

❾ 開普勒，J. Kepler，完整的介紹見Max Caspar, *Kepler*, N.Y. & London：Abelard—Schuman, 1959, C. D. Hellman英譯。本節所講的大部分史料，亦可以在前引 E. J. Dijksterhuis, *The Mechanization of the World Picture*, Princeton： Princeton University Press, 1986年新版中找見；又見德Wusing, *Kepler*, 是為開普勒的簡要傳記，有中譯本，《開普勒傳》，北京：科學普及出版社，1980。

而且，托勒玫系統為解釋進動所引進的「大而無當，又不含載星體的第九層天球」也可以捨去。

開普勒進一步提出了他自己的圖景。他認為，木、土、火、地球、金、水六顆行星之間有純數學的聯繫：土星天球內接正方體，而此一正方體又外切木星天球；木星天球內接正四面體，而此一正四面體又外切火星天球；諸如此類，在六顆星的天球之間，正恰嵌入正方體、正四面體、正八面體、正十二面體和正二十面體。——所謂「天球」，用我們今天的話說，就是以行星軌道為大圓的假想的球。而且，最令開普勒鼓舞的是，從數學上看，一共衹可能有五個正多面體，因而最多也衹能構造六個行星天球。開普勒的目的是為了給哥白尼理論提供理論基礎。由此計算的外切天球半徑可以與測量作以下比較❿：

			計算值	測量值
假定各個內接球半徑約為1000		土	木　577	635
		木	火　333	333
		火	地　795	757
		地	金　795	747
		金	水　577	723
			或　707	

從表中可以看出，除了水星以外，其他值似乎是「合理的一致」。而水星的計算值可以進一步修正：如果計入地球衛星月球軌道，上表第二欄數值則會表現為更加一致的脗合。開普勒接下來又

---

❿　J. L. E. Dreyer, *A History of Astronomy*, N.Y.：Dover, 1953, p.375.
　　此書一直在再版，但內容未見增刪。以下的關於開普勒的火星工作，均見該書。

作了大段的技術調整，希冀取得更完美的一致。他因此重新檢查測量資料；萬一測量不精確而誤差正好加強了這種不一致性，再調整理論也沒有用。

最好的測量資料就在Benatky堡的第谷那兒。1600年2月，開普勒終於見到了第谷。一年半以後，1601年10月，第谷去世，他的被稱為登峰造極的觀測資料就傳到了開普勒手中。這些資料不僅精密，而且系統，其可靠性是毋庸置疑的。開普勒立即利用這些資料重新核對了他的理論。在火星的情形中，出現了一個8′的「揮之不去」的不一致性。雖然觀察的精度極限在10′，換言之8′的不一致是落在可能的漲落之中，開普勒仍未輕易放過這一點。因為第谷作為精密觀察者的名氣太大了，開普勒寧願相信理論有問題而不是測量不精密：「既然上帝造就了第谷這麼一個孜孜不倦的觀察者，我們應該滿懷感激之情利用這一恩賜去發現天體的真實運動。」[11]

「去發現天體的真實運動」，談何容易！要不是滿懷著對上帝的感激之情，他可能早就做不下去了。

在很多嘗試以後，開普勒發現，以橢圓代替設置偏心的圓軌道可以取得與測量結果最為一致的脗合。在火星的情形中，偏心率e常為0.09264，而橢圓與圓軌道的差常為$\frac{1}{4}e^2 \sin 2\alpha$，取方位角$\alpha = 45°$，可得差為7′4，恰與「揮之不去的」8′一致。我在這兒用幾行文字概括了的以橢圓代替圓軌道的做法事實上耗去開普勒幾年的時間，其中以1603年的工作最為緊張。但是一旦發現了這一替代，「就好像被人喚醒，驟然看見從未見過的光明」，開普勒立即把它推廣到整個火星運動的計算中去，換言之，他把橢圓作為火星運動的真實軌

---

[11]　Op.111, p.258.這是一段很著名的話，為Caspar和Dreyer一再引用，見 Dreyer, p.385.

道，而不是修補測量和理論的偏差的技術性措施了。於是火星的方程也由偏心圓技術的r＝a＋ae cos E變成了r cos v＝ae＋a cos E。

從希臘時代開始，火星就使得諸如Eudoxus和亞里山大學派的觀測者感到困惑，以後Pliny又稱之為「不可觀察的」。現在利用第谷的精密系統的觀測資料，開普勒竟然做出了這顆行星的運動的理論解釋。為了尋求宇宙的構造圖景，開普勒採用了哥白尼理論，發展了正多面體的「內切外接」模型。從這個模型出發，為了尋求理論和測量的一致性，開普勒發展了橢圓軌道理論。把橢圓軌道試以其他行星，更顯出這種替代決非僅對火星有效，而是普遍通用的：這一結論後來被稱為開普勒第一定律。以哥白尼的日心圖景發展起來的開普勒理論既然被第谷的測量資料所證實，事情似乎就徹底解決了。

其實恰恰相反。我們還記得哥白尼以及開普勒以前所有天文學家選用圓軌道的道理：因為圓是這樣一種奇妙的圖形，其上每一點與任何另一點都絕對相同；對圓周運動說來每一點都是起點，每一點都是終點，所以這種運動可以無始無終，所以這種運動可以沒有原因，所以這種運動是永恆的。而正是這一特點，使圓軌道成為天體運動的唯一可能的軌道，不然的話，我們就必須不斷說明為什麼運動的速度和方向時時變化，而這些參數既然時時變化，運動為什麼又是永恆的。換言之，開普勒的替代，拋棄了圓軌道，求得了理論與測量的一致；作為這一成功的代價，他發現他對問題所做的解答提出了一個新的問題，或許是一個更難回答的問題，即天體運行的機制是什麼，或者說他現在要回答一個關於橢圓軌道的力學原因的問題，而這個問題對於圓軌道說來是根本不存在的。

當測量與已有理論表現出「揮之不去」的不一致時，測量往往

比理論表現得更加執拗。這種情形在科學發展中有異乎尋常的意義。「異乎尋常」這個詞在流行的Kuhn著作的中譯中均被譯作「反常」。這種「反常」被認為是科學危機和革命的重要標誌。Kuhn說,「在兩種理論的鬥爭中, 測量可能是威力巨大的武器」(209頁)。

顯然, 從托勒玫到哥白尼再到開普勒, 天文學是大大地變化了。這是科學史上少數幾個最重大的變化之一, 它於人類的宇宙圖景, 於科學, 於認識論, 於哲學必有其特別的意義。這意義是什麼呢?

「在晴朗之夜, 仰望星空, 就會獲得一種愉快, 這種愉快祇有高尚的心靈才能體會出來。在萬籟無聲和感官安靜的時候, 不朽精神的潛在認識能力就會以一種神秘的語言向我們提示一些尚未展開的概念。這些概念只能意會, 不能言傳。」 ⓬ 這種不朽精神的潛在認識能力在科學發展的異乎尋常的時刻向我們提示的尚未展開的概念, 就是Kuhn現在要展開的論題。

3.「科學共同體」的「意見一致」和「範式」

1959年春的「科學人材識別會議」上, Kuhn散發了一篇文章, 討論測量問題, 這在上兩節已做了討論。與此同時, 他還在會上做了一個簡短的發言, 題為〈必要的張力〉, 討論科學中的傳統和變革⓭。參加這個會議的時候, 正是Kuhn最初構思後來讓他成大名的

⓬　康德,《宇宙發展史概論》, 上海：人民出版社, 1972, 223頁。

⓭　〈必要的張力：科學研究的傳統和變革〉, 收入《必要的張力》, 前引文集。黃亞萍譯, 在中譯本222—38頁。原文第一次刊於C. W. Taylor, *The Third* (*1959*) *University of Utah Research Conference on 'the Identification of Scientific Talent*, Salt Lake City：University of Utah

《科學革命的結構》的時候，所以這兩篇文章對於了解Kuhn關於「結構」的早期想法有很重要的意義。

細看〈張力〉和上面談過的〈測量〉兩文，發現它們的確是姊妹篇。雖然說談論的內容似乎頗不一樣，其旨意卻相去不遠，兩文均論科學發展中看來相矛盾的兩個方面：與理論相合的常規測量和與理論不相合的非常規測量；與傳統相合的漸近式理論和與傳統不相合的變革。其或有不同者，大概是前面一篇例證多，談論科學發展的歷史實例多，後面一篇則更加理論化，哲學意味更重一些。

這時，Kuhn已經明確地提出了科學發展的兩種不同模式，在這兩種模式中，他認為，思維的模式首先不同：一為「收斂式」，一為「發散式」。Kuhn為自己設立的目標或主題，是討論這兩個模式的關係問題。如果從歷史的角度上看，它們是前後相繼的，那麼就是它們的銜接問題。

主題展開不久，Kuhn即未加定義地引入了一個概念——「科學共同體」❿。其確切涵義為何，祇有從他其他闡述中去揣摩，或者由讀者自己體驗。這種寫法頗是Kuhn著作的一個特色，而以他同時代的評論者而言，則毀譽參半。稱之者謂這樣做法可以留出足夠空間作進一步發展，使得概念更具啟發性；訾之者則指其缺乏明確性、精確性，任意東西，引起討論的困難。

以至此為止的Kuhn理論來看，「科學共同體」在狹義上說就是

Press，1959，pp.162－74.在收入論文集時，作者未做實質性修改。

❿ Scientific Community譯「科學共同體」，如上引書；也有譯「科學群體」，如林正弘，《伽利略・波柏・科學說明》，臺北，東大圖書公司，1988，90頁。如果各種譯文並無實質上的差異，本文將不再一一注出，而自動採用所引用的譯者的譯法，以免枝蔓。

一時在一個領域中的大部分科學家結成的一個人群。這些人從事相類似或相關連甚至是相同的研究，經常交流；他們的見解未必同一，或者常有分歧，可是他們總有共同承認、信賴的理論和事實，或者說有共同的語言和基礎使得他們可以就他們相互不同意的部分加以爭論。一如一群學童在爭論是非，他們可以在孰是孰非上各執己見，但他們有共同的老師，並同尊老師所教導的是非原則是他們的原則。問題是誰更正確地發展，發揮或者運用了老師的原則。如果有一頑童雜廁其間，他認為老師所述的原則也不必予以重視遵從，則辯論即無法進行，或者說這一頑童不為此一科學共同體所包含，即所謂「不可與語」也。

這種「老師所教導的原則」在Kuhn看來，在科學史上表現為教科書。細看現代，近代科學家的個人成長道路，無不是由教科書「教」出來的。這些教科書為學生提供本專業的主旨和概念結構。Kuhn注意到（226頁），教科書並不提供解題的方法，而衹提出「範式」即例題，要求學生用自己的紙和筆，或者在實驗室內重新演習那些「無論是在方法上還是在實質上都十分接近於教科書的」題目。Kuhn稱這種訓練方法為一種「收斂式」的思維訓練，以期在這些現在的教科書使用者，將來的科學人員中建立一種精神氛圍，使他們的觀念趨向一致。Kuhn 特別用了一個德文字來形容教科書對其讀者的作用。他說，教科書所產生的，是一種Einstellungen❻，即一種調節，使其讀者的注意力，處理方式和看問題的態度趨於一致。Kuhn稱這種教育是一種「根本不需要學生考慮，作出評估判斷的」、「教條主

---

❻　Einstellung一詞，意為「調節」，「調整」從而使注意力或別的被調整的東西匯聚一處，其英文相關解釋是 "adjustment"，"focus" 等，見，例如，Harper Collins德英詞典。

義的」教育法。但是，正是這種教育法，這種定鼎於一尊、排斥任
何其他考察方式的嚴格僵強的教育傳統，在最具歷史意義的革新中
表現得「成果無比卓著」(227頁)。

　　這是怎麼一回事呢？這種模式為什麼會這樣成功呢？Kuhn用光
學的例子加以說明。自從牛頓關於光的理論以來，物理學在回答「光
的本質是什麼」時發生過三次明顯的變革。先是以牛頓的粒子說為
基礎的「光是粒子」，再是十九世紀中葉起的「光是一種波」，最後
是本世紀二十年代起的「光是兼具波動和微粒兩重特性的一種實
體」。Kuhn認為，不管這些「前後相繼的傳統中各種次要變化如何」
（227頁），我們關於光的本質的觀念是由牛頓開始的。這些都體現
了意義明白的範式的作用。

　　Kuhn在這兒未經任何準備即採用了「範式」一詞。這個詞對於
Kuhn後來的思想發展以及Kuhn理論的傳播起了無比重要的作用。
但是，正如「科學共同體」的觀念一樣，「範式」從來沒有被清楚
地定義過。在下一章中，我們還有機會討論這個概念。而就眼前的
主題而言，「範式」一詞即在語言學詞典所定義的意義上使用。

　　Kuhn引用Vasco Ronchi的《光學史》❻為他討論的主要依據。
Vasco的書是從「希臘羅馬」開始，一直講到現在的。在牛頓以後
的發展，祇占了全書八章中的五、六、七三章。在牛頓的模式出現
以前，對光學的研究是完全不一樣的；其中最突出的，就是物理光
學研究始終沒有成為單一的學問，而光的本性也沒有占到光學研究

---

❻　Vasco Ronchi, *Histoire de La Lumière*, Paris: Librairie armand colin, 1956, Traduit par J. Taton, 原文為意大利文，Kuhn用的是法譯本。本書似乎沒有英譯本。與本論題關係最直接的中文參考書是蘇聯人B. и.斯傑潘諾夫《光學三百年》的中譯本，北京：科學普及出版社，1981。

的中心地位。——光的本性問題上有很多不同的觀點，各自有一些持久的學派，他們從來沒有達成什麼一致的意見。這種意見紛繁雜陳，各人可以靈活對待自己專業的階段，當然可以產生不抱偏見，對新現象敏感的研究者，但另一方面，歷史給人的印象是，在這一時期，物理光學進展甚小。

Kuhn認為，大部分自然科學在文藝復興前後所達到的「意見一致」的境界對自然科學發展極為重要（221頁）：

> 歷史強有力地向我們提示，雖然人們沒有取得堅定的一致意見也能從事於科學實踐，——像從事哲學、藝術、或政治科學一樣——但是這種更靈活的實踐不會產生近幾個世紀我們所習見的科學迅猛發展的模式。

這種科學共同體中的意見一致，在Kuhn看來，是一種發展的模式。但是科學共同體分享一種一致意見，又不是一成不變，不進化、不運動的。在某些「相當特殊的條件下」，科學共同體的某些成熟的成員會「停下來檢查其他不同的解釋方式或實驗方式」。

純科學是旨在理解自然的智力活動。當科學傳統一旦建立，科學工作大部分就表現為「試圖調整現有理論或現有觀察，使之越來越趨於一致」（230頁）。這種被Kuhn未加說明地稱作「基礎科學的常規研究項目」的東西，常常耗去科學家畢生的時間精力。這時，科學家不是革新者，而是釋疑者。

但是，這種由傳統確定方向，在高度約束狀態下工作的人，怎麼會容忍新思想的產生呢?Kuhn在這一篇發言中未做充分的展開，——也許當時他還沒有考慮成熟，因而未能做充分的展開。但是，

他至少提到了有關的三個方面。首先，「新理論並不是從什麼絕異於舊理論的『全新』中產生出來的。相反，它們是從舊理論中漸次顯現出來的；它們是從關於這個世界所包含的，甚至不包含的現象的整套的老舊觀念中產生出來的。」(231頁，譯文有改動❼)。其次，一旦科學傳統不再能維持，「發展總是從一種一致意見轉向另一種」(229頁)，即這種轉換所涉及的，常不是個別的科學研究者而是整個科學共同體。最後，既然科學研究的「範式」常有很大的寬容性，換言之，科學研究者的主要工作是在範式規劃的範圍之內調整科學理論，既然與範式不相一致的反常並不一定常常導致對範式的放棄，那麼什麼時候該固守舊有傳統，什麼時候該尋求新的範式呢？換言之，什麼時候「述舊」較好，什麼時候「編新」較好呢？這個問題決不容易回答，因為「基礎科學最根本的進展正是依賴於對這種困難和危機的識別」(231頁)。因此，評估和識別反常成了科學發展的一個重要因素。在這個意義上，Kuhn回到了他早先提出的中心論題上(225頁)，即科學要求──

　　一個成功的科學家必然常能同時顯示維持傳統和反對崇拜偶像這兩方面的性格。

　　這就是科學發展、前進中最精粹的、和科學的本質不可須臾或分的「必要的張力」，Kuhn後來以此為他的唯一的科學史科學哲學論文集命名。在他看來，科學中的傳統和變革即構造了科學前進的

❼　原文中Kuhn用了一個拉丁文詞組de novo來強調他的意見。為了傳達他的這種特殊加重的語氣，譯文改得比較鬆散一些，希望能達到預期的效果。

相反相成的兩個方面，它們並非簡單地相互排斥，而是在相反的方向上工作，從而展現出一種張力。這種張力規範了科學的前進。

4.再論科學共同體的意見一致

在上三節討論的Utah講演中，「科學共同體」和「意見一致」是兩個重要的概念。或欲以前者定義後者，或欲以後者定義前者。很容易發現，這兩者不能區分孰先孰後，並不能在邏輯上定出高下。論者或因此詬病Kuhn概念的含混。事實上，Kuhn科學哲學的最重要的特點是它與科學史的血緣聯繫，從邏輯上審查，自然不如從歷史事例中理解來得合宜。這也正是本書常追述大量歷史事例，不厭其詳的一個原因。

較之Utah講演早些時候，Kuhn寫了〈能量守恆作為同時發現的一例〉[18]，這篇文章後來被他的同行評為「確立Kuhn科學史家地位的」關鍵性一文。這篇文章是一長列Kuhn關於熱力學研究，尤其是關於S.卡諾的研究的結果[19]，又是「科學共同體」及其「意見一致」

---

[18] 最初為 M. Clagett 主編的 *Critical Problems in the History of Science*，Madison：Univ. Wisconsin Press，1959中的一篇，見該書321—56頁，後收入《必要的張力》，中譯本見前引版本，67—102頁，羅慧生譯。

[19] Kuhn關於S. Carnot的研究，起手甚早，自成體系。先是1955年對「卡諾循環」的研究，見於*Amer. J. of Phys.*，*23*，91—95；*23*，387—89；*Isis*，*49*（1958）132—40。寫完本文後，意猶未盡，1960年再作關於卡諾的報告，後刊於*Actes du IXe Congrés d'Histoire des Sciences*，Barcelona：Asociación para la historia de la ciencia española，1980，pp.530—35. 最後還在熱機上再著一筆："Sadi Carnot and the Cagnard Engine"，*Isis*，*52*（1961）567—74.從這張簡略的目錄上即可看出，

的概念最清晰的闡發，對理解Kuhn哲學有很重要的意義。

　　早在阿基米德時代❷，物理學就注意到，提舉或移動重物的過程，並不能單用「力」一個概念來描述討論。要完整地研究這一類現象，必須加上重物實際移動的距離。而且，在這樣的過程中，為了達到相同的效果，「力」並不一定要是相同的，「距離」也不一定要是相同的，事實上存在有多種途徑可以完成相同的任務。比如提舉重物，可以直接用手抬，也可以利用槓桿，也可以利用滑輪。在這些情形中，「力」有大有小，力所作用的「距離」有長有短，但力與作用距離的乘積，後來叫做「功」的物理量，對於某一個指定的任務而言，卻是不變的。阿基米德發現，種種機械對人的幫助，或者是以延長作用距離來換取作用力的減小，或者是以加大作用力來省除長距離的移動，但不可能兩者得兼。換言之，這叫做「省力不省功」。這個定律後來被尊為「力學的黃金規律」，成為科學常識，經過了二十個世紀，再也沒有什麼進一步的發展和討論。

　　Kuhn對熱力學的歷史研究，同他早年對化學和哥白尼天文學的研究一樣，對歷史發展的主要線索甚為留意，涵蓋也廣。本書未能充分介紹Kuhn在這一方面的工作，實屬作者一大遺憾。簡誌於此，以俟將來。

❷　能量守恆定律早已是科學史家注意的論題。在能量守恆定律進入物理學還不到25年時，英國學者B. Stewart就已經在追尋這條定理上溯至Heraclitus 時代的歷史根源了，見氏著 *The Conservation of Energy*, London：Henry & King & Co.，1874, 其第五章，特別是pp.130, 131 —33, p.135, pp.140—41，又論及焦耳，von Helmholtz, Clausius, 和當時科學界的領袖人物Tait 和Maxwell。稍後E.Mach作*History and Root of the Principle of the Conservation of Energt*，有 P. E. B. Jourdain 英譯本，Chicago：The Open Court（同時也在英國出版），1911。 Mach的書是近世最重要的關於這一專題的研究。Kuhn的文章列出所有主要的原始文獻，這兒自然不再重複。

　　十九世紀最初四十年，物理學在熱學和電學方面取得長足的進展。先是1843年前後，焦耳發現機械功與熱有一個固定的轉換比例，即所謂「熱功當量」是一個常數，然後又發現電流所做的功與熱也成固定比例，於是當時物理學的三大門類一下子趨於統一。在焦耳同時，歐洲大約有十幾二十人都得出了類似的結論，──雖然其出發點和實驗手段不盡相同，最後由德國人 Hermann–Ludwig F. von Helmholtz(1821–1894)做了哲學性的闡述，物理學於是又多了一個量，用以形容不同的過程中不同的自然力的「做功的能力」，是為「能量」**❹**。

　　能量的概念是高度抽象的，所以這個概念的發明實在與它的「轉換」尤其是在轉換中守恆分不開的。正如不能談論抽象的「人」的概念一樣，能量也總是具體的，即總是以一定的形式，或熱，或電，或機械的，或化學的形式，表現出來。在各種形式的轉換之中，能量總量不變，這就是「能量守恆定理」。Kuhn 1957年研究的，就是這個定理的發現情形**❷**。

---

❹　「能量」energy 一詞進入英語頗早，其詞根是希臘字 érgon，意為「工作，做事」。前綴en一，意為「在⋯」「正在⋯」，共組成一個詞energ ōs。這個詞亞里斯多德曾在他的《修辭學》中用過，意為「一種能使事物活動起來或運動起來的東西」。隨後這個詞進入拉丁，取energîa的形式，再由晚期拉丁轉入英語，時在十六世紀。到十九世紀科學界煞費苦心尋找一個合適的詞，以擴充力學中原有的 vis viva 的概念時，energy自然是最能表達我們現在所熟悉的「能量」的意義的詞了。

❷　這一發現情形，尤其是十九世紀相關的科學背景，見 P. M. Harman, *Energy, Force, and Matter, The Conceptual Development of 19th Century Physics*, Cambridge： Cambridge University Press, 1982, 尤其是第三章。

Kuhn注意到，1842—47年間，四位歐洲科學家先後發現了這一定理。如果把表述形式的要求和普遍性放得寬一些，還可以把這張「同時發現」的名單擴大到十二人或更大（69頁）。Kuhn問道，為什麼在1830—50年間會出現這樣令人驚奇的「巧合」（72頁）呢？他從三個方面做了研究。

一是實驗已經提供了這些能量轉換的實例，自然引起科學家的廣泛注意。先是被作為孤立現象加以注意，嗣後與其他不同領域中的實驗事實加以對比，明白了能量實在是一個貫穿物理學各個分支門類的基本量。

二是對熱機的研究。從卡諾起，歐洲科學家為當時從英國迅速發展開來的產業革命所鼓舞，普遍重視熱機的研究。這些研究最後的理論果實就是熱力學。Kuhn注意到，「發動機本身就足以導致〔能量〕轉化過程這一概念」，而「發動機設計概念」又很容易轉化為「比較抽象的能量守恆問題」（90–91頁）。

三是自然哲學的影響。Kuhn注意到這些先驅者中，德國人占了很大的比重。他認為這種高度抽象的關於能量守恆的表述，有賴於科學家的哲學訓練。當時正是德國的自然哲學，由謝林、費希特和康德所倡導的關於整個宇宙、整個自然現象的理性理解、系統化、理論化的最後階段。這些科學家中的大部分人都在不同階段接受過這種哲學教育。Kuhn指出，如果不把這一因素考慮進去，這種發現在區域上的巧合「就很難解釋」（99頁）。

Kuhn對這三個因素的分析，意在指出「在1850年前的二十年中，歐洲科學思想界的大氣候中即包藏有一些因素，這些因素能引導敏銳而善於接受新鮮概念的科學家用一種意義深遠的新觀念來考察自然」（69–70頁，譯文稍有變動）。先是，1800年伏打發明電池，這

在今天看來，就是化學能與電能的轉換，再是奧斯特1820年發現的磁能產生動能，這與古代就知道的摩擦生電恰相對稱；緊接著1822年 Seeback 發現現今稱作熱電偶的現象：把不同的金屬接在一起加熱能產生電流；再是1831年法拉第的一系列電學實驗，感生電流的發現真正明白指出了運動和電流的關係；與此同時，Melloni花費十年時間（1827－37）證明了光和熱輻射的同一性，整個電學研究，──當時最新、最引人注目也是最令人困惑的研究，強烈地提示了一種與運動或「功」相關聯卻又遠遠較一般的碰撞、運動來得抽象的東西，結合了熱功當量的研究，整個科學界在不同的方向，以不同的方式接觸到了這一件事，即能量的概念。

　　Kuhn在這兒談論的，除去他明白列出的對能量守恆有過明白表述的科學家之外，至少還提到了另外二十多人。這些人，正如Kuhn所說，他們的研究主旨，他們的表述往往並不一定是同一事物。但是以我們上節討論的「科學共同體」而言，他們則是一個典型的例子。這一群科學家的教育背景相近：他們都是在相類似的教育原則下成長起來的。他們共同遵從牛頓的物理理論，他們採用相同的數學工具，實驗在他們的研究工作中占相同的地位，如此等等。這一群科學家的工作又是可以溝通的，他們未必完全相互了解別人的工作，但別人的工作對他們說來是可以理解的，在技術上也是可以想像的。最後，這一群科學家在哲學上的觀念也相近；他們自己未必一定同意這一點，但後世的歷史學家或者任何認真讀過他們的著作的人決不會懷疑這一點。他們都相信物理世界外在於人，而且這個世界有一定的規律，即不是完全隨機的；更進一步，他們都相信這種規律可以為人所了解和理解，並且可以通過數學和實驗方法完成這種了解。所有這些，使得現在所談論的科學家構成了有別於他們

當時世界上其他人、也有別於歷史上其他科學家的獨立的一群。因此，可以稱他們為一個「科學社群」，或者叫「科學共同體」。

　　既然這個共同體有如此多的共同特點，經過一段時間，自然能對他們所共同研究的東西，小到具體項目，大到整個自然，取得相當一致的意見。既然教育背景、崇奉的原則、論證的方法、判斷的標準，乃至語言習慣有如此多的一致，在研究中即使暫時不一致，也總能辯個是非出來，此所謂「自有公論」者是。這種意見一致是科學共同體的一個產物，但反過來又加強了科學共同體的社會組成。這樣看來，科學共同體的構成、意見一致的達到，又和這個共同體內部的信息溝通切切相關。沒有意見的交流，自然沒有辦法比較意見是不是一致。所以，「科學共同體」，「意見一致」與「溝通的可能性」實在是從三個方面探討了同一科學家群體的現象。Kuhn的〈同時發現〉正是研究群體的，自然最能順暢地闡發這些觀念。

　　但是這種「意見一致」又不是如同宣言一般的條文，而是一種默契，一種不言而喻的相互理解。這種理解又不是抽象的，而是通過對各人具體工作的觀摩品評來領會的。既然要通過個人的和各人的工作實例來領會，這種「意見一致」就不是教條，就不能巨細無遺地形諸筆墨，是所謂「運用之妙，存乎一心」了。不難想見，這種「一致的意見」在各人手裏又小有差別，在一個人手裏隨時代先後也可能小有差別，這是我們從上面的推論中順理成章地得出的一個附帶結論。我們以後會看到，這種小差別在科學史上有重要的意義。

5.「範式」及其轉換和科學革命的結構

　　在1957年《哥白尼革命》出版到1962年《結構》出版的五年中，

Kuhn 最後完成了他關於科學發展進步的理論。這一理論的系統闡述，當然是日後出版的專著《科學革命的結構》，但重要的觀念卻散見於這五年中的各篇著作或會議文獻之中。前四節以 Kuhn 的 Utah 大學會議文件和一篇雜誌文章，研究了他關於常規科學的觀念，範式的觀念和科學共同體的闡述。本節緊接上文，研究他的一篇書評和另外一篇論文。兩者發表時間約略相差兩年半，但討論的問題頗有相通之處：它們所研究的都是範式的變動情形，或可戲稱為「動態研究」以與研究範式在形成後對科學研究的「靜態作用」相對稱。

先是，哥倫比亞大學歷史學家Lynn Thorndike窮五十年的精力，專治古代科學史，至於1958年，題為《幻術與實驗科學史》煌煌八巨冊出齊❷，足以與G. Sarton的《科學史導論》前後輝煌。Kuhn必定對其最後兩冊有特殊的興趣，遂以書評的形式，細緻地探討了與之有關的一些問題❷。

Kuhn首先注意到，Thorndike的工作是建立在紮實的史料研究之上的。這種或者可以稱為「老一代史學家的」治史方法，的確使年輕史學工作者瞠目：單以全書處理十七世紀的第七、八冊而言，Thorndike就引述了1600多位十七世紀學人的著作，其中半數以上還摘引了原著。這種以史帶論的做法的一個明顯的好處是能為讀者提供一個比較完整、全面的圖畫。讀者可以不同意作者的分析，但是仍舊可以從這類著作中感受到幾百年前學術的意趣氣息。Kuhn特別

---

❷ Lynn Thorndike, *A History of Magic and Experimental Science*, N.Y. : Columbia Univ. Press, 1921–58.到1941年先出前六冊，自成體系。Kuhn 所評的七、八兩冊，處理17世紀，較前六冊成書稍晚。

❷ Kuhn, *Manuscripta*, *3* (1959) 53–57.

指出，這種做法避免了以現代科學為模板或為目的的按圖索驥式的「倒寫歷史」，有利於重現當時的風貌。在Thorndike筆下，十七世紀的關於自然的研究就不再是後來科學的不成熟的、未完成的模型，而是一個胎兒：它同以後長成的個體不是僅僅形態上膚淺的相似，而是有通過發育漸漸展示出來的一種深刻的聯繫。「Thorndike教授迫使我們認識到，這種長成情形較之我們想像的要複雜多多少少倍。十七世紀關於隱秘幻術奇蹟的文獻汗牛充棟，而蘊藏其間的觀念決不是一個已經消逝死亡了的世界留下來的殘碎的遺跡，亦非人類智力中無知與保守賴以苟延殘喘的避難所」(54頁)。他注意到，開普勒的著作中，火星運行的三大定律與星座符號的神秘意義不僅是兼收並蓄，而且是一種和諧的共存，是一種不可以劈裂的共存。我們今天閱讀開普勒著作時最感困惑的關於行星的音樂，宇宙的和諧的理論，與行星運動的橢圓軌道，軌道半徑與運行周期的3／2次方定律是同一套基礎理論的產物，正如臍帶、胎盤、羊水和胎兒本身都是同一位母親的產物一樣不可須臾分離。「幾乎沒有什麼觀念事實上被完全拒絕」(54頁)，而與此同時，新的科學又在長成。

　　十七世紀前後科學上的變革是如此的明顯，任何人只要讀一下這個時代的科學文獻，馬上就會感受到時代的差異。被開普勒著作中神秘的符號，音樂的和諧弄得昏昏欲睡的讀者，翻開伽里略的著作時會「本能地感覺暢快」❷。但是，開普勒和伽里略又絕不是新舊世界的代表，不共戴天的對立面。恰恰相反，他們書信往還，共

---

❷　W. Dampier語，見氏著《科學史及其與哲學和宗教的聯繫》，北京，商務，1975，李衍譯，張今校，195頁。這個譯本是據Dampier第四版譯出的。Dampier 的書最初出現於 1929 年，第四版為 Cambridge University Press在1958年印行的。

同討論宇宙體系，互有發明。對他們兩人說來，對方可能並沒有如同我們今天所見的那種令人驚異的不同。長年以來，對於科學的發展有兩套歷史哲學理論。一套主漸進，以為科學知識是慢慢積累起來的。事實資料既多，理論也就漸漸進步。另一套主突變，以為人對自然的認識，常作假定形式。一旦這種假定被證明與事實不合，理論即被推翻，科學家則必須再重覓合宜的假定，重建能站得住的科學理論。

　　Kuhn從Thorndike的非常細緻的歷史學研究中看到的，似乎不是這兩種情形的任何一種。在十六——十七世紀時，西歐正經歷一場深刻的科學思想大革命。這一階段導致了所謂的近代科學的產生。但是這場革命究竟是怎樣的，其來龍去脈竟是如何，竟是沒有人能說清楚。Kuhn現在所能看見的，根據他關於「範式」、「科學共同體」的說法，是一種「範式」形成，從無到有的情形。但這一過程究竟如何，現在Kuhn還沒有明瞭。從Thorndike的巨細無遺的研究中所能看見的，衹是一幅五彩繽紛的圖景，線索似乎並不清楚。Kuhn在他的書評中不無遺憾地指出，由於印刷書籍的產生與迅速發展，書籍以及其他文字資料的數量變得如此巨大，一項研究牽涉的文獻動輒數以百計，要概括一個時代真還不容易（55頁）。Kuhn現在所能得到的唯一比較靠得住的結論就是，科學的發展、範式的形成與變更是非常複雜的過程，決非一瞬間或一個內容單純的短時期可以概括。要深入了解科學史，要真正理解科學史的哲學意義，必須研究科學革命的「結構」。

　　最早談論結構問題的文章發表在1962年的《科學》雜誌上❷，

---

❷　Kuhn, "The Historical Structure of Scientific Discovery," *Science*, 136
　　(1962) 165—77，後收入*The Essential Tension*，前引版本，中譯見

比專著的出現早不了幾個月。這篇文章同上面引述的書評都是談範式變更的，所不同的是在「書評」中重點在從無到有，闡述也不甚明白，而現在是談一個範式向另一個範式的轉換，而且經過兩年的檢討，敍述討論已近乎成熟。Kuhn的論述是以氧的發現為典型例證展開的，為此這兒先回顧一下氧發現以前化學的發展以及氧的發現的戲劇性的故事⓼。

燃燒從來是一個引人注目的現象。從實用方面說，人最重要的兩件事，溫暖和光明，均繫於斯，更遑論閃耀跳動的火焰曾勾起過多少才子佳人的激情，曾啟迪了多少學者哲人的沉思。中世紀煉金術既興，火、燃燒以及與此有關的變化，更成了這一門隱秘科學的研究中心。一個能概括燃燒的理論，自然為進一步研究所必須。

十七世紀六十年代，J. J. Becher 提出一個理論，把三種煉金術士所熟悉的「質」，即「硫質」、「汞質」和「鹽」抽象化為三類，即inflammable, mercurial和vitreous，其中第一種即為「可燃質」。他的理論引起了另一位學者，出生於 Anspach 的 Georg E. Stahl

《必要的張力》，前引版本，163—175頁，劉珺珺譯。

⓼　Kuhn 在原書中給出的史料參考資料是 A. N. Meldrum, *The 18th Century Revolution in Science*, Calcutta, 1930；而另一「頗可信賴的」研究是J. B. Conant的《案例研究》，我們在前面曾討論過該書。另外還有M. Daumas的*Lavoisier*, Paris, 1955和H. Guerlac的一篇論文，最後還有J. R. Partington的《化學簡史》。下面的科學史補白在總體上採用H. Guerlac後來的一本書，*Lavoisier, Chemist and Revolutionary*, N.Y.：Charles Scribner's Sons, 1975, 間或加入其他各書的材料。這樣做一則是因為Guerlac的資料最新，涵蓋了以上各項研究，二也因為Daumas和Partington各為法國人和英國人，在Lavoisier和Priestley的問題上，各為其主，不無偏頗，而優先權的問題與本文關係不大，我也不想以此影響主題，致使枝節蔓生。

(1660–1734)的注意。1703年，Stahl把Becher的書注釋後再版，並把 Becher 的理論寫入了他 1723 年出版的著名教科書 *Fundamenta Chymiae*即《化學初階》。在他的書裏，Stahl把Becher的「可燃質」進一步抽象化為一種特別的「質」，寫作ø入oyιστòν，常簡寫為 φ，因為他在拉丁化文字中找不出合適的字來代表「火之質或燃燒之原，但不是火焰本身」這麼一樣東西。

很多科學史家認為，Stahl對火或「火之質」的理論概括得益於牛頓。事實上，十七世紀整個物理科學的氣氛的確是力圖以機械的觀念來說明自然現象，──這一思潮後世稱為「機械哲學」。按這種觀念，物質的性質必可由機械的原因來解釋。我們先前看見的牛頓、波義耳力圖用微粒的微觀形狀，如針尖，如孔隙，如鎖與鎖，來解釋化學反應。現在，Stahl提出一種「質」來對「可燃性」這一性質負責，自然順理成章，很快為大家所接受。

按Stahl的理論，金屬如鋅在煅燒以後變出灰末，實在是因為燃素 φ 在高熱下逃逸，而所餘者祇是沒有燃素的鋅的「屍體」。對於非金屬說來，我們今天所說的含氧酸則是基本的，而非金屬元素恰是含氧酸在被奪走燃素後剩下來的殘餘。比如硫酸，是硫在燃燒以後生成物加水生成的。在Stahl看來硫則是硫酸與燃素的合體。用類似於今日的化學反應式來描寫這兩個變化，則有

鋅的煅燒粉末＋φ＝鋅

硫酸＋φ＝硫。

燃素理論在十八世紀上半葉的巨大意義是，一如法國化學家 Pierre J. Macquer所說，提供了分析、解釋一大類化學變化的「最切

實的指導原則」，而「每日每月所進行的無數的實驗」亦都在證明
其正確。在1749年出版的教科書裏，他對燃素說做了詳盡的發揮和
闡述。這位27歲即當選為院士的領一代風氣的化學大師，還以相同
的理論基礎編寫了他著名的《化學辭典》。用我們所關心的Kuhn理
論的術語來說，這為燃素理論指導下的化學研究構造了範式。

　　現在令化學家心醉的一項工作就是分離出純淨的燃素來。大概
在1770—73年間，瑞典人C. W. Scheele❷(1724-1786)最先注意到
把汞的氧化物加熱，可以得到一種無味、無溴的氣體。這氣體與「普
通空氣」未見大不一樣，祇是蠟燭在其中燃燒時顯得更加明亮而已。
1777年他寫了一本書，系統地討論了這種「火焰空氣」。他注意到
氫在空氣中燃燒，會把空氣中的「火焰空氣」成分燒掉。但是被燒
掉的火焰空氣變成了什麼，卻使他百思不解。他在做實驗時，用的
是排水集氣法。熱水在燒瓶壁上形成的水珠把氫和氧燃燒時生成的
水珠掩蓋掉了，所以在實驗前後他所能注意到的唯一變化是大量生
成的熱。於是Scheele自然解釋說

　　　　「火焰空氣」＋燃素φ＝熱；

從而造出「火焰空氣」的實驗就可以寫成

　　　　汞的渣滓＋φ＋火焰空氣〕＝〔汞的渣滓＋φ〕＋火焰空氣，

---

❷　Kuhn自注Scheele的資料主要來自J. R. Partington《化學簡史》, 2nd ed.,
　　London，1951 (*Essential Tension*, p.168)。該書有胡作玄中譯，北京：
　　商務，1978，唯該譯本是以原書第三版（1957）為基礎譯出的。

這兒〔φ＋火焰空氣〕正是熱，而〔汞的渣滓＋φ〕正是汞。
Scheele 的理論與實驗結果相合，所以在追尋燃素本身的道路上化
學家又真正前進了一步，他們現在明白

φ燃素＋火焰空氣＝熱。

Scheele 以後不久，英國人J. Priestley ㉙ (1733–1804)在1774年
8月以基本上相同的方法獲得了氧。據他自己說，這一發現似乎頗
是意外的幸運。先是，倫敦科學儀器製作名匠Parker送了Priestley一
塊直徑12吋，焦距20吋的大透鏡。Priestley遂即興沖沖地利用這塊
透鏡到處試驗，想看看「各種各樣的、天然的或人造的物質會產生
出些什麼樣的氣體」。 在用氧化汞，當時他稱為「鍛汞」的紅色物
質試驗時，他發現有大量的氣體逸出。普氏很快發現，這種氣體不
溶於水，因此可以很方便地利用排水集氣法收集起來，從而有足夠
的數量為他的進一步實驗服務。

用大透鏡聚光加熱氧化汞與 Scheele 的直接加熱在化學原理上
沒有什麼不同，但在實驗技術上，前者要方便得多。至於Scheele和
Priestley 同選用氧化汞為試驗對象，似也不能完全說是偶然巧合。
事實上，紅色氧化汞變化多，且變化現象最為戲劇性，早在煉金術、
煉丹術研究中，就引起了很大的注意。在Scheele，Priestley時代，
這種有毒的氧化物出現在化學實驗室裏的機會比今天我們看見它的

㉙　關於 Priestley 的資料，本文除上述《化學簡史》之外，更多地利用了
　　同一作者的《化學史》，v.3，ch.VII，pp.237－301，特別是這一章的
　　前半段：J. R. Partington, *A History of Chemistry*, London：MacMillan,
　　1962.

機會要多得多。

　　Priestley和Scheele一樣，首先注意到這種新氣體對燃燒特別有
貢獻，火焰明顯地變得更加「生氣勃勃」。半年以後，普氏又讓兩
隻小白老鼠生活在這新氣體中，不僅未見異樣，而且這兩隻小動物
活得比在普通空氣中更好。普氏最後自己試吸了幾口這種新氣體，
頗覺舒適，「胸氣特別輕暢」。他立即想到，「若干年後呼吸這種新
氣體可能會成一種時髦的享受，雖然到目前為止祇有我和兩隻小白
鼠有幸享用過」。既然火焰在這種氣體中特別明亮，燃燒特別熱烈，
普氏利用燃素理論指出，這種氣體一定是燃素的有力的吸取者。當
蠟燭燃燒，放出燃素時，這種氣體迫不及待地吸收燃素，燃燒從而
進行得特別迅速。據此，Priestley稱這一新氣體為「去燃素空氣」，
時在1774年上半年。

　　1774年10月，J. Priestley以隨員身份陪同Shelburne爵士訪問巴
黎。在一次晚宴上，Priestley提及了他關於「去燃素空氣」的實驗。
據普氏自己報導，「當時所有在場的賓客，包括Lavoisier夫婦，都表
示極為吃驚」。

　　法國人Antoine–Laurent Lavoisier(1734–94)最初研究地學，以
關於石膏礦的工作為人所知。稍後，被提名進入法國科學院，時僅
25歲。1766年，他在閱讀柏林科學院的《通報》時留意到J. T. Eller
的一個猜想，即空氣可能不是如亞里斯多德所說的原素，而是「水
和火質」的結合物。1768年，他更注意到有些發泡反應會致冷，他
猜想這是因為與火質結合空氣被釋放出來了。至於1774年，法國化
學家 Pierre Bayen 和 Cadet de Gassicourt 在研究水銀紅色燒渣時發
現，並不一定要加入富於燃素的物質，如木炭，而祇要持續對這種
「紅色燒渣」加熱，即可獲得一種金屬。而按燃素理論，金屬是燃

素和燒渣的結合物，這一實驗結果就使化學家深感困惑。法國科學院於是組織了一個委員會，Lavoisier亦廁身其間，來檢查這一結果。

是年秋，Lavoisier又接到Scheele的一封信。在信中，Scheele通報了他用加熱碳酸銀的方法製得氧氣，並要求Lavoisier用蠟燭與小鼠試驗此種氣體的性質。正在這時，Priestley來訪，在宴會上提及了他在實驗中發現的、能使蠟燭更加明亮，能使小鼠呼吸更久的新氣體，自然會令A. Lavoisier「吃驚」。

Lavoisier在1774年四月曾做過類似的實驗。他發現在密封容器中煅燒金屬並不會使重量發生變化，這就否證了大約一個世紀以前波義耳關於「火粒子」在煅燒時透過容器與金屬結合的假說。1775年四月，在重做Priestley，或許也有Scheele的實驗時，他發現煅燒金屬重量增加了，而且金屬也變成了燒渣。這就是說，如果堅持燃素理論，堅持金屬是燒渣與燃素的結合，就必須假定燃素的重量是負的，換言之，物質與之結合將損失重量。

1779年，經過四年的工作，Lavoisier寫出了論酸的文章，指出「空氣中的一個最重要的成份」對形成酸有決定的意義。這一成分與多種非金屬如碳，如硫，如氮結合成酸，與金屬結合成金屬燒渣。用希臘文字根，他稱這一成份為Oxigine，意為「我生成酸」，即今日我們所熟知的氧❸。

利用氧的概念，Lavoisier系統地解釋了燃燒、呼吸以及一大類化學現象。現在燃素就成了一個多餘的概念了。其實，早在1777年他關於燃燒的第一篇總結性論文中，Lavoisier已經開始攻擊燃素說。到1786年，他已能對燃素說進行全面的抨擊了。1787年，他主持的

---

❸ 這個字到1787年*Nomenclature Chimique*即《化學命名法》出版時改寫為oxygéne。

《化學命名法》出版。這本命名法以氧化學說為基礎，重新命名了當時所知道的化合物，列舉了五十五種「原素」——其中當然沒有燃素。緊接著，1788年，Lavoisier夫人翻譯的Richard Kirwan 1784年的《燃素論文集》出版。這本書從頭到尾由Lavoisier和他的氧化學說的支持者評注，可謂是對燃素學說的正面衝擊。再下一年，1789年，氧化學派自己控制的刊物《化學年鑑》創刊。與此幾乎同時，氧化學派另一位主將，Lavoisier的學生Antoine de Fourcroy撰寫的半通俗讀物《自然史和化學原理》出版。這本書非常暢銷。兩年後，1791年，出到第四版，1793年第五版，並被迻譯成英、意、德、西等主要歐洲語言。1802年，完全以Lavoisier氧化學說和命名法為準的總結性著作，Thomas Thomson 的《化學體系》出版，宣告氧化學說對燃素說取代的基本完成。

　　1790年2月2日，Lavoisier寫信給美國科學家B. 富蘭克林，隨信寄上他的新著《化學初論》，並解釋他的氧化學說的好處❸：

　　　　對我說來這樣闡述的化學較之先前的容易學得多。頭腦未被任何體系理論充塞的年輕人很熱烈地接受這一新體系，而年老的化學家則拒絕它。……法國化學家現在已分為新老兩派，我這一邊有de Morveau先生，Berthollet先生，de Fourcroy先生，拉普拉斯先生，Monge先生，以及科學院的大部分物理學家。倫敦以及英倫各地的科學家正漸漸地放棄Stahl的理論，但德國化學家仍抓住它不放。所以可以說，自你離開歐洲後，我們這兒，在人類知識的一個重要領域裏發生了一場革命。

------

❸　譯自前引H. Guerlac1975年的書，pp.111—12.

「一場革命」！　這就是被科學史家稱為「化學革命」的歷史事件。即便是我們上面的非常簡單的介紹也已顯示出這一「革命」並非一蹴而就的——事實上，從科學史的其他革命來看，「氧—燃素」革命還是歷時最短，最直接了當的。Kuhn所看見的，是這樣的重大事件一定有一個自身發展過程，他稱之為「結構」。

關於「結構」，Kuhn說有三件事，或者三個特徵值得注意。一是反常現象的出現。在氧的發現中，燃素的負重量問題，被分離出的氧氣不具有當時科學家認為「應當具有的」惰性，等等問題，不一而足。二是反常出現以後，有一個「或多或少的擴展時期」（《必要的張力》，中譯本，173頁）。這時科學家力圖調整、修改他們的設想和儀器規格。第三個特徵Kuhn認為最複雜，意義也最大，即新發現「在某種意義上」表現出「對於早先已有的知識的一種作用，對早先已熟知的事項提供新的看法，同時也改變了科學某些傳統部分的做法」（173頁，譯文稍有改動）。

怎麼改變法呢？關鍵在那些領先的科學家在處理、研究反常時，「常常以不同的眼光看待周圍世界和他們自己的工作」。在「氧」的故事中，這種「從新的角度去考察老的問題」，這種「消化新事物所要求的調整」非常深刻，「當這種調整越來越明顯的時候，我們可以把它看作是科學革命」（175頁）。Kuhn認為，這種調整的深刻與廣泛，就使得「科學發現的過程必須而且必然展示一種結構，因而在時間上也是延展的」（175頁，譯文稍有變動）。

第五章　科學革命的結構

Kuhn 關於科學革命的結構的理論，當然是他學問的精華所在，或者也可以說是Kuhn之所以為Kuhn。其學術源流有四，試分析如下。

心物二分以後，「心」「物」的關係常是西洋哲學的一個大題目，是為認識論。科學作為人對外在世界探索與理解的前鋒，自然備受關注，於是有種種關於科學前進的理論，培根以下，至於康德。把人對自然的認識作為一個客體來考察，而不是簡單地把它規定為對外在世界的反映或外在世界的影子，是這種認識論研究區別於素樸反映論的一個要點，於是認識論研究才有意義。Kuhn所強調的，正是科學是人的認識，是人對外在世界的能動的活動，而不是被動的反映。因此有認識的組織、結構，有其所遵循的方法和為之制約的規範。這一點，自康德以下，一氣貫穿。科學或再推而廣之曰人類認識是人作為認識主體與作為認識客體的客觀世界之間的相互作用，而不是後者漸漸輸入前者的單向變化。

Kuhn 工作的一個特點是他與科學史的密切關係。這種關係由Koyré上溯到Meyerson上溯到W. Whewell，重點在於把哲學建立在歷史研究之上而不是僅僅利用若干經過挑選的歷史故事來為哲學論說增色。這種歷史研究自然必須是精細慎審的，全面的和巨細無遺

的——如果可能的話。這種研究與上面談的康德以降的哲學傳統在Kuhn這兒最緊密地交織在一起，形成Kuhn的特色。於是歷史不祇是零散事件的總匯而表現出一種結構，而哲學不再是枯燥的教條而展現為一種對發展的沉思。

第三個源流是自二十年代以來的科學哲學傳統。儘管客觀上Kuhn的工作對科學哲學有很大影響，甚至可以充當一個轉折點，Kuhn的學問實在既非起於斯，亦非終於斯。科學哲學的討論，辯駁詰難，則常使Kuhn的結構規範理論更為精細準確，並在1960年代末到1970年代末成為Kuhn哲學方面工作的一條主線，請於下文第八節稍作進一步的說明。

第四方面或可稱為辯證法的影響。其作用至為間接，傳遞線索也晦晦然。我們注意到Kuhn奉為宗師的Koyré是黑格爾哲學專家，在歐洲復興黑格爾研究；Kuhn心儀殊甚的Meyerson和丹麥哲學家H. Høffding交遊最密，而Høffding，一方面承接黑格爾，一方面承接Søren Kierkegaard，實在是本世紀初年歐洲辯證學派的一個重要學者。在Kuhn的工作中，發展的觀念始終是統領研究的主線，而「規範」和發展階段分析的辯證本質又常是Kuhn哲學中最迷人和最具啟發性的部分——當然也是常被誤解和常被討論的部分。下文試圖從第七節和第六節某些部分的對比，提請讀者注意這一微妙之處，但可惜無法再作進一步的展開，蓋不敢枝蔓過甚也。

以上四端，對於Kuhn的工作，依不同問題，不同年代，影響自然不同，也不宜作等量齊觀。Kuhn提出的見解與模式，也不是唯一正確的理論：他既補充別人，同時又被別人補充。科學史科學哲學由是豐富，我們對科學發展的認識也因此加深。

1. 「科學革命」的經典理論

　　「科學革命」的概念不是Kuhn的創造。但究竟是誰在什麼時候提出了這個概念，卻不是一個容易回答的問題。據I. B. Cohen的研究❶，第一個提及類似觀念的似乎是弗蘭西斯・培根(1561－1626)，以後休謨、康德和十九世紀西洋關心自然科學發展的哲學家亦迭有貢獻。

　　培根生當十六、十七世紀之交，與伽里略約略同時。1620年，在他的名著《新工具》中，「科學」和「革命」兩個詞第一次合為一個新概念。他寫道❷，

　　　　細檢人類知識記憶所及的二十五個世紀,其中科學發展順利,
　　　　果實豐碩者差強六個而已。歷史上荒蕪的沙漠並不比地理上
　　　　的少。祇有三個學術時代宜乎稱為革命：希臘人中掀起過一
　　　　次,羅馬人又一次,再一次即發生於吾人之中,即西歐各國
　　　　之中。三次各自涉及大約兩個世紀的時間。其間各個階段,
　　　　若以科學繁榮豐富來看,則不稱焉。

　　《新工具》發表於1620年，上距伽里略關於木星「小太陽系」

---

❶　I. B. Cohen, *Revolution in Science*, Cambridge：Harvard University Press，1985，p.500 ff.

❷　F. Bacon, *The New Organon*, Indianapolis：Bobbs–Merrill, 1960, Bk.l, apho.78, pp.75–76.任華中譯, 北京：商務, 1964, 但此處未及利用譯文。

的觀察不到十年，距開普勒的天文學工作不到二十年，距哥白尼約八十年，距哥倫布百三十年。知識的力量從來也沒有如此令人信服地展示在人自身面前。《新工具》的扉頁是一幅版畫。透過一對柱頭裝飾繁富的門柱可以看見浩渺的大海，波濤洶湧，而怪獸隱約其間。畫的主題是一艘鼓舞前進的大船：風好水極，揚帆致遠，正是這個時代的精神。作為這個時代最具洞察力的先驅，培根自然親切地感受到了他身邊、他的時代、他所熱愛關心，期寄厚望的科學界，正在經歷一場最深刻的變革。正是在這一意義上，培根稱之為祇有希臘羅馬的輝煌文化才能與之相提並論的「革命」。

在《新工具》發表的時候，伽里略和教廷的衝突還沒有變成一場真正的悲劇，以笛卡爾為代表的機械論哲學還沒有出現，Barrow和惠更斯在數學方面的工作還沒有開展，而最終把這場革命推向高潮，做出總結的牛頓還沒有出世。培根所說的科學革命，切中這個時代的精神。而我們所讚嘆的，正是他敏銳深刻的洞察力；至於深入細緻的、建立在歷史分析上的概念，自然不會產生於這樣早期的發展階段。

在培根那兒，「科學革命」或者「科學興盛、發展順利的學術時代」的標準並沒有明白的闡述。「科學革命」一詞祇是被直覺地、按字面意義理解和使用的。它可以是指「科學成果特別巨大」的時代，也可以指「破舊立新，改弦更張」的時代，也可以兩者兼而有之。在培根的時代，沒有人，也沒有可能對這一概念作學術性的研究討論。

一個半世紀以後，當激動人心的「科學革命」已經接近尾聲或者說竟已完成，歷史事實已經明白提示了「科學革命」的概念時，深入的分析漸有可能。在培根所劃定的，與「科學革命」切切相關

的西歐各國學人中，都出現了對這一主題的深入探究。

　　法國人Jean-Sylvain Bailly（1736 —93）的說法首先引起我們的注意，因為從「科學革命的結構」來分析歷史進程，他似乎是第一人。Bailly❸生在一個世代為皇帝服務的宮廷侍從官家庭，從小受良好教育。和大部分十八世紀法國青年學子相同，他對自然和自然史興趣濃厚。1760 年，他自費建立了一座觀象臺以便研究天文。他關於木星衛星的論文使他得以進入法國科學院。他曾集中精力研究過行星與行星與太陽或行星及其衛星與太陽的相互作用問題，即後來被稱為「三體問題」的數學解，但很快就被拉格朗日在這一問題上的輝煌成就所取代。他轉而撰寫了一部總結性的大書，四卷本的《天文學史》，並在1775 —82年間出版。這部書使得他得以進入法國國家科學院。稍後，又被選入法國文學院，成為除了德高望重的科學院終身書記 Bernard de Fontenelle 之外唯一一個擁有三重院士身分的法國人❹。

　　Bailly 除了科學之外，也參與科學院的行政工作，或者說更參與行政工作。他的興趣很大一方面是在政治上。法國大革命時，他當選並連任了巴黎市長。除了稍後被送上斷頭臺之外，他的行政、政治經驗當有助於他對科學和科學的發展作更深一層的思考。他認為，「科學革命」應該有兩個層次，即摧毀舊觀念和創立新觀念。

---

❸　J.–S. Bailly 傳在 *DSB*，Seymour L. Chapin 撰。更細緻的介紹見E. B. Smith，*Trans. Amer. Phil. Soc.*，*n.s.*，*44*（1954）427 —38.

❹　法國科學院系統為三個獨立的單位組成。一是 Académie des Science, 1666年起設；一是Académie Français, 1635年起設；一是Académie des Inscriptions et Belles–Lettres, 1713年起設。其中Académie Français歷史最久，地位亦高。

1785年，他在論述牛頓時寫道：「牛頓推翻了，或者重新檢查了所有的概念。亞里斯多德和笛卡爾曾分享學術王國，教導整個歐洲。牛頓摧毀了幾乎所有他們的教條並宣告了一種新的自然哲學的誕生。這一哲學導致了一場革命。」❺

　　以這一概念檢查開普勒和伽里略，Bailly 發現，開普勒摒棄了哥白尼所承用的中世紀的本輪均輪模型，引進了橢圓軌道和其他相關概念，「偉人之領一代風氣常在於他們能改變已被接受的觀念並闡發真理，這些真理在以後世代傳播，影響深遠」。Bailly認為，據此數端，開普勒當可歸為有史以來最偉大的人物之一。伽里略的情形也一樣，他所摧毀的是亞里斯多德整套的自然哲學概念，建立的是他自己的運動學。

　　Bailly的這些理論在他當時和後世影響都不大，Bailly其為人也多有讓人不憚之處。我也不敢斷言Kuhn曾否從Bailly處接受過任何影響或啟迪。但Bailly關於科學革命的「兩階段」理論仍是有趣的，並且很可能是在歷史上最早的對於科學革命的「結構」的理論。我在這兒特別花篇幅討論，意在引起讀者對「結構」這一概念的注意。事實上，Kuhn對科學哲學以及科學史理論的貢獻，常不在於討論一個孤立的概念或事件之所以引發革命，而在於對這種歷史進程的結構的研究。

　　與Bailly約略同時而稍早，英國哲學家休謨（1711－76）討論了人的認識問題。雖然休謨未對科學革命有明確的評論探討，他的哲學的重點無疑是在認識論。休謨認為，感覺印象是事實知識的唯

---

❺　語出自氏著 *Histoire de l'astronomie*, *moderne depuis la fondation de l'école d'Alexandrie*, *jusqu'a l'epoque de 1730*, 2e ed., Pairs：chez de Bure fils aîné, t.2, p.560.

一源泉，「我們所有的觀念不過是我們印象的摹本。換言之，我們不可能想像我們外部和內部感官先前沒有感覺到的任何東西」。 **❻**休謨徹底貫徹了他的感覺論，因此自然得出結論，因果關係本身是虛妄的，因為我們事實上無法感覺一事件產生另一事件的力量和機制；我們所能瞭解的，祇是一事件的發生總是伴隨著另一事件的相繼發生。「類似事例反覆出現之後，當一個事件出現時，習慣就會把心智引向預期通常伴隨著它的另一事件的出現，……」。**❼**這就是我們心智追尋因果關係的最大限度：我們所能了解的「因果關係」最多祇能被確定到這種根據以往經驗判斷的對事件發生時前後伴隨的關係，如此而已。

　　因此，知識的必然性就不再是不證自明的了。休謨的認識論對於以獲取「真知」為目的的自然科學當然是摧毀性的，因為「來自經驗的論據」並不能無條件地推廣到別的事例上去，而普遍適用的自然科學理論也失去了存在的可能。自然科學所能做的，祇是盡可能地收集事例，從而培養出「習慣」。科學的發展，——如果有「科學」而且有所謂的「發展」的話，應該是經驗的累積。事例逐個增加，感覺印象逐漸豐富，於是產生了「習慣」，遵循「習慣」就好像我們今天遵循種種做事的規矩一樣。

　　休謨的這套認識論發表於1748年，上距牛頓去世二十年。懷疑

---

❻　D. Hume, *An Enquiry Concerning Human Understanding*, London, 1758, 這本書先以 *Philosophical Essays* 於1748年出版，十年後改版始用今名，以後迭有再版。這兒採用的是 Chicago：Open Court 1927年的複印本，語在p.63。本書有洪謙中譯本，北京：商務，1964，可惜本文寫作時未及利用。

❼　*Ibid.*, p.77。

論哲學在論證上是嚴密的，既非簡單的狡辯，也非異想天開；懷疑論的結論則常呈消極，它不僅摧毀科學，摧毀人類一般公認的知識，還摧毀信仰。它的摧毀力量，並不在於指出這些知識體系中個別的謬誤，而在於從根本上摧毀了它們存在的依據。無怪乎休謨不被學術界接受，終生未能謀得一份教職。

　　但是休謨的哲學並不能用簡單的排斥消滅掉。1775年，德國人伊曼努爾・康德(1724–1804)讀了休謨著作的德譯本，決心重新審查科學知識的發展。與休謨不同，哲學家康德在自然科學方面頗有專精❽。他第一個領悟出潮汐會使地球自轉變慢，第一個考察貿易風，第一個解釋月球為什麼總是一面對著地球。他的關於「宇宙」即太陽系的形成的理論，至今仍以「星雲假說」廁身於諸多星系形成的理論之中。作為一個對自然科學有深入了解，對其力量有深切認識的哲學家，康德自然不會同意休謨。

　　康德認為，從休謨的推理部分看，懷疑論是無懈可擊的。問題在休謨的前提。科學不僅僅是把感覺所提供的資料加以複製、複合、變換，而且對這種資料實行加工。他認為感覺提供了材料，而智力即認識主體則負責以這些資料構造知識本身：事實之間的關係和關係所依據的規律。

　　用來整理、加工感性材料的概念、框架，關係的基本模式在康

---

❽　康德對潮汐的研究見於他1754年送交柏林科學院的一篇應徵論文；風的成因見於1756年4月25日的演講，以上兩文參見，例如，Gabriele Rabel 的康德著作選本，Oxford: Clarendon Press，1963，pp.9–11 和 pp.33–35。他的星雲學說見於他的《宇宙發展史概論》，發表於1755年，此書附題提示了這位當時三十一歲的哲學家的雄心壯志：「利用牛頓的原理處理整個宇宙的組成和機械生成起源的論述」。是書有中譯，上海外國自然科學哲學著作編譯組，上海：上海人民出版社，1972。

德那兒是先於經驗的，也就是說這些基本的東西，或「範疇」，不是後天由經驗中總結出來的而是人作為認識主體與生俱來的。這就有可能建立科學的演繹結構：從一些最基本的原理或不證自明的公理，以及若干基本事實出發，有可能建立邏輯上自洽，包羅各種經驗事實的知識體系。康德認為，歐幾里得幾何學和牛頓力學就是這種知識體系的代表或例子。

所以對康德來說，科學不是單向的從外部世界流入人的心靈的東西，而是雙向的。人有一定的模式，用之於外部世界提供的經驗，組織成章，而後可以談科學。他認為，科學是通過革命實現其前進的。

康德在他著名的《純粹理性批判》❾第二版前言中分析了伽里略，Torricelli和Stahl的科學實驗，指出科學家的工作實在是在「構造」科學。無目的、無計劃的觀察「從來不能用來發現真理」。科學家決不能像循規蹈矩的小學生事事聽從老師那樣不加分辨地抄錄自然現象，而應當像經驗豐富的法官審問嫌犯一樣依照自己已有的程式迫使自然回答問題。康德接著談了哥白尼的工作❿：

> 基於所有天體都繞觀察者運動這樣一種假設既然不能令人滿意地解釋天體運動，他（哥白尼）於是讓觀察者作迴轉運動而讓星星不動，並以此來試試他能不能把理論做得更好。

---

❾ 《純粹理性批判》，Norman Kemp Smith 英譯，London & N.Y., 1963，下文的引語見英譯本 p.20=Bxiii。是書有中譯本，藍公武譯，北京：商務印書館，1960。引言在譯本11頁。

❿ *Ibid.*, p.22=Bxvii–xviii.

　　康德把這種「程式的更替」叫做「革命」，並說這種革命在自然科學中已經發生了。

　　就本書所關心的科學發展而言，康德的科學發展與科學革命理論有這麼幾層意義。首先康德肯定外在世界並非「就是」科學所描寫、處理的世界。「自在之物」是科學研究的終極對象，但科學研究本身首先是人的活動，因此受制於人的觀念範疇和先前存在的概念系統。其次，科學革命的發生在於一種「程式」的更替。這種程式的變換，可以是看問題的方法的變換，如對等腰三角形的研究；也可以是概念框架的變換，如康德先前列舉的伽里略、Stahl的研究工作。

　　正像每一位植根於西歐哲學傳統的思想家一樣，Kuhn當然也熟悉康德並深受其影響。這一點容稍後再作探討。對於康德來說，先驗的觀念範疇系統，始終是科學研究的指導，又同時是對這一智力活動的約束，而經驗事實祇是提供素材而已。這一理論的必然結論是，科學革命是「單一的、突然的、激烈的」變化，而這種變化又常是由「個別人的快樂的思考」❶所產生的。康德的注意力常在人的認識活動上，而不似以往的研究者常注意科學自身的發展，這是理解康德，同樣是理解Kuhn的一個關鍵。

2.科學革命結構理論的哲學背景

　　做歷史的人常常假定自己是處在歷史之外在看歷史，因而有超越歷史的高見。其實這很不可能。以科學史，尤其是以對科學發展的理論總結歸納來看，各個作者無不受制於各自的時代。上節諸位，

---

❶　*Ibid.*, p.19=Bxi 以及 p.21=Bxv–xvi。

去革命較近，因而革命的感受稍深。至於十九世紀，物理學進入平穩發展，化學、地學亦然。生物學的大革命還在醞釀，這時的科學史的研究就現出這種平靜來。

William Whewell（1794—1866）**⑫** 所處的正是這個時代。Whewell出生於一個木匠家庭，靠自己的勤奮努力，進入三一學院，遞遷至三一學院院長，最後到劍橋大學副校長。他任三一學院院長長達二十五年，其間頗致力於科學教育和科學史研究。英文字scientist就是由他創造並引入英文正規語彙的。1830年起到1866年去世，Whewell的主要興趣在科學史和科學哲學。1838年出版《歸納科學史》三卷，1840年出版《歸納科學哲學》**⑬**。《歸納科學史》一書在上世紀出版後，長久被認為是這一領域中最優秀的著作，其希臘羅馬部分至今仍是重要的科學史文獻，與J. S. Mill的《邏輯系統》，J. Herschel勳爵的《自然哲學研究初階》並稱維多利亞時代科學哲學的傑作。

Whewell 本人的專業是天文學，所熟悉的科學方法也是長年累積資料、分析的方法。他注意到在以往的科學哲學研究中，科學史常被作為例子引用。這種科學史對科學哲學的依賴關係，Whewell認為，必須倒轉過來：科學哲學的結論應當產生於對科學史的細緻的分析。換言之，「論從史出」。

---

⑫　William Whewell 傳比較容易找到的有 Robert Robson，W. F. Cannon，*Notes and Record. Royal Soc. of London*，*19*（1964）168–91. 另外有 R. E. Butts 為*DSB*寫的本傳，頗太簡略，在*DSB*卷十四之中。

⑬　*History of the Inductive Sciences*，二卷，1837 年倫敦山版，但現在可以用的是 N. Y.：D. Appleton ＆ Co.，1859 版。*Philosophy of the Inductive Science*，兩卷，1840年初版，1847年再版，現在可以用的是 1858年增訂第三版，London：J. W. Parker ＆ Sons.

　　Whewell 對科學的基本分析與康德的一致：他認為科學的發展是事實與觀念的成功結合。但是，什麼是「事實」，什麼是「觀念」，則是他的理論中的重大問題。不難看出，「事實」和「觀念」在自然科學中祇有相對的意義，其區分本質上是心理學的，因為任何事實多少都涉及觀念，「純事實」即外在於人的認識的客觀存在對於科學本身沒有什麼意義。但是，Whewell 對這一關鍵問題作了很有意思的分析。他說❶，

　　　　如果我們把理論看作是基於感官感知的現象的有意識的推論，而事實是由此而來的無意識的推論，那麼事實和理論之間即存在可以發現可以理解的區別。

　　換言之，在事實和理論觀念之上，還有一個「意識」。我們以後會看到，在這一點上，W. Whewell 恰站在康德和 Kuhn 之間。

　　Whewell 認為，科學發現最初起於對事實的精細分解，對觀念的透闢闡明。然後是兩者的綜合歸納，於是一種 Whewell 稱為「現象定律」的理論的初級形態出現了，再進一步提煉豐富，即成理論。雖然由於宗教和哲學上的偏見 Whewell 未能出色地處理伽里略，但他關於牛頓的研究被後世研究者稱為「輝煌的」。可以看出，他的科學史論正是牛頓科學發現的理論歸納。與他約略同時而稍晚的達爾文，則更可以看作是他的理論的一個活生生的實例。

　　Whewell 把整個科學的進程比作江河匯合：各種歸納範圍較小的、理論層次較低的科學成就，漸漸匯入歸納範圍大的、理論層次高的構架之中，一如開普勒、伽里略以及別的很多十六、十七世紀

---

❶　上引 *Philosophy*, 1858 ed., v.1, p.42.

物理學家的工作漸次歸入牛頓理論一樣。這樣累積性的發展，聚沙成塔，集腋成裘，終於建立起了宏偉的科學大廈。

Kuhn很重視Whewell的工作，特別是他利用史料作細緻分析的科學史。在前面一章討論過的〈測量〉一文中，Kuhn即把他對「十八世紀和十九世紀最偉大的數學家」關於太陽系乃至水星運動的異常現象的研究，建立在Whewell的工作上，引用《歸納科學史》凡58頁。稍後，在同一篇論文裏，Kuhn又引Whewell關於光學史的研究，長達70頁，作為他分析「反常」的基礎。再後，在同文中，引Whewell對於儀器與理論的關係的工作，長達158頁。說〈測量〉一文是《結構》一書的一個重要基礎，該不會太錯。而在這篇文章中Whewell多次被徵引，而且篇幅之大，顯然表明他的工作對Kuhn的不可忽視的影響。

Kuhn在《結構》中還提到⑮，Émile Meyerson在化學史方面的著作和他對科學史的反思對他有很大的影響。這當是指Kuhn最早做「化學和波義耳」時的事⑯。

Émile Meyerson（1859－1933）是波蘭人⑰，但在他的青年時代，波蘭正為沙俄所統治。和很多中產階級的孩子一樣，Meyerson十二歲即往德國留學，到二十三歲又去法國，進入法蘭西學院學習工程化學。

世紀初歐洲知識分子有沙龍即小團體聚會的習俗。Meyerson屬

---

⑮ *Structure*, 1st ed., p.viii，李譯本ii頁，程譯本36頁。

⑯ 在前引 "Robert Boyle and Structure Chemistry" 一文中，Kuhn幾次用了E. Meyerson的著作，見，例如，該文注4，注14。

⑰ E. Meyseron 最早的評傳是T. R. Kelly，*Explanation and Reality in the Philosophy of Émile Meyerson*，N.J.：Princeton Univ. Press，1937.

於所謂的「M俱樂部」：Jean Moréas，C. Mauras和M. Maindon以及他自己。這種沙龍的好處在於專業方向不同的學者可以有一個自由交談、交流的機會。1898年，Meyerson開始參加和猶太復興有關的政治活動，視野愈大。受化學史家Hermann Kopp（1817－92）著作的影響，Meyerson開始留意科學史與科學發展的哲學問題。在哲學上，他傾向於Kristian Kroman，主張因果關係和可確認性。1908年，他的第一部著作也是成名作《同一與實在》出版 ❶。Kuhn在《結構》的「序」中說，這本書對他影響至大。

　　從哲學的源流承繼來看，Meyerson兼祧德、法兩國的學術傳統。在接受H. Kopp的影響的同時，他又沿著Comte，C. Renouvier，Jules Lachelier等人的方向，堅持認為科學和哲學研究有密不可分的關係。這一點，可以在他同時代的法國科學和哲學研究者如 Pierre Duhen，Henri Poincaré，Henri Bergon等人身上清楚地看出來。

　　因此，Meyerson在他的著作中就有能力同時拒絕馬赫的現象論和Comte的實驗主義，強調科學的目的絕非僅僅是記錄現象或通過對事件進程的預測來控制現象。對Meyerson來說，科學還有更多的東西。科學前進的取之不竭的原動力在於科學家理解外部世界的渴望。他認為科學是從經驗發生，漸入自然定律，最後建立完整的在時間進行序列中的因果定律。

　　這樣，Meyerson就自覺地擴充了Whewell關於「經驗」與「因果」是認識的不同層次定律的說法，Meyerson曾說Whewell是第一個正確理解這一點的人。Meyerson進一步認為，不管科學怎麼發展，

---

❶　*Identité et réalité*，Paris，1908；Kuhn用的是英譯本，N.Y.：1930。同年有德譯本問世，Meyerson 本人認為德譯較英譯為佳，但Kuhn似乎未用德譯本。

科學家所追尋的是一種不變的東西。如在化學反應中，原子不變。
正是這種不變性，反映出我們對於其內在規律的真正把握。

　　Meyerson的理論在力學和原子理論中有很多好的例子。可是隨
著分析的增加，問題也越來越多。Meyerson對世界、自然界的簡單
僵硬的「同一性」的歸劃，對守恆定律的一味推崇，都出現了問題。
尤其是下面我們有機會討論的量子物理學的出現，更是引進了一個
Meyerson框架所不能容納的概率概念。所以Meyerson理論在科學
史、科學哲學領域內影響並不如Whewell的歸納哲學來得大。在法
國，Meyerson的確有一大批科學家朋友，如P. Langevin, Louis de
Broglíe。他又有一些科學史科學哲學界的朋友。其中特別值得一提
的是A. Koyré，同Meyerson一樣出生於沙俄，經德國到法國的學者。

　　Koyré小Meyerson三十三歲。論者以為，Meyerson對Koyré的
影響一直被低估了。事實上，當Meyerson寫信給丹麥哥本哈根大學
哲學教授H. Høffding介紹Koyré時，他稱他是一個「真有天才的飽
學的年輕哲學家」[19]。Koyré 的工作我們將在下一節作細緻討論，
但就 Meyerson–Koyré 的傳統來看，重視原文的細緻研究，即後來
Koyré所津津樂道的Explication de texte，實在是一脈相承的。

　　與E. Meyerson 約略同時，A. O. Lovejoy 發展了他的科學史觀
念，強調把科學史作為思想史來研究，強調科學的認識論。

　　Lovejoy（1873－1962）的父親是美國人，母親Sara是德國人[20]。
就像他的名字提示的那樣[21]，Lovejoy 承繼了父母雙方的文化傳統。

---

[19]　語見H. W. Paul 為Meyerson 寫的*DSB*本傳，*DSB*，v.15, p.424.

[20]　A. O. Lovejoy 生平材料都集中在他 75 歲時 *Journal of the History of Ideas* 為他出的祝壽文章，見該刊 9（1948）404–46.

[21]　Lovejoy 的名字同時用父母的姓：其中間姓Oncken為其母婚前的姓。

他在Berkeley獲得學士學位後在哈佛獲博士學位，而他這時所接受的主要是美國哲學家William James的實用主義哲學。以後在各校任教，1910年移硯John Hopkins大學，並在巴爾的摩定居，1938年退休。

他的最主要的著作，也是 Kuhn 提及的最為之影響的，是 *The Great Chain of Being* ❷。這個書名頗不易譯，所以姑引原文，容稍後再討論。這本書最初肇始於哈佛1933年春天的 William James 講座。自 1929 年起，哈佛利用 Edgar Pierce 的捐款舉辦紀念 William James 的講座，專請校外專家主講，內容則常是哲學或歷史分析。Lovejoy 所擔任的，是這一講座的第二次。講完以後，講稿經補充修改，是為本書。

Lovejoy 的認識論的最基本的前提是，人的經驗在本質上有時間性，其內容隨時間的推移而演變。這種經驗對時間進程的依賴性又由於時間流逝的不可逆轉而變得複雜。所以在認識論的一個重要問題是要認識我們感官所提供的關於「客體」的影像與「客體」並非完全同一的。例如我們所看見的星其實是幾十上百年前的星，因為光的傳播需要那麼長的時間才到達地球，我們也無由知道星這一客體「現在」是什麼樣子。

在William James講座中，Lovejoy進一步發揮他的觀念。他認為（vii頁），

> 歷史的片段或故事實在已經講過多次，因而大家也一定頗感熟悉了。但這些歷史事件如何與一套貫穿全局的觀念相聯，

---

❷　*The Great Chain of Being*, Cambridge：Harvard University Press, 1936，下面的引文均出自1982年第十五版，頁數注在括弧中。

或者它們相互之間常常如何相聯接，則似仍有進一步提出的
必要。

　　這種理解歷史的成套的觀念或者形成一種框架，使得事件得以
各得其所。Lovejoy 認為，所謂「思想史」或「觀念史」較之「哲
學史」而言，既寬一些，又窄一些（3頁），因為思想史所研究的是
想法。但是，「想法」的研究必須涉及整部的歷史：哲學史、文學
史、科學史、藝術史、宗教史和政治史（15頁）；這些想法不為少
數先進人物、深刻的思想家所獨有，而是大群人所共有（19頁）；研
究的中心和重心應當是「新的想法和思想方式」如何引進與擴散，
如何變得清晰；「舊有的、支配一代人或至少是在一代人中風行的
觀念想法如何失去其對人們心智的支配而讓位給別的想法」，又是
如何發生的（20頁）。

　　Lovejoy 以後又花了大量時間和篇幅，討論了科學家在觀念進
步中的作用。這些觀念的前進演化，一環一環，環環相扣，在我們
人類的認識史上展示了一條線索。這一偉大的進展，與人類的存在
相始終，形成了 "the Great Chain of Being"。

　　Lovejoy 的影響在四十年代達到頂峰。1940 年，他與 Philip
Wiener 一起創辦了《思想史雜誌》，1948年出版《思想史論文集》，
1959年在Bentley Glass等人主編的紀念達爾文的文集❷中刊出一系
列文章，1961年再出版兩本專著。

　　這兒羅列的三位學者，在思想史上與Kuhn淵源較深。如果仔細
研究他們的生平學說，當能有不少發明。就我們很粗淺的分析介紹

---

❷　Bentley Glass, Owsei Temkin, and William L. Struns, Jr., ed.
　　Forerunners of Darwin, Baltimore：John Hopkins Univ. Press, 1959.

來看，也有幾個明顯有趣的方面值得一提。

　　一是Kuhn思想背景的「歐洲根源」。以上三位，再加上下一節的 Koyré，四位學者之中，有兩生人於俄國，三人持德國文化的背景，這當不能逕以「偶然」解釋。

　　重要的是，在哲學上，一個貫穿的線索是把科學當作認識論來研究。科學在這兒首先展示為以人為認識主體的認識活動。大家所關心的，是科學家如何提昇知識、認識自然。祇有在認識論的範圍裏，Kuhn的理論才能被深入地理解。

　　科學於是不是被機械地簡化為「自然的反映」，而是「對自然的認識」。於是科學史即成為一種思想史或更廣義地說一種文化史。既然是人的觀念的演變，歷史的概念即隨時間推移的概念就自然而然地成為研究的中心了；科學發明與發現就不再是孤立的故事或事件了。──事實上，孤立事件在歷史上是沒有意義的。歷史不能僅回答「過去發生了什麼事」，而必須回答事情是怎麼發生，或更確切地說，是怎麼演變的。

　　這種演變或隨時間推移的觀念與康德、黑格爾的哲學傳統有重要的血緣關係。Meyerson與H. Høffding的親密友誼，Lovejoy著作中強調的「歷史過程」，都是這種關係的反映。在1930─40年代A. Koyré實踐了這種觀念，使得科學史面貌煥然一新。

3.A. Koyré及其科學史工作的影響

　　前文曾經多次提到，Kuhn關於科學革命結構的理論，很大程度上是建立在他的科學史研究之上的。這種研究包括他對波義耳和十七世紀的化學，對Carnot及有關的熱學的專門研究，包括他對哥白

尼及其時代的研究，還包括他對其他科學史家工作的研究。其中對
他影響最大的是Alexandre Koyré（1892—1964）**㉔**。

　　Koyré 對西洋史學學術的影響是多方面、多國的。在法國，他
對黑格爾的研究真正稱得上領一代風騷。三十年代法國哲學界黑格
爾的復興，以及對斯賓諾沙的純哲學研究，都與他的著作有直接的
關係。對俄國，他的祖國，他的貢獻在思想史方面。在美國，他則
是科學史三十年代以後的宗師。他的科學史著作哺育了不止一代的
美國和法國科學史專家。在以後五十年中漸漸進入大師級的美國史
家中，M. Clagett 在普林斯頓研究院，I. B. Cohen 在哈佛，C. C.
Gillispie在普林斯頓，H. Guerlac在康奈爾，J. Murdoch在哈佛，先
後成為他的學問的公認的傳人**㉕**。而巴黎高等研究院的 R. Taton，
P. Costabel和F. Russo則在法國把Koyré的學問發揚光大。

　　Koytré最早的工作是關於思想史的，1922和1923年相續以法文
發表了對笛卡爾和S. Anselme的研究，其中關於Anselme的文字為
巴黎大學文學院接受為學位論文。1929年完成Boehme哲學研究並
以此獲得法國國家博士資格。1930—31 年間在法國中部的
Montpellier任教，1932年回到巴黎進入高等研究院，開始科學史研
究。他第一個研究主題是哥白尼。他從翻譯哥氏的《天體運行論》
中關於宇宙的基本論述著手。他的翻譯並非一種機械性的技術工作，

㉔　A. Koyré 傳以 Yvon Belaval 在他去世時寫的評傳最為詳細，見*Cri-
tique*, 207—08（1964），675–704。同一作者為 *International
Encyclopedia of Social Science*，David L. Sills ed.，The MacMillan Co.,
1968，所寫的條目可視為上文的簡單摘要。在*DSB* 中，Koyré條由主
編Charles Gillispie 親自撰寫，文在第七卷。

㉕　Yvon Belaval語。上引百科全書卷八，448–449頁。

而是一種真正的再創造。哥白尼在 Koyré 筆下是探索宇宙的思想家而不只是一個擺弄本輪均輪的匠人。

Koyré 用以奠定他在科學史界領導地位的是1939年出版的《伽里略研究》 ❷ 。論述凡三部分:「經典科學的誕生」,「伽里略和笛卡爾的落體定律」和「伽里略的慣性定律」。這本書的影響要推遲四、五年才能看出來,因為歐洲正被戰事攪得亂七八糟,實在沒有什麼人還能有心靜下來讀伽里略和自由落體了。事實上,Koyré 也避亂西遷,輾轉於各種學校之間。

《伽里略研究》被很多科學史家推為科學史著作的典範,同時也是Koyré科學史研究的代表作。Koyré是從思想史角度進而做科學史研究的,自然首先把科學史理解為思想史。Koyré 認為伽里略的工作與柏拉圖一脈相承,這種繼承可以歸納為數學和自然科學之間的一種血緣關係:自然科學的精髓正在於把數學貫徹到研究中去,而自然自身的優美正在於其自身包含的數學的和諧。

Koyré 把研究建立在大量文獻工作上。他不僅研究重要的、在主流研究線索上的科學家,也非常重視那些名不見經傳的作者。這樣做使得他有可能向讀者展示一個時代的風貌。他重視對那些從現在,從科學後來的發展看來是錯誤的想法,不成功的實驗。他要做的不是到古代去尋找現代的影子或符合我們口味的片段,而是力圖表現古代科學發展的自身邏輯。在 Koyré 看來,伽里略如何進行科學研究較之他的成果中有多少後來被現代科學所肯定重要得多。

---

❷ *Études galiléennes*, Paris: Hermann et Cie.,: 1939。這本書實際上直到1940年4月才真正印完出版,這時離德國人侵祇有幾個月時間了,而Koyré 本人又正巧在開羅任教,所以一時很少有人注意此書的出版。該書後來有英譯本,但未聞被廣泛採用。

　　五十年代中，Koyré 又以同樣的方式研究了十六世紀德國的幾個主要煉金術士，起於 Schwenkfeld，止於 Paracelse ❷。1955 年，他受聘於普林斯頓高等研究院，次年成為正式成員。在他生命的最後十年，1955 到 1964 年中，他每年來往於巴黎與普林斯頓之間，半年一地。1955 年，他的第一篇英文論文發表於《美國哲學學會通報》❷ 上。這篇研究落體定律的論文又為科學史界再立一個範例：通篇三分之二為引文，經過精心組織，系統地展示了從開普勒到牛頓這一令人困惑激動的主題的發展。緊接著 1957 年的《從封閉世界到無限宇宙》❷，1961 年的《天文學革命》❸，連同前幾篇著作，Koyré 完成了對整個十七世紀科學革命的描述。科學革命不再是少數天才的傑作或意外的發現，而是一個時代的潮流和風貌。

　　從學術淵源上來說，Koyré 所心儀者為 Émile Meyerson。他的大作《伽里略研究》就是獻給這位波蘭裔的哲學家的。Meyerson 生前和身後，Koyré 還兩次撰文討論他的人品學問❸。我們在上一節已經看見，Kuhn 對 Meyerson 的推崇；在這兒，我們可以進一步說，Meyerson 對 Kuhn 的影響實在是雙重的。

---

❷　Alexandre Koyré, *Mystiques, spirituels, alchimistes du XVIe siècle allemand*, Paris：Gallimad, 1955, rep. 1971.

❷　*Trans. Amer. Phil. Soc., 45* (1955) 329–95.

❷　*From the Closed World to the Infinite Universe*, Baltimore：John Hopkins, 1957.

❸　*La révolution astronomique*：*Copernic, Kepler, Borelli*, Paris：Hermann & Cie., 1961. 該書英譯本出版於 1973, tr. R. E. W. Maddison, N. Y.：Cornell University Press.

❸　A. Koyré, *Deutsch–Französische Rundschau, 4* (1931) 197–217；Idem, *J. de psychologie normale et pathologique* (1946), 124–28.

　　就好像Koyré之於Meyerson，Kuhn對Koyré最為推崇。在Kuhn
發表的近九十篇論文之中，有四篇是專為Koyré寫的。其中兩篇書
評寫於Berkeley，討論Koyré在美國發表的〈落體〉一文和《封閉世
界》；專文一篇寫於Koyré去世那年❸，那時Kuhn已是聲名卓著的科
學哲學專家了，另一篇寫於1968年，這是為Koyré的一個英文論文
集寫的序❸。這四篇文章給我們的一個線索，由之可以看見Koyré
對Kuhn的影響。

　　在對〈落體〉的評論中❹，Kuhn首先注意到Koyré研究的基本
取向：

> 他（指Koyré）再次把哲學家的直覺同思想史研究者的方法
> 結合在一起，闡明了蘊藏在一般人熟悉的或不熟悉的文獻中
> 的思想發展的新模式。

Kuhn進一步注意到，Koyré的分析不再是以牛頓力學的概念為
中心，而是以當時科學界的核心問題為中心展開的了。

Kuhn顯然對Koyré的工作有深刻的理解，因為他的分析一語中
的。科學史研究不同於常規歷史研究的一個重要方面在於研究者常

---

❸　T. Kuhn, "A Function for Thought Experiments," 最初見於I. B. Cohen
　　和R. Taton 合編 *L'aventure de la science*, *Mélanges Alexandre Koyré*,
　　Paris：Hermann et Cie., 1964, t.2, pp.307–34, 後收入《必要的張力》,
　　是為該書第十篇，中譯見前引中譯本，范岱年譯。

❸　T. Kuhn, *Encounter, 34*（1970）67–69，這是Kuhn為A. Koyré的英文
　　論文集 *Metaphysics and Measurement* , London：Chapman & Hall,
　　1968, 寫的。

❹　*Isis*, *48*（1957）91–93.下面的引文見於p.91。

常不自覺地利用科學後來的發展來品評、衡量歷史進程，從而把這種研究變成了一種在歷史中尋找現代科學的活動。研究者常常不加深辨，以為我們現在所採用的概念在歷史上是一蹴而就地創造出來的；他們沒有注意到，既使是諸如「質量」、「慣性」這些最基本的詞，對我們和對伽里略說來都有完全不同的內涵和意義。把研究重心從「概念」轉移到概念由之產生出來的「問題」，可以最有效地防止歷史研究的「現代化」。Koyré在這一轉換上的貢獻，怎麼強調都不過分。

Kuhn對Koyré工作之細緻深表讚賞。對行星軌道的研究，所謂的哥白尼軌跡問題，Koyré 援引了五位學者的工作，加上近十位哥白尼的追隨者的意見。現代讀者因之有可能讀到諸如 Stefano degli Angeli 對於「自然運動」的看法，因為所有的引文或摘要都由Koyré譯成了英文。

但是Kuhn的問題也隨即而來：如此巨細無遺的研究，必然會使思想發展的主要線索變得晦晦不明，那些真正精髓的論述也混跡於平庸的著作之中，這些弱點如何避免呢？在寫這一篇書評時，Kuhn自己的《哥白尼革命》剛剛出版，他想必對這些問題有過思索。

一年以後，Kuhn再次注意到Koyré的新著《封閉世界》對這一問題的處理❸。在這部半通俗的著作中，Koyré 討論了近二十位學者的工作，其中包括牛頓、笛卡爾，也包括不常見的學者如Raphson。Koyré 的做法與〈落體〉很接近。幾乎一半的篇幅用於引文，引文均被譯成了現代英文。在這部三百頁多一點的書裏，Koyré 描述了十六、十七世紀歐洲學者對宇宙的想法和看法。但是，如何在這種引文的翻譯注釋之中不失原意，如何適當地把握原著和評議的比例

---

❸　*Science*, *127* (1958) 641.

分寸，一句話，如何能使有水準的讀者既見樹木，又見森林，Kuhn
認為，仍舊是一個問題。

在讀《封閉世界》一書時，Kuhn 的《結構》已在構思之中。
Kuhn所提的問題，在本質上是一個關於如何確切地理解和把握一個
歷史時代的問題。Kuhn後來追述說❸，這時，在五十、六十年代之
交的時候，他看見的是一場發生在科學史研究中的史學革命。這場
革命有兩個層次，一是科學史真正成為了思想史的一部分，一是科
學史正在發展為社會文化史的一部分。Kuhn寫道，Koyré以他三卷
「輝煌的」《伽里略研究》為後來的史家建立了典範式的榜樣。在
思想史層面上，Koyré比任何別的學者貢獻都多：

> 要瞭解比如說伽里略對科學發展的貢獻，他（指 Koyré）先
> 要讓伽里略回到他所置身其間的那個時代，弄清楚在伽里略
> 看來科學究竟是什麼樣的，哪些問題對伽里略說來是核心問
> 題，伽里略對科學的看法和這些問題又是從哪裏來的，以及
> 他對這些科學傳統繼承中又做了哪些更變。Koyré 認為，非
> 深入伽里略全部著作的精深微妙之處，非瞭解伽里略的前驅
> 者，同時代人和後繼者，這一任務不能完成。

這是Kuhn在《結構》寫完以後對Koyré工作的歸納。Kuhn在
Koyré著作中看見的，也是Koyré史學的精華，是「回到他所置身其
間的那個時代」，是「他在繼承傳統中又做了哪些更變」，我們行將
看到，這些觀念如何以稍微不同的形式，重新出現在Kuhn的科學發
展理論之中的。

---

❸ 見注釋❸，p.67。下段引文在p.68。

　　Koyré 認為伽里略乃至科學革命發展的主線是數學與對自然的研究的有機結合，而且發展本身也主要表現為概念上的變更。Kuhn 在多處指出，Koyré 未能對社會文化層面多做研究，因此在他評 Koyré 的文章開始時提出的，科學史作為社會文化史一部分的方面，仍有待後來學者補充。Koyré 的這一柏拉圖式的觀點，來源於他的作為思想史研究者的學術淵源，也來自他注重原著解讀的工作方式。從某種意義上說，Koyré 在思想史上的貢獻正是他在社會文化史方面缺失的原因。這不是他忽視了全面考察問題的要求，而是他考察問題的角度未能提示另外一面的存在，一如我們欣賞一本書封面的優美設計時不能看見印在封底上的昂貴的定價一樣。Koyré 在晚年也談過這些問題，他認為科學史和其他學問一樣，必須是整個學者群的世代相襲的努力才能有所建樹，而各個學者所能貢獻的，祇是其中一個小片斷而已。

　　Koyré 對科學發展的研究的最重要的貢獻是在這種研究中注入了歷史學觀念，即事物的推移演化前承後繼的觀念。科學成就不再祇是年表上羅列的互不相關連的事實，科學家也不再是孤獨怪僻的天才。「前驅者、同時代人和後繼者」的事業展示出一種人對自然理解的演進，這種由不知到知，由錯謬到正確的進程揭示自然的奧妙，同時也展示人類理解力的尊嚴和力量。科學史的優美正在於此。

　　Koyré 關於伽里略的柏拉圖式的解釋現在已為更多更平衡的研究所取代❸❼，但是 Koyré 的著作並沒有過時。後來幾代科學史家都從其中學習科學史，汲取營養。在評論 Koyré 的工作時，C. Gillispie

---

❸❼　參見，例如 L. Geymonat，*Galileo Galilei*，tr. S. Drake，N.Y.：McGraw–Hill，1965（意大利文原書於1957年出版），S. Drake，*Galileo at Work*，Chicago：The University of Chicago Press，1978.

引用了Koyré對Jocob Boehme的評論，認為同樣可以用於Koyré自
己**❸**，——

> 我們確信，⋯⋯一如他們所著意表達的實在世界，一如他們
> 所為之鼓舞制約的精神直覺，大師們的哲學體系是不可窮盡
> 的。

4.科學革命的結構1：常規科學、反常與危機

　　在學術界引起巨大反響的《科學革命的結構》其實並不長，英
文原書172頁，中譯不到十五萬字。全書分為十三章，這十三章又
可以大略分為四個部分，——如果第一章「導言」不算一個獨立的
部分的話。在導言中，Kuhn主要闡發了他的歷史觀。他堅決摒棄那
種把歷史看作是「軼事和年表」，把科學的發展看作是「各種科學
方面的技術與知識」一點一點地加入到科學這個大貨棧中去。他認
為，除了記錄發現發明之外，科學史家必須「描述和解釋」影響科
學發展的諸多因素（英文本2頁，李譯本2頁，程譯本44頁）**❹**。換

---

❸ C. Gillispie, "Koyré," in *DSB*, v.7, p.483；A. Koyré的原文見於
La philosophie de Jacob Boehme, Paris, 1929, p.viii.

❹ 本節以及下節在引《結構》原文時，常同時注出三個版本，以利對照。
所謂「英文本」是指 *The Structure of Scientific Revolution*, Chicago：
The University of Chicago Press, 1962，在本書別處有時也稱它為「第
一版」或「初版」，以別於1970年同出版社印行的「第二版」。所謂「李
譯本」是指上海科技出版社1980年出版的李寶恆、紀樹立譯本，而「程
譯本」則是臺灣遠流1989年出版的「增訂新版」。 三個本子的頁數依

言之，不是要研究歷史上那些發明發現的孤立事件，不是要去「尋揀出老舊科學體系對今日之科學的永恆貢獻，而是要在其自身的整個歷史環境中展現這門科學」(3, 2, 45)。

以下從第二章開始，Kuhn著手展示科學及其歷史環境的聯繫。總的說來，Kuhn描述了科學從產生到規範化，到發生困難危機，到由他稱之為「革命」的突變解決這些危機、科學從而重入正常狀態這樣一個首尾相接的歷史過程，本書也依「正常狀態」，「危機」和「革命」分成三個部分，分別為是書第二到五章，六到八章和第九、第十一章。十二、十三兩章又成一部分，專題討論上面論述中的幾個比較重要的問題。

第二至五章論常規科學。首先要解決的問題是「什麼是常規科學」。Kuhn開宗明義地指出，「常規科學」就是「以過去的科學成就為基礎」所展開的研究 (10, 8, 53)。這種「過去的成就」通過公認的權威書籍或教科書傳達給新一代，既給出解決問題的範例，又提出繼續研究的方向。這些成就被Kuhn定義為「規範」。值得強調指出的是，「規範」既以榜樣的方式告訴了科學家下一步該怎麼做，而且規定了該做什麼，即規定了下一步的選題 (11, 9, 55)。

但是「規範」如何「告訴」，如何「規定」呢？Kuhn長年來一直強調❹，這是通過「某一專業的科學共同體成員對於某些具體的

其出版先後列於引語後的括弧中，譯文常稍作調整。

❹　如在〈必要的張力〉一文中，見《必要的張力》英文本p.229，中譯本226頁。這個說法後來Kuhn又有重複，見 "The Function of Dogma in Scientific Research," 以後我們有機會再提此文。在《結構》中，在（英文第二版）pp.viii, 10, 11, 42, 以及pp.186–87等處，都有類似說法。

解題方式」的接受實現的。如果某一天規範一旦發生變化，革命就發生了（12, 10, 55）：

> 規範依次地轉換，經過革命變成另一規範，則是成熟科學發展的常見模式。

當然規範不是上帝給的，而是在科學研究中自然產生出來的，——但科學研究又必須在規範的指導制約下才能進行。這就產生了第一個、或最初的規範從何而來的問題。Kuhn認為，「最初蒐集資料的活動，較之以後發展出來的科學說來，似乎近於一種全無章法的活動」（15, 12, 58）。但是，「令人驚訝的是，這種眾說紛紜的現象竟會消失殆盡，這或許是被我們稱為『科學』的這個領域所獨有的」（17, 14, 60）。

第三章著重分析「規範」概念。Kuhn力圖指出，規範貫穿常規的科學活動：搜尋、整理事實是科學研究的第一步。但正是這一步，常在規範的制約之下。因為規範告訴實驗者去找什麼事實，而找來的事實也在規範約束指導下整理，看看是不是合於規範所預期的。至於規範所沒有提示的東西，常規科學會熟視無睹（24, 20, 68）：

> 常規科學決非意在把新類型的現象引入視野。事實上，那些與此框架不合的現象常常根本不會被注意到。

所以常規科學並不要求驚人發現，它的目的也不是為了尋找出乎意外的東西。「常規科學就是解難題」，這是Kuhn以第四章一章對常規科學作的最簡明的概括（35, 29, 81）。比如說測量波長，其實

在整個實驗活動中，除了最技術性的細節之外，幾乎所有的事都為事先已知。所想要求得的，不過是略微擴大一些測量的範圍或略微提高一些讀數的精確度，如前引庫倫定律。

　　大部分科學家所從事的，就是這種「解題」活動。留意規範的作用不僅在指明什麼樣的解是可以被整個科學共同體所接受的，還規定了什麼樣的問題是有意義的。這就使得想要投身科學的人意無旁騖，這就使得全社會的科學家世代相襲地在某些方向拼命努力，這就說明為什麼十七世紀現代科學在規範確立以後會持續幾個世紀突飛猛進地發展 (37, 31, 83)。

　　常規科學和「解決難題」由它們的定義緊密地聯繫在一起，站在它們背後的，還是「規範」(42, 35, 89)：

　　概念上、理論上、儀器設備上、思想方法上的約束構成了一整套牢固的、牽一髮而動全身的網絡。這一網絡的存在是我們可以把常規科學比作「解難題」的主要理由。

　　在第五章裏，Kuhn進一步指出，對於一個特定時代的特定專科，規範對其歷史發展的作用是第一位的，他稱這個規範所具有的最基本的特徵為「規範的優先性」(43, 36, 91)。這種「優先」主要是因為規範較之規則有更深刻的結構地位和更深遠、持久的歷史影響。在一門科學中，「規則」這一概念比較複雜。Kuhn雖然反覆強調「規則」和「規範」的不同，他事實上並未正面定義過「規則」。 據上段及本段文意看，「規則」蓋指一門科學中已建立的一些準則，其內容可以是實質性的，如科學定律或定理，也可以是方法性的，如做研究的既定程序。「規則」是科學結構中所包含的，可以看得見

的東西，是科學家工作的具體的指導和準則。但是，科學家未必共同遵守一個單一的準則，而且準則也好，定理也好，所有這些規定並沒有告訴科學家如何去運用這些規定，以及用得合理不合理。而規範則是以典範的形式向科學家提供了這方面的消息。科學家在受教育時不僅僅學會了科學的相關規則，——僅有此點他們仍不會去「解難題」，他們同時還必須去鑽研教科書所提供的例題，在Kuhn看來就是典範的一種形式，並從模仿開始學習運用相同或類似的方法去解類似的或不類似的問題。科學研究的實踐和科學教育的實踐向科學史提出了規範的優先性：在沒有規則介入的情況下，規範仍舊可以決斷性地確立科學 (46, 38, 95)。

　　至此Kuhn完成了他對常規科學的論述。如果Kuhn衹是指出科學發展有一種由常規到反常到革命再回復到常規的大模式，他的著作衹是給很多分析類似主題的書在數量上再增加一本而已。重要的是Kuhn提出了「規範」的概念，並以此統帥了他對科學發展的分析，這就把我們對常規科學，或者科學史家所習稱的科學發展的平穩或平緩階段的認識大大推進了一步，而科學本身也表現為一個動態的認識過程，表現為人對自然界的理解。

　　第六、七、八三章處理科學發展上的異常或「危機」，也就是討論規範改變的情形。一方面，在規範指導下的常規科學研究是高度積累性的，有時甚至是保守的；另一方面，「科學史表明」，這種規範指導下的研究又必然是「引起規範改變的一個特別有效的途徑」 (52, 43, 101)。 Kuhn認為，這種規範改變可以由發現新的事實和發明新的理論兩個角度發生，雖然這兩個不同的角度常常是有聯繫的。

　　所謂「異常發現」是指「自然不知怎地與由統領常規科學的規

範引出的預期相衝突」(52, 93, 102)。但在科學史上，這類事件會顯得複雜得多。Kuhn以三類事件來分析這種發現。

一類如氧的發現。在上一章裏，我們有機會細緻地回顧了這段歷史。Kuhn認為，如以時間的絕對順序而言，發現者當然是C. W. Scheele。如以發表或研究的自覺程度而言，則是J. Priestley。但要從科學史、從歷史進程和影響看，與「化學革命」相連的氧的發現當然與 A. Lavoisier 連在一起。這就發人深省地提示了「發現」與「發明」的關係，或者用Kuhn的原話說，就是「在科學發現中新事實和新理論多麼密切地交織在一起」(53, 44, 102)。

第二個例子是X-光的發現，與氧的發現稍有不同。讓我們來作稍微細緻的研究。

德國人W. C. Röntgen（1845—1923）**❹**是一個實驗物理學家，以晶體的電學性質為其主要研究項目，素以實驗裝置精細、觀察敏銳稱。1895年11月8日他在以陰極射線管做實驗時注意到不遠處的塗有鉑氰酸鋇的屏上出現熒光。與陰極射線相關聯的氣體放電現象很早就為物理學家所熟知，早如法拉弟(1791—1867)，近如H. Hertz (1857—94)，P. Lenard (1862—1947) 都有研究。陰極射線管的技術和生產也以德國最精，從H. Geissler(1814—79)到E. Goldstein (1850—1931)，陰極管成了實驗室裏常見的儀器。當Röntgen看見熒光時，他想到H. Hertz和Lenard晚近發表的關於陰極射線的工作，決定再細緻地看一看是否還有什麼遺漏的現象未被記錄下來。他很快就發現，他現在碰到的似乎是另外一種東西：這種射線穿透力極強，在電場和磁場中均不偏轉，在空氣中的射程遠遠大於陰極射線。

---

❹ W. R. Nitske, *The Life of Wilhelm C. Röntgen*, Tucson：Univ. of Arizona Press, 1971.

緊接著的一系列實驗幫助 Röntgen 對這一射線有了更深的瞭解。
1895年12月22日，Röntgen利用這種射線成功地在照相底片上顯示
出了他夫人的手骨。這種射線可能的實用價值立即是人人可見的了。
12月28日Röntgen向Würzburg城的同事、朋友發出報告。1896年1
月4日，消息在柏林發表，5日這一發現已傳遍了全世界。一個星期
以後，Röntgen 奉邀在德國皇帝面前展示了科學的這一最新進展。
科學界所受的震動幾乎比公眾所感受到的還要大。1896年一年，共
有36本介紹Röntgen其人，一千多本討論介紹X-射線的書出版。

　　常規科學的成就，無論多精細、複雜，所引起的是讚嘆而不是
驚訝，因為這一結果是被預期的，而現在祇是令人折服地實現了。
X-射線所引起的驚訝詫異，是因為這一發現並非當時物理學所遵奉
崇信的規範所能把握，這種意外被稱為「異常」。

　　X-射線實際上被很多科學家很多次地注意到過，但是祇有
Röntgen 給予認真的觀察與研究。原來當實驗展現出超規範預期的
結果時，科學家會有兩種截然相反的方式處理這種異常：一是完全
忽略，熟視無睹；一是調整理論使之與實驗相合。這種調整必然是
逐步的，依次擴大調整的範圍和深刻程度，直至異常消失。那些揮
之不去的異常則直接危及已建立的規範。Kuhn總結說，「Röntgen的
發現始於覺察到不應該發光的屏幕發光了。……所謂異常，就是研
究者所服膺的規範對之毫無準備的現象，而對異常的覺知又是接受
新事物所必不可少的一環」(57, 49, 107–08)。

　　第三個例子是「萊頓瓶」，Kuhn以此例說明那一類不產生「新
事實」的科學發現。所謂「萊頓瓶」，是一種在現在看來本質上同

於一個容量極大的電容器的裝置，用以貯存電荷❷。當時的科學家猜想電應當是一種流體，Kuhn稱之為解釋電流的「許多理論」中的「一個」。 既然是流體，應該可以用瓶子盛起來，這就是萊頓瓶設計的最初想法。但實驗表明這種「流體」盛不起來，必須把瓶子稍作改進才行。這就形成了對電流的「流體說」的一個異常。

　　新鮮現象總是同困難或異常現象一起出現的。常規科學的目的並非要搜尋「新現象」，它甚至「傾向於壓制」(64, 53, 115) 新事物的產生。但是，常規科學既是有條理的，最精細縝密的研究，它就不可能避開或忽略新現象。常規科學的研究具有明確的目的性，知道它在期待什麼，因而也就最能感覺到那些它所未曾期待的異常的出現。異常出現即為科學整體帶來一個重新配置，重新調整以消化異常的問題。所以微妙的是，異常是常規科學發展的必然歸宿。

　　理論於是必須調整。Kuhn在第七章裏緊接著寫道：「第六章中所考察的種種發現，或直接或間接地導致了規範的變化，而這些發現所涉及的變化，常既是破壞性的，又是建設性的」(66,55,117)。說「這些發現所涉及的變化」是建設性的有兩層意思：一是通過這種異常發現，科學家們最初的也是直接的反應是調整、修正理論，使之更臻完美；二是如果前一方法不能解決問題，異常不能被納入理論可以消化的範圍，這種異常就會促進規範的改變，令整個學科改弦更張、推陳出新。哥白尼天文學就是一個好例子。十三、四兩

---

❷　萊頓瓶的發現發明史見 Sir E. Whittaker, *A History of the Theories of Aether & Electricity* , N.Y.：Harper & Brothers，1960，pp.45-7.該書是 1951 年修訂版的重印。此外似乎沒有英文的詳細介紹，酌見 C. A. Crommelin, *Leidsche Jaarboekje*, 1939, pp.135-49，這本書我衹讀過介紹，因此未能多加利用。

個世紀中，天文學家一直在努力修改托勒玫的本輪均輪理論，以符合觀察結果。但是，人們最後注意到，這種修改使得「天文學的複雜性比其精確性增加得快得多」(68, 57, 120) ❸。同樣的事也發生在氧的發現所引起的問題上。為了堅持燃素說，必須假定燃素有負重量，而貫徹這一假定的代價亦即在科學中引起的混亂要比放棄整個燃素說大得多。

這種變換規範的活動，Kuhn著重指出，都衹能在常規解謎活動宣告完全失敗時才會出現 (74–75, 62, 126)。科學的本質是保守的。衹要理論調整或局部修改、擴充規範有可能使異常消除或緩解，科學家就不會考慮更換規範，這與通常小冊子或通俗科學史所描繪的科學形象截然相反。因此，如果出現系統的、揮之不去的異常，科學就真正進入了危機。「危機的意義在於：它指出更換工具的時機已經到了」(76, 63, 128)。

異常出現的情形非常複雜，遠非是一種簡單的否證。因為異常作為違反規範預期結果的事件所造成的破壞性隨各個案例不同，科學家一般也不會馬上拋棄成規、拋棄已有的規範。「科學發展的歷史學研究所揭示的所有發展事例，還沒有一個與所謂通過和自然界的對比而被證偽的方法論模式相合」(77, 64, 129)。Kuhn在第八章裏討論科學家在危機出現時的行為。和大部分人想像的相反，科學家多數會願意等待。衹有異常被普遍地認識到，並且尖銳化，衹有當新的、與舊有規範有競爭可能的候選規範出現時，科學才會發生革命性變化。沒有新規範的產生，再嚴重的異常乃至危機，仍不能被必然地發展為革命。

第九到十一章論革命。Kuhn對「革命」的定義是(91, 76, 145)：

---

❸ 這是Kuhn當時的說法，參見本章第七節的討論。

科學革命是指那些科學發展的非累積性階段；在這階段中，
舊有的規範或全部或部分地被新的、與之不相兼容的新規範
所替代。

Kuhn 在第八章中就提到，規範的替換就是革命。在危機時期，
舊規範約束力鬆弛，平行的候補規範則進入競爭狀態。這種百家爭
鳴的局面很像科學最初產生時的情形。但在嚴格意義上的「規範交
接」，又往往有兩個規範重疊的情形。「在過渡時期會有一大批問題，
既能在老規範下解，也能在新規範下解」(85, 70, 137)。

一個候補規範如何戰勝與之競爭的其他規範而實現「定鼎於一
尊」，獨霸天下成為新的規範呢？即科學革命如何完成呢？Kuhn指
出，決非一蹴而就。於是，就有必要對革命做細緻的結構分析。

5.科學革命的結構2：革命

前八章意在說明科學革命的產生。九至十一章討論科學革命進
程和如何實現。在一定意義上說，這就是「科學革命的結構」。

Kuhn 首先把科學革命和通常意義下的社會政治領域裏的革命
作比較，他認為兩者非常相像。相像之處在於，兩者都發生於舊有
成規不能再良好地起作用的時候；同時也在於新產生的成規總是力
圖消滅舊有成規。這兒的「成規」對社會政治革命而言就是制度和
社會體系，對科學而言就是規範。

但是這種棄舊圖新的選擇是如何實現的呢？這是真正的困難所
在。「正如對相互競爭的政治體制的選擇一樣，對相互競爭的規範
的選擇實在是對不相容的科學共同體生活模式的選擇。由此，這種

選擇不取決於也不可能取決於常規科學所特有的評價程序，因為這程序多少依賴於規範，而規範本身已不再是雙方的共識了」(93, 77, 147)。

Kuhn接著指出，規範的改變不可能是知識或對於自然的認識漸漸積累的一種自然結果，這種事「事實上很少而且一般說來也不太可能」(95, 79, 149)。革命也不可能是由一個適用範圍更廣、更加精確的理論代替一個舊理論而實現。把科學發展看作是理論的擴充，例如愛因斯坦的力學公式代替了牛頓的公式，後者作為前者的一個特殊情況繼續在運動速度遠遠小於光速時的一個極限情形繼續存在，是一種「最流行的」意見。Kuhn認為，這是「憑空杜撰的」，因為儘管牛頓理論與愛因斯坦理論都談論諸如「質量」、「時間」之類的概念，但這些概念的內涵是完全不同、而且是不相容的。例如質量，在牛頓那兒是一個基本的守恆量，在愛因斯坦那兒，祇是一個與運動速度相關的物理量。一者守恆，一者可變，根本談不到相同，甚至談不到可比。在科學史上，還可以看到很多類似的情形。所以在研究歷史上規範轉換過程，兩三種規範並存競爭時，企圖利用科學內在的概念分析或邏輯框架來判斷規範的優劣在邏輯上是一種循環論證：用以判斷規範的邏輯基礎本身是建立在被判斷的規範之上的。所以 (109, 90, 164)

　　　　正如關於標準孰優孰劣的爭論一樣，關於價值的問題必須用
　　　　處於常規科學之外的判別準則和程序來解決。這種對外在於
　　　　常規科學的標準的要求使得關於規範的辯論更具革命性。

換言之，革命的要求是常規科學自身發展自然而然地提出的；

可是革命並不能在常規科學內部完成,因為這在歷史上沒有發生過,在邏輯也沒有跳出循環論證。

Kuhn認為視覺格式塔轉換在解決這個問題上有啟發作用（110, 91, 165），並由此轉入科學發現的心理學研究。

所謂格式塔是一組德國心理學家在本世紀二十年代發展起來的一個概念。以這個概念為中心和基礎發展起來的理論後來習慣上稱為格式塔心理學。格式塔一詞源於德文的「形態」、「形式」和「結構構造」。格式塔理論所處理或所面對的,是一不能再劃分為更小獨立事件的事件,這一事件可以是一種經驗,也可以是一種行為或行動。由研究感性知覺起,格式塔心理學進一步發展到研究思維。在思維的研究中,兩個方面的問題占主導地位：理解和洞察深微是如何實現的,發現是如何實現的。格式塔理論認為,理解是把已知事實的關係找出來,識別出來的活動；而創造性思維是對新的結構或組織的發展。一個問題的解起於認識到要達到已設目標要經過若干步努力,完成於補足這過程的每一步。所以思索、思維並非一點一滴地通過積累完成的,而是通過組織與重新組織完成的。這就使得零散的獨立事實的收集積累與結構構造成為涇渭分明的兩回事。如果全無基本原理的指導,創造性思維根本是不可能的。

對於Kuhn說來,科學規範就是這樣一個不可以再劃分的事件。規範形成一種形式,一種構造方式,一種價值觀念,起著一種格式塔的作用。當Kuhn撰寫《結構》時,他讀到了N. R. Hanson的《發現的模式》❹。這本書以最清晰的語言和最令人印象深刻的圖形提

---

❹　N. R. Hanson, *Patterns of Discovery, An Inquiry into the Conceptual Foundations of Science*, Cambridge：Cambridge University Press, 1958. 這本書在1958年底問世,據前章討論Kuhn撰寫《結構》的時間可知,

示了心理狀態和接受事實時的格式塔對於接受的影響。Kuhn引用了Hanson的論述。論述的要點在於如何認識「事實」這一概念以及它在科學中的作用。

Kuhn 對「事實」概念的思索起於1949或1950年❹，當時他正在閱讀 R. Merton 的著名論著。在《十七世紀英格蘭的科學、社會和技術》一書第221頁的一條注釋裏❹，Kuhn 注意到了心理學家J. Piàget的工作，這是他對心理學的最初接觸。稍後在德國哲學家Hans Reichenbach的《經驗與預測》一書224頁的一條注裏，Kuhn注意到了Ludwik Fleck的「幾乎完全無人知曉的」書《科學中事實的產生與闡明》❹。

這個標題本身令Kuhn極感興趣。「事實」本來一直被看作是最

兩者正恰約略同時。Kuhn在《結構》中引用了Hanson「詳盡闡述」的結果 (112, 93, 167)。

❹ T. Kuhn, "Foreword" (to L. Fleck, *Genesis and Development of a Scientific Fact*, Chicago: University of Chicago Press, 1979), p.x.

❹ 這兒的頁次是指該書1970年紐約重印本。下文 Reicbenbach 的頁數是指1938年芝加哥英譯本。這兩個版本是Kuhn後來用的。

❹ L. Fleck的書當時印了六百本。據現在推測，大概售出兩百本或多一些。原書1935年由Benno Schwabe & Co. 在瑞士的Basel 出版，因為當時的政治氣候已不適於一個猶太人在德國控制下的 Lvov 出版這樣的書籍了。出版後兩、三年內這本書得到了十一個書評，其中一個為法文，其餘是德文，包括一些發行相當廣的雜誌。所以在當時德語世界中，本書並不能說是「無人知曉」。但不久Lvov即為蘇聯占領，旋又為德國奪取，作者本人被送進臭名昭著的 Auschwitz 集中營。可能因為作者在血清和傳染病方面的專長，才令他免於一死，上了「辛德勒名單」。戰後作者為波蘭工作，至去世前三年移居以色列，所以此書在英語世界中大概確是「無人知曉」。

素樸、最單純、最不能變易的東西，——而Fleck，一個在德國集中營裏的猶太醫生竟在談論「事實的產生和闡明」。

問題在「事實」這個概念上。Fleck從考察對梅毒的認識開始他的分析。他注意到在科學史上，梅毒被當作一種疾病從不同的角度處理過：道德方面的，臨床經驗性的，病理學的，乃至病原學的研究，依次揭示了這個令人惱怒的疾病的各個方面。Fleck接著對這一段科學史作了認識論上的分析。他提出，概念本身是歷史發展的產物，因而是發展的。「事實」是無窮多的，但是原始的想法始終在科學發現和發展中起引導作用。思想方式和科學家作為一個整體的想法始終引導制約事實的收搜。從這個意義上說，客觀實在在知識構成中是一種被動的成分；而假說和其他先入條件則主動地去構造知識，並由此使得事實成為科學研究中真正起作用、有意義的東西。Fleck提到，所謂的「先入條件」可以是文化的，也可以是社會歷史的，也可以是思想方法的。Fleck稱這種把整個觀念體系聯接在一起的、造成整個圖景和諧相容的東西叫Gebilde。

所以Hanson所揭示的格式塔轉換和Fleck所談論的「事實」概念，以及引導科學家重新審度事實的Gebilde實在是一回事：他們從兩個各自獨立的方面揭示了科學發生重大改變時的情形。Gebilde是格式塔的內容而格式塔為Gebilde提供了作用的渠道、方式或形式。當科學危機發展到一個程度，一部分研究者試圖用新的角度，新的基本假定和出發點，新的儀器和方法去重新檢查審驗舊有的和新近發現、注意到的事實材料時，一種新的規範就產生了。如果這種方式進一步發展，一直發展到取代了舊有規範而取得了支配地位，科學革命就發生了。

Kuhn引用了大量科學史事例來說明這種格式塔轉換。首先是天

文學，William Herschel的例子。1690到1781年近一個世紀中，天
王星至少17次被觀察到。但直到Herschel，這顆星或者被解釋為一
顆彗星，或者整個地被忽略了。這才是真正的「熟視無睹」(114,
94, 169-70)。 為什麼會有這種事情發生？Kuhn利用伽里略對單擺
的觀察指出，就描述而言，亞里斯多德學派的學者和伽里略類似，
他們的知覺同樣精確。這兒真正發生的，是中世紀經過幾百年發展
起來的一個規範轉換，一個以衝力分析運動的新方法。「經院哲學
的規範出現以前，擺並不存在，學者們看見的祇是左右晃盪的石頭
罷了。擺是由規範導致的轉換這樣的事件創造出來的」(119, 95,
176)。

　　所以在不同的規範約束下，科學家所看見的是不同的東西——
儘管他們所注視的客體是一回事。Kuhn由此證明，說感官經驗是固
定的、中性的，說理論是人對固有資料的詮釋的這種知識理論並「不
能有效地起作用、說明問題」(125, 103, 180)，因為在規範改變以
後，「經驗資料本身已非原來的東西。歸根到底我們要指出的是，
在科學革命以後，科學家就是在另外一個世界裏工作了」(134, 111,
190)。所以Kuhn把論述革命的第十章叫做「革命是對整個世界看法
的改變」。

　　這種規範改變一旦取得統治地位，革命就完成了。但這種完成
是不露形跡的：沒有一門科學曾經宣布過革命的完成。這種完成表
現在教科書或相當於教科書的權威的、幫助下一代研究者建立規範
的著作的出現和廣泛採用之上。這種著作的任務是「記錄過去革命
產生的穩定的結果，並由此表現當前常規科學傳統的基礎」(136,
112, 192)。

　　至此，Kuhn完成了他對科學革命的論述，其要點如下：常規科

學在一種科學家所共同遵守崇奉的約束規範下進行極其細緻縝密的
研究，這種研究會自然而然地、必然地導致異常的出現。所謂異常，
就是現存規範所無法包容的結果和事實。但是，事實本身並不是完
全中性的，事實在不同的規範下有不同的詮譯和意義。改變規範則
漸漸顯得是消除上述異常的唯一可取的辦法。可是規範改變不能由
常規科學在其內部完成，正如我們不能通過把頭髮向上拉使我們自
己飛離地面一樣。規範的改變是一個對整個世界看法的改變，類似
於心理學格式塔轉換。這種轉換既非通過一點一滴的積累、漸臻完
備的，也不是通過一個重大改動，一蹴而就的，而是通過一個相對
於常規科學說來常為短暫的混亂期漸次完成的。規範的這種轉換就
是科學革命。革命前後整個科學、科學家對自然的看法完全改變，
就好像進入了一個新的世界一樣。

6.科學革命的結構3：應該怎樣寫科學史

　　Kuhn的工作從本質上說是歷史學家的工作，至少他自己是這麼
說的。——1968年3月在密執安州立大學作Isenburg講演時如是
說，幾乎十年以後該文發表時仍舊這麼說[48]。《結構》發表以後，最
先注意到的也都是歷史學家。1963年4月，Kuhn的老朋友，十年前

---

[48]　T. Kuhn, "The Relations between the History and the Philosophy of
　　Science," 這是1968年3月1日Kuhn在Michigan State University的演
　　說。Kuhn在開場白裏說，「我是以一個科學史家的身分來演講的。我
　　的大部分學生都是歷史學家，不是哲學家。我是美國歷史學會會員，
　　不是哲學學會會員。」後來本講演在《必要的張力》中發表，pp.3–20,
　　中譯見《張力》3–20頁，又見程譯271–92頁。

曾在*Isis*和他公開討論牛頓疑問31的Marie Boas❹，在對《結構》評論中引了兩個歷史家的標準著作，Crane Brinton的《革命剖析》❺和G. Sarton的《科學史》，來同《結構》比較。她說，Kuhn的著作會受到很多人的「熱烈歡迎」。Kuhn的另一個老朋友，哈佛「四重奏組」的 Bernard Barber 則從科學社會學的角度對《結構》作了評介❺。Barber最感興趣的是「科學共同體」。他特別注意到，Kuhn在《結構》中明白提出的很多結論是「關於科學家的社會學或社會心理學的」。這兩篇1963年的書評幾乎是戲劇性地預示了《結構》發表以後至1969—70年間Kuhn工作的發展。

在《結構》寫作甫成、即將發表時，Kuhn為英國學者Mary B. Hesse 的新著《力和場：超距作用概念史》❺寫了一篇書評❺。這篇書評當然可以看作是Kuhn寫《結構》的規範的反映。Kuhn注意到，Hesse並非為歷史而寫歷史，而是「可能更注重哲學分析」：

　　對我說來，Hesse博士在哲學方面清晰的論述至少和她在歷史

❹　Marie Boas Hall, *American Historical Review*, *68* (1963) 700–01. Hall是Boas 博士婚後加冠的A. R. Hall 的夫姓。

❺　Crane Brinton, *Anatomy of Revolution*, New York： Prentice–Hall, 1950. C. Brinton 是哈佛歷史系的 McLean 講座教授，他與J. B. Christopher和R. L. Wolff合著的《文明史》是大學廣泛採用的標準教科書，1955年出版，1967年出至第三版。

❺　B. Barber, *American Sociological Review*, *28* (1963) 298–99.

❺　M. B. Hesse, *Forces and Fields*： *The Concept of Action at a Distance in the History of Physics*, London： Thomas Nelson & Sons Ltd.,1961.

❺　T. Kuhn, *American Scientist*, *50* (1962) 442A–43A.下文引文在p.442A右欄。

方面的清晰論述同樣值得讚揚，但是把兩者結合起來的努力卻是本書主要弱點的來源。科學史和科學哲學在很多方面相得益彰，……但寫哲學和寫歷史在其側重點、價值取向和材料組織原則上頗不相同，而Hesse博士未能時時處處成功地把這兩方面的論述揉合在一起。

　　話是不錯，可是談何容易！稍後在評J. Agassi的一本討論科學史寫法的書❺時，Kuhn有機會進一步闡發他的史學觀念❺。Agassi批評一種他稱為「歸納主義」的史學理論，認為大部分科學史著作把科學知識與教科書中的定理、理論混為一談，把科學描繪為通過對原始材料的深思熟慮，分析組織，最終發展起來的，而這些原始材料又是由無偏頗的觀察實驗所收集、組合而成的。Agassi認為，如果歷史果然如此，則科學就成了一團無內在聯繫的雜燴。如果科學中的謬誤和誤解祇是由於方法不當造成的，科學家就必須被描繪為具有分裂人格的精神病患者：他們一邊為錯的理論拼命辯解，一邊為增進真正的知識作出貢獻。

　　儘管Kuhn說他的史學觀念與Agassi相近，但他不同意Agassi對科學史現狀的分析和批評。1968年初，Kuhn一連發表了兩篇文章，比較系統地從歷史學角度討論了如何寫科學史的問題。Kuhn認為❺，科學史和科學哲學是兩門關係非常密切的學科，但仍舊是兩

---

❺　Joseph Agassi, *Towards an Historiography of Science*, The Hague, 1963.

❺　T. Kuhn, *British Journal for the Philosophy of Science*, *17* (1966) 256–58.

❺　見注❶所引的演講。

門學科。如果強行將兩門學科歸併為一，則兩方面都要受到損害。因為歷史靠描述。描述得合理，毋需明白的概括也能起到解釋作用。哲學要概括，其目的不是瞭解特定時間地點所發生的事。

Kuhn認為，科學哲學對科學史未必有用，但科學史卻能使科學哲學更加豐富，能幫助科學哲學家更好地瞭解科學。歷史「是一種解釋性事業，一種啟發理解力的事業，因此它不僅要表現事實，還要表現事實之間的聯繫」。

就1968年的情形來說，科學史的研究有兩個主要的取向：一是以研究科學概念自身發展為主的內在史學派，一是以研究科學的社會文化關係的外在史學派。前者是思想史在科學史領域裏的延伸，Koyré是這一方向最主要的代表；後者與社會學、社會心理學有親密的聯繫，從思想根源上說與馬克思主義強調經濟社會背景，韋伯強調文化宗教背景有明顯的繼承關係。Kuhn認為❺，這兩個學派實際上在討論科學發展的不同成熟階段。對新學科發展初期，社會需要與社會價值、經濟和文化這些「外部的」因素當然是主導的。可是隨著科學的發展，由科學家、專業從業人員組成的亞文化群形成，科學的成果、著作常在這一特定的人群中分享，科學漸次獨立，問題和答案，讀者和作者，評判標準與程序，都在這個亞文化群中，內在研究方式就自然成為主導方式，而且常常很成功。

對於Kuhn的規範理論來說，在常規科學階段，規範自然是內在的標準；在規範轉換即革命期，規範的選擇淘汰又必須訴諸常規科學以外的因素。這種因素，如果認為歷史進程應當是理性的、有因

---

❺　T. Kuhn, "History of Science," 這是他為*International Encyclopedia of Social Science*, New York: Crowell, 1968, 寫的一個條目，見該書第14卷，pp.74–83.中譯收於《必要的張力》103–26頁，劉珺珺譯。

果聯繫可言的，就祇能是社會的經濟文化因素。歷史學家和社會學家於是在《科學革命的結構》中讀到了他們各自所能理解、所想要讀到的東西。本節開頭所引的兩則書評，清晰地反映了這兩方面的評價。

Kuhn還進一步認為 ⓼，科學史和歷史應當是可以融合，可以相得益彰的兩個學術領域。他舉出達爾文對西洋文化潮流的影響；同樣西洋文化的其他精湛部分也影響了達爾文的工作。科學在歷史中的作用，有影響的科學思想的來源，科學進步在更大的文化領域中擔當的角色，都是科學史和一般歷史共同注意的問題。在引進科學的外在即社會經濟文化因素後，科學史更加引人注目地成了歷史研究中不可須臾或缺的一環。

在紀念A. Koyré的前引文章中 ⓽，Kuhn總結了科學史發展的兩大方面：作為思想史的科學史，由A. Koyré倡導，注重研究科學和科學家在其各自的時代之中的發展和行為,已經取得了很大的成績；另一方面是研究科學的社會背景，Kuhn認為，這種社會文化史方向的研究，應該可以為科學史研究開闢一個嶄新的天地。

Kuhn的《結構》在歷史學方面的重要性常不在於發掘史料，也不在於重建某些發現過程。《結構》的貢獻在於提出了一個概括科學發展整個過程的線索，這顯然有助於構造整個畫面。《結構》又提出了科學革命的細緻構造，引入「危機」、「規範」之類相當具

⓼　T. Kuhn, "The Relation between History and History of Science," *Daedalus*, *100*(1971)271–304,中譯收於前引《必要的張力》127–160頁，邱仁宗譯。

⓽　T. Kuhn, "A.Koyré and the History of Science," *Encounter*, *34* (1970) 67–69.

體的概念，這顯然有助於構造細節。但是，Thomas Kuhn最重要的
貢獻並不在此，而在於史學方法和史學觀念上。通過「規範」以及
相關概念，Kuhn無疑大大發揚了Koyré以來的思想史傳統，使之深
化；通過對規範轉換尤其是對相關社會經濟文化背景的訴求，Kuhn
無疑大大開拓了史學、尤其是科學史史學的領域和思路。在1960年
代之初，科學史向社會文化經濟方面的發展已見端倪。科學史中在
1960年以後出現的大量社會文化史研究雖然不一定完全得力於
Kuhn的教導和指引，但是，Kuhn無疑是最早最明確最自覺地提出
這一方向的一個科學哲學家。這一方向上日後的發展，不僅加深了
我們對科學自身歷史的瞭解，而且加強了科學史和傳統歷史學的聯
繫，並使兩者都因此受益。這種對思想史、社會經濟史兼收並蓄的
史學方法，融合各種歷史因素，使我們有可能構造出更加均衡生動
的畫面。在此以後，科學史中的「內在學派」和「外在學派」就不
再是對立的、相互駁難的兩派，而成為歷史的相輔相成、相反相成
的兩個方面了。

7.哥白尼革命的結構分析

　　與Kuhn《科學革命的結構》寫作和發表約略同時，對哥白尼革
命的純歷史學研究有了長足的進展❻。我們知道主要參與其事的一
些阿拉伯史、早期天文學史作者並沒有讀過Kuhn的書，但他們的工

---

❻　最早一篇論文可追溯到V. Roberts, *Isis*, *48* (1957) 428–32.以後的論
　　文主要有E. Kennedy & V. Roberts, *Isis*, *50* (1959) 227, Fuad Abbud,
　　Isis, *53* (1962) 492, V. Roberts, *Isis*, *56* (1966) 208以及E. Kennedy,
　　Isis, *57* (1966) 365.

作確實揭示出了Kuhn⑥先前祇能含糊其辭地討論的「從托勒玫以來的十四個世紀」⑥中許多重要細節，客觀上豐富了哥白尼革命的內容，也提示了Kuhn理論中所隱含的一些困難。讓我們對這一工作作一稍微細緻一些的考察，並由此來看看Kuhn理論在科學史工作中的遭遇。

　　近年來的研究表明⑥，大約在十一世紀時，阿拉伯學者 Ibn al-Haytham就指出，托勒玫利用等位點技術來解決行星運動問題隱含了對亞里斯多德關於天體運動應該是完美的基本論斷的否定。案亞氏要求天體以圓形軌道運行實在包含兩方面的要求，即a) 以地球為起點、以行星為終點的矢徑長度為一恆量和 b) 此矢徑以地球為中心的角速度為恆量。但等位點技術放棄了「以地球為中心」而代之以「以等位點為中心」，此一替代沒有理論根據，因而不能令人滿意。十二世紀學者'Umar Khayyām也提出過類似詰難，但他們都沒有給出解答。另外一位著名學者 Avicenna 據說也提過這一問題。這些史料表明，「托勒玫問題」在當時已引起了普遍的注意，因為像Avicenna這樣的學者提出的問題，不可能不引起廣泛的回應。

⑥　Kuhn寫作《哥白尼革命》約在1957年前，當時本節所討論的阿拉伯史工作尚未開展，所以 Kuhn 的資料與上個世紀沒有太大差別。E. Kennedy 1982年3 月在Instituto Hispano-Arabe de Cultura講演，列出的35種關於哥白尼革命的重要文獻和參考書中，僅一部在1957年前出版《天體運行論》的德譯本）：由此可以窺見這一專門方向被刷新的程度。

⑥　見《哥白尼革命》第四章，特別是101－02頁，Kuhn 還提了一句「伊斯蘭天文學」。

⑥　E. Kennedy, *Awrāq*, *5-6*（1982/3）19；Idem, *Al-Abhath*, *23*（1970）327-44.

這個時代正是阿拉伯文明的黃金時代。Genghis 可汗的孫子，巴格達的征服者 Hulagu 在伊朗阿塞拜疆的瑪拉干建立了一座觀象臺，其主要學者Naṣir al-Din al-Ṭūsī（1201—74）⑭是我們現今所知道的第一個從正面考察「托勒玫問題」的學者。他最重要的改進和發明被現代學者稱為「Ṭūsī 連環」⑮，這是兩個相內切的圓，小圓的直徑恰為大圓的半徑。小圓以常速在大圓內部沿圓周滾動。這一設計連同等位點以某一合適的速度運動，可以既保證所有涉及的矢徑長度和速度同時為常量，從而滿足了亞氏的要求，又能與觀察結果相符合。其提出時間不晚於1261年。

差不多同時，1259 年，另一位阿拉伯學者 Mu'ayyad al-Dīn al-'Urḍī⑯提出了解決這一問題的另一方案。科學史家已經弄清，al-Ṭūsī和al-'Urḍī的兩套方案有類似之處，但他們兩人的確是相互獨立地做出來的。

這種「同時發現」（或發明）在科學史上常有重要的史學意義。我們前面已經看到，Kuhn對這種現象曾深感興趣，不過他所用的例子是能量守恆而不是阿拉伯天文學中al-Ṭūsī和al-'Urḍī的關於托勒玫的工作。

在 Naṣir al-Dīn al-Ṭūsī 所創立的瑪拉干學派中，Quṭb al-Dīn

⑭　Carra de Vaux, "Les sphéres célestes selon Nasîr-Eddîn Attûsî," dans P. Tannery, *Recherches sur l'histoire de l'astronomie ancienne*, Paris: Gauthier-Villars, 1893, pp.337-61.

⑮　「Ṭūsī 連環」最近的研究見G. Saliba and E. Kennedy, *Arabic Science and Philosophy*, 1 (1991) 285-91, 並見E. Kennedy, *Centaurus*, 27 (1984) 109-20. E. Kennedy 先生還深信瑪拉干學派與中國元代天文學有聯繫，見氏著*Isis*, 55 (1964) 435-43.

⑯　G. Saliba, *Journal of History of Arabic Science*, 3 (1979) 3-18.

al-Shīrāzī（1236 — 1311）⑰引起了科學史家的注意。他後來離開了瑪拉干在中亞和地中海地區作長時間漫遊，最後死在 Tabriz。他對於行星的理論類似於 al-Ṭūsī，所不同的是他的矢徑起點既不是 al-Ṭūsī所用的等位點，也不是托勒玫所用的均輪中心，而是兩者連線的中點。從幾何上說，他的體系與al-Ṭūsī的等價，所以結果自然也差不多。

稍後，Ibn al-Shāṭir（1305？ —1375？）⑱繼續這一改良托勒玫體系的工作。他構造了一個與 al-Ṭūsī，al-Shīrāzī 在幾何上等價的體系。因為al-Shīrazī的生活年代正恰在al-Ṭūsī和al-Shāṭir之間，而他又是瑪拉干學派的一個成員，又在中東地中海區廣作旅行，科學史家頗傾向於假定他是 Ibn al-Shāṭir 與瑪拉干學派的橋梁。Ibn al-Shāṭir的理論與他的先驅者的不同之處在於，他把矢徑的起點再次移到地球自身。也就是說，經過了大概一千年的努力，天文學家又好像回到了他們工作的起點，回到了亞里斯多德說的天體作勻速圓運動的基本假定。對 Ibn al-Shāṭir 說來，現在天體，包括行星、太陽和其他「星星」，又重新「真正地」圍繞地球運行了。這兒「真正地」意思是地球在物理上，又被假定為這些運動的中心了。

把 Ibn al-Shāṭir 和哥白尼的工作作一比較，科學史家吃驚地發現如下相似性⑲：

---

⑰　本傳見 *DSB*，v.11, pp.247–53. 史料見 G. Sarton, *An Introduction to History of Science*, Baltimore：Williams & Wilkins, 1941, v.2, pp.1017–20.

⑱　Ibn al-Shāṭir 已引起廣泛注意。大部分重要成果匯集在 E. Kennedy and Imad Ghanem ed.,*The Life and Work of Ibn al-Shāṭir*, Aleppo：University of Aleppo, 1976.

⑲　E. Kennedy, *Isis*, *57*（1966）377.

(1) 哥白尼，Ibn al-Shāṭir和瑪拉干學派的天文學家都毫無保留地接受亞里斯多德的矢徑「完美」原則，即模型中的矢徑長度應為恆量，速度應為恆速；

(2) 哥白尼，Ibn al-Shāṭir和瑪拉干學派的天文學家都利用兩套附加矢徑取得和等位點技術相同的效果；

(3) 哥白尼的月球運動理論就是Ibn al-Shāṭir的理論，較之托勒玫有很大的改進；

(4) 哥白尼的水星理論的後期形式，即在《天體運行論》中的形式，與Ibn al-Shāṭir一樣，祇是矢徑長度略有不同；

(5) 同Ibn al-Shāṭir一樣，哥白尼在水星理論裏採用了上文所說的「Ṭūsī連環」技術。

1972年，科學史研究者還發現❼，在1536年歐洲確實已經知道了「Ṭūsī連環」技術：一位亞里斯多德研究者Giovanni Batista Amico在他的工作中採用了這一技術。

我們不知道哥白尼能不能閱讀阿拉伯文或波斯文，但我們確實知道他的希臘文相當流利，他並以此為自豪。上面所說的瑪拉干學派的主要著作都有希臘文譯本。從這些研究看，哥白尼很有可能在他遊學意大利時接觸到瑪拉干學派的工作並以這一工作為起點推進到他的日心體系❼。

---

❼ N. Swerdlow, *Journal of Astronomy*, *3* (1972) 36–48.

❼ 哥白尼曾翻譯過一些希臘文的詩，以此知他希臘文造詣當有一定程度。哥白尼時代 Cracow 及其附近地區的生活環境和學術氣氛的研究表明阿拉伯天文學當時在東歐今日波蘭一帶頗為人知，見 Grazyna Rosinska, *Isis*, *65* (1974) 239–43.

　　但是，從最嚴格的歷史學要求看，這一結論仍舊是一個推斷，並沒有直接的史料證明，──也許永遠也不會有，因為在哥白尼時代利用別人的研究成果並不需要加以說明。然而即使以上面這樣非常簡略的介紹來看，哥白尼和瑪拉干學派，尤其是後來的Ibn al-Shāṭir之間的聯繫和類似性絕不似簡單的巧合❼。

　　如果真是這樣的話，哥白尼的工作中最關鍵的一點就是他把Ibn al-Shāṭir 的體系中的地球和太陽互換了位置。為什麼要這樣做？科學家有時可以在一個概念體系裏堅持工作一千年，修補各種漏洞和裂縫；有時又一下子放棄一個概念體系去另起爐灶，這究竟是怎麼一回事呢？以Kuhn的「結構」理論來分析，這當然是一次典型的規範轉換。在「托勒玫以後的十四個世紀」中，尤其上面所引的阿拉伯學者在十一到十四、五世紀的工作中，我們可以看見Kuhn所說的常規科學。各種技術的採用，越來越複雜的模型修正，目的都是希望能貫徹亞里斯多德的完美原則，使之與觀測盡可能的一致。

　　但是歷史並沒有顯示出真正的「異常」，更不用說「危機」來。科學史所提供的畫面越是精細，整個科學的發展就越顯得是一個連續的整體，我們好像很難一定在al-Shāṭir和哥白尼之間劃出一條明白的界線出來。Kuhn在《結構》中有兩處提及哥白尼革命的原因，

---

❼　1985/86 年間這一問題的主要研究者，故O.Neugebauer, N. Swerdlow,
　　G. Saliba 和C. Gillispie 曾在普林斯頓科學史討論班上談過這種巧合所
　　提示的可能的聯繫。Kuhn曾描述過這種討論班，見《必要的張力》，中
　　譯本，156–57頁。這些專家都認為這種聯繫是「可以想像的」。又見
　　N. Swerdlow and O. Neugebauer, *Mathemethical Astronomy in
　　Copernicus's De Revolutionibus*, N.Y.：Springer–Verlag, 1984,
　　pp.41–48.

但似乎與科學史的圖景不甚相合⓻。而且，哥白尼所做的改變，是把al-Shāṭir的圖景中地球和太陽的位置對調；至於亞里斯多德的「完美」原則則完全保留，而托勒玖的具體技術細節也未加重大變動。何以判斷這一變動就是「規範變換」，或簡言之，何以判斷何者是規範呢？

這就引起了熱烈的討論，眾說紛紜，莫衷一是。有人同意Kuhn的分析，有人不同意。其實討論的結果對Kuhn、對理解Kuhn恐怕祗有第二位的意義。真正重要的是，討論在進行。Kuhn關於科學發展的史學觀點，最重要的是對發展整體的把握，他沒有，也不可能給出對具體歷史事件的萬能判定準則。他的工作最重要的貢獻是其特有的啟發性。有趣的是，所有參加討論的人，不管主張什麼，都無例外地，有時甚至是不自覺地利用了Kuhn的論證方式和理論範疇。在這個意義上，Kuhn的規範理論倒成了史學，尤其是科學史理論的一個規範了。

8.科學哲學界對《結構》的討論以及Kuhn的發展

《結構》一書在科學哲學界引發關注討論比在歷史學界晚三、四年，這可能是因為在六十年代初 Kuhn 對於哲學界還是一個新人，而他的理論離開當時哲學界的中心問題也稍遠，哲學界需要一些時間來發現和消化Kuhn的見解。到1965、1966年，《結構》漸漸引起了足夠的注意。據粗略的估計，自這時起，哲學界討論《結構》或相關概念的論文，重要的不下五百篇⓼，其中不少還出自大師之

⓻　參見《結構》, 68, 57, 119-20; 83, 69, 136。

⓼　據 Paul Hoyningen-Huene, *Reconstruction of Scientific Revolution*,

手。討論主要集中在「規範」和「革命」兩大概念上，Kuhn對這些
文章也有數次答辯❼，這就客觀上豐富發展了原來的科學革命理論。

　　「規範」概念是Kuhn的重大發明，在整個理論中起樞機作用，
貫穿始終。Kuhn嘗戲稱幸好《結構》一書未做索引，不然「規範」
一詞祇能列為「見第1到172頁」❼，。批評主要集中在Kuhn原著中
這一詞用法含混，定義不清上。Kuhn也同意這一點，所以他首先做
了以下澄清：

　　……「規範」一詞有兩種意義不同的使用方式；一是某一特
　　定社群的成員所共享的信仰、價值和技術等等構成的整體，
　　一是上述整體中的一個環節，一種可以被當作典範來替代規

　　　Chicago：Chicago University Press，1993，所附文獻表，但其中不包
　　　括東方語言如中日文的文獻，也不包括非科學哲學專業如社會學心理
　　　學歷史學的討論，也不包括對Kuhn理論的發展和應用。

❼　最主要的大概有六篇，即"Logic of Discovery or Psychology of
　　Research"和"Reflections on My Critics，"刊於I. Lakatos and A.
　　Musgrave ed.，*Criticim and the Growth of Knowledge*，Cambridge：
　　Cambridge University Press，1970，pp.1–20和pp.231–78，前一篇又收
　　入《必要的張力》，中譯本264–83頁，紀樹立譯；"Postscript 1969,"
　　收於《結構》英文第二版，中譯見前引程譯本233–70頁，傅大為譯；
　　"Notes on Lakatos"，刊於R. C. Buck and R. S. Cohen，*PSA*.1970，
　　pp.137–46；"Second Thoughts on Paradigms"收於F. Suppe ed.，*The
　　Structure of Scientific Theories*，Urbana：University of Illinois Press，
　　1974, pp.459–82，後收入《必要的張力》，中譯本289–313頁，紀樹立
　　譯；以及"Theory Change as Structure–Change,"*Erkenntnis*，*10*(1976)
　　179–99.

❼　見"Second Thoughts,"p.459，《結構》初版共172頁，故云。

則的「問題的具體解法」，這一解法為常規科學中尚未解決的
問題提供一個解答的基礎。(175, 234) ❼

　　為了釐清這一處混淆，Kuhn在1970年前後一系列文章中引進了
「學科規矩模式」和「典範」. 兩個概念❽，分別取代原來「規範」
一詞上述兩方面的意思。這兩層意思並非並列的，按Kuhn的說法，
後者是前者的一個子集，或者說，前者是「規範」一詞的廣義運用，
後者是狹義應用。前者囊括使一門學科之所以成為這門學科的規定、
規則，專業人員的作法，價值觀念，一如鑄造時的模式，一如胎兒
長成過程中的子宮，一如匠人手中的矩尺圓規以及營造作所開列的
法式。至於後者，「典範」，則如教科書中的例題，也許通過教師的
幫助，學生最終能由此理解如何把原理定理運用到相似的問題中去。
　　但是「學科規矩模式」也好，「典範」也好，並不出於上帝的
指定，而在於全體從事這一學科的專業人員的崇信遵從。這兒「全
體」一詞又成了問題，因為「規範」是專業共同體共享的東西，而
專業共同體又是共享規範的人群，Kuhn承認，這兒「出現的方式本
質上是循環的」(176, 235)。Kuhn說，如果有機會重寫《結構》一
書，最要改變的，就是要在全書開頭就討論專業共同體❾。他在〈再
論規範〉一文，即採用這一方式。文中共同體成員除了「共享」之

---

❼　這兒的頁次指《結構》英文第二版和程譯本頁次。李譯本據第一版譯
　　出，因此不含本篇文字。譯文稍有變動。

❽　參見〈再論範式〉，《張力》英文本，pp.293-94, 297-98，中譯本289,
　　293頁；"Reflections on My Critics"，pp.271-72；〈1969年後記〉，《結
　　構》第二版，p.175, pp.182-87，中譯本234, 241-45頁。

❾　*Criticisim and the Growth of Knowledge*，*op. cit.*，p.252.

類比較不易判斷的共同點之外，還有諸如閱讀類似專業期刊，參加專業會議，正式和非正式的通訊網，論文中相互引證，尤其是採用相同的、定義明晰的符號系統和語言❽。在注釋中很容易看出，這是《結構》發表以後引出的重要成果。正因為這種有形無形的聯繫，這一群人的思想交流比較充分，判斷也相接近。

這種1970年的說法與1962年相比有何不同呢？Kuhn寫道：由於以前過分地強調了「規範」概念，「確實促成了這樣一種看法：規範是一種半神秘的東西或屬性，像一種能引起大眾狂熱擁護卻又不能言傳的領袖氣質，使那些受它感染的人觀念完全改變」❽。Kuhn是不是放棄了這種「不能言傳」的表達或定義呢？他說，「我的基本觀點，可以說幾乎沒有改變，……」（174, 233）。這樣看來，1970年前後Kuhn所努力的，是消除原來因為「規範」這個詞引起的誤解，用更加清楚確定的語言把這種本來不能言傳的神秘氣質表達出來。他似乎做到了這一點，可是原來矇矓意味所帶來的神秘的感染力和幾乎無所不至的「啟發性」❽，也因為薄霧的消散而喪失殆盡了。

「規範」也好，後來對之所做的種種正名也好，不是空洞的概念，不是玩弄章辭。——如果僅以詞語字面來看，的確比玩弄章辭好不了多少。但是，這個概念有其實在的對應物。細看科學史，任何人都會感覺到有這麼一種東西存在；專門從事科學研究的人，都能很親切地體驗到個中精深微妙的意義，Kuhn有時也訴諸他們個人的感受。或許這是一種感受，祇能意會，不能言傳。這就是Kuhn之

<hr>

❽　《張力》，中譯本292-96頁。

❽　*Criticism and the Growth of Knowledge*，*op. cit.*, p.272 fn.

❽　Kuhn自己對《結構》的評價，見《張力》中譯本289頁。

所以一開始就把它描述為「範例」和「規則」的聯合體。特別具有深刻意義的，是這一概念與科學共同體概念的聯繫。兩者互為表裏，相輔相成。Kuhn用以定義這兩個概念的方式不能簡單地歸為循環論證。循環論證本身屬形式邏輯的範疇。在這兒，當我們談論歷史時，機械論和形式邏輯顯然已經不敷應用。這一點在關於「革命」的概念的討論中，表現得甚至更加明白。

如果說哲學界大部分學者覺得Kuhn沒有把「規範」說清楚，因而需要修正；那麼他們對Kuhn關於「革命」的概念則持明白的批評態度，認為Kuhn說錯了，需要改正。

前面提及，Kuhn對革命的定義是規範的替代。在《結構》第十二和十三章中，Kuhn著力討論了這種替代的特點。Kuhn認為，這種替代很有些像政治領域中的革命，不同規範所控制的科學家集團有完全不同的語言，完全不同的價值標準，完全不同的世界。因此，他們相互之間無法溝通，無法進行理性的討論，因為沒有一個共同的理性基礎允許他們這樣做。這一特點Kuhn稱之為「不可共量性」（147,˙122, 201）。不可共量性最基本的一面既在於，由於規範不同，兩組科學家所注視的同一個現象如石塊下落有截然不同的、不可比較的意義；也在於他們所用的概念可能表面上相同而實質不一樣，就好像對日本人看見「汽車」兩個字會在腦子裏產生一個全不是汽車的形象一樣。

不可共量性從原則上否認了比較科學理論好壞的可能性。新理論為什麼替代了舊理論？並非持新理論的科學家集團向其反對者證明了或說明了其優長之處，而在於大部分、尤其是年輕的科學從業者轉向了新理論，或者說「改變了信仰」。Kuhn接下來花了不少筆墨說明，理論檢驗的頻率，檢驗的嚴峻程度，精確性，比較主觀的

美學標準，解決問題的能力，都不能用來判定孰優孰劣，所發生的事祇是信仰的改變，而且說變就變，這真有些像Kuhn後來被人批評的「神秘的改宗」。

既然無所謂優劣，何以說明新規範代替舊規範是一種進步呢？Kuhn認為[83]，本來就不能說明。如果一定要說進步的話，那祇是勝利一方根據他們所崇信的規範作出的判斷。但是「革命以兩個敵對陣營中的一方取得完全勝利而結束，得勝的一方會說它勝利帶來的結果不是完全的進步嗎？那簡直就是承認他們自己是錯的而對方是正確的一樣」(165, 138, 224)。這麼說，科學的進步與否，全然決定於哪一方來看，哪一方怎麼說了。這真有點「成則王、敗則賊」的意味了。難怪有人馬上批評這是非理性或反理性的相對主義了。

為了貫徹「規範」是科學發展中的統領概念，Kuhn提出了規範的不可共量性，於是規範改變也不可比，於是科學進步只有相對的意義。這對於整個孜孜追求科學的客觀標準，津津樂道科學的進步意義的科學哲學界而言，震動豈祇是「革命」兩字可以概括的！Kuhn點名討論的，是兩個「當前最流行的哲學理論」(144, 120, 200)，一是E. Nagel [84]的，一是K. R. Popper的。

---

[83] Kuhn認為「進步」這個概念本身就隱含了預設的規範概念。見例如〈發現的邏輯還是研究的心理學?〉，《必要的張力》中譯284頁，亦見《革命》，英文初版159–60，李譯本133–34，程譯本217–18。

[84] Kuhn 開列的關於 Nagel 的書是 E. Nagel, *Principles of the Theory of Probability*, Chicago：University of Chicago Press, 1939. E. Nagel, 1901年生於捷克，1930年獲博士學位 (Columbia)，以後即在Columbia任教，1954–55 年間在普林斯頓做訪問教授。他另外還有多部著作，與《結構》相先後出版的是 *The Structure of Science*, N.Y.：Harcourt Inc., 1961.因為Kuhn以後的答辯多是針對Popper的，正文中也不再討

　　K. Popper 1950年第一次見著Kuhn，當時Popper是應哈佛之邀去主持William James講座及相關討論，而Kuhn是一個剛剛拿到博士學位的青年助教。以後又有幾次往來，但沒有在一起工作過。所以Popper認為Kuhn實質上「不太了解」他的工作❽。

　　和Popper不一樣，Kuhn認為在談論科學發展及其規律時，第一位重要的就是科學發展的歷史事實。他多次以「科學史證明……」或「科學史從未顯示……」之類的論述方式來反駁Popper。他認為，按Popper及其學派的說法，對理論，尤其是兩個競爭中的理論，選擇合理性的標準完全由邏輯和語法決定是沒有根據的❻。但是Kuhn本人又沒有提出替代的準則，所以祇有破壞，沒有建設，因此有人稱之為「暴徒心理學」❼。

　　這當然不行。Kuhn不由自主地進入科學哲學的傳統領域，在科學理論的真理標準問題上與科學哲學家們展開決戰。結果是大大修正了他自己的理論。

　　首先選擇是由科學家集團做出的，「集團行為將決定性地受共有信念的影響」❽。但是，「很清楚，解釋歸根到底必然是心理學或社會學的。就是說，必須描述一種價值體系，一種意識形態，……知道科學家重視什麼，我們才有希望瞭解他們……在發生衝突的特

　　　論Nagel。

❽　K. Popper與Kuhn的交往和「不太了解」之說見P. A. Schilpp ed., *The Philosophy of K. Popper*，1974，p.1144 et sq.，中譯見《波普爾科學哲學選集》，紀樹立、邱仁宗，查汝強等譯，北京：三聯書店，1987, 292頁及以後，是為Popper〈答批評者〉一文的第三十九節。

❻　*Criticism and the Growth of Knowledge*，*op. cit.*, pp.234–35.

❼　*Ibid.*, p.178,I. Lakatos語。

❽　*Ibid.*, pp.240–41.

殊條件下將選擇什麼理論。」 ❽

四年以後, Kuhn正面描述了他心目中的這個「價值體系」。1973年11月30日他在Furman大學作Machette講演, 開列了五個條件, 「不是因為這五條可以窮盡一切, 而是因為每一條都很重要」。——

> 這五個特徵——精確性、一致性、廣泛性、簡單性和有效性——都是評價一種理論是否充分的標準準則。如果過去沒有說清楚這一點, 那我本來應當給予更多的說明, 因為我從來就完全同意⋯⋯這五種特徵具有關鍵作用。 ❾⓪

留意Popper《科學發現的邏輯》一書四到七章的標題是「可證偽性」、「經驗基礎」、「驗證準確程度」和「簡單性」, 不難看出, Kuhn也很大程度上接受了邏輯判斷原則。

綜上所述, Kuhn的「規範」和「革命」兩大概念的確在《結構》出版以後, 特別是1970—72年間有了重大的發展。簡要地說,「規範」概念得到澄清而「革命」概念不再是那麼激進極端了。這當然得力於科學哲學界學人的激烈批評。以Kuhn為基礎的進一步發展, 在I. Lakatos (1922—74) 和P. Feyerabend (1924 —) 的工作中最引人注目, 但細緻的討論自然不是筆者學力所能承擔的了。 ❾❶

---

❽ *Ibid*., p.21, 即〈發現的邏輯還是研究的心理學?〉, 中譯收入《張力》, 引文見286頁。

❾⓪ 這個講演第一次發表於《張力》, 中譯見是書第十三篇, 引文在316頁上。

❾❶ 傅大為為《結構》中譯本寫的「導言」有進一步介紹。林正宏論文多篇, 分別收於《伽里略・波柏・科學說明》和《知識・邏輯・科學哲學》, 臺北: 東大圖書公司, 1984及1987, 有諸多深入的討論。John

從科學哲學發展的整體來看❷，Kuhn是一個重要的轉折點。他的貢獻是在科學哲學中引進了歷史，當然尤其是科學史的概念和材料。雖然很早已有把科學哲學真正建立在科學史研究上的要求和嘗試，但在這個方向上的第一次認真並且成果卓著的努力應當歸功於Kuhn。Kuhn的功勞在於，他用對歷史的探討代替了純邏輯的探討。Kuhn以前的科學哲學，著重已成科學理論，特別是那些成果影響至大者，而未能留意其發展，因此其分析必然祇能是針對理論的靜態結構。通過引進歷史觀念，動態分析代替了靜態分析。Kuhn所要重點研究的，不是科學家做了什麼，而是他們怎麼做的；不是科學理論的構造，而是它們如何發展長成；不是邏輯而是認識論，一句話，「科學認識如何可能」。

Losee，*A Historical Introduction to the Philosophy of Science*，Oxford：Oxford University Press，1972，chapts.12–14，有比較細緻的介紹。這本書有邱仁宗、林夏水等中譯，據1980年第二版譯出，武漢：華中工學院出版社，1982，可資參考。

❷　江天驥，《當代西方科學哲學》，北京：中國社會科學出版社，1984，特別是五、六、七、三章。

第六章　黑體與早期量子論問題

要想研究「科學認識如何可能」，量子力學史當是最好的一個題目。楊振寧後來談到他對量子力學最早的發展的感受時寫道：

> 對我們這些在事情已經弄清楚、量子力學已經最終建立後才
> 受教育的人來講，在量子力學問世之前的那些奧秘的問題和
> 大膽探索的精神，同時充滿著希望與失望的情況，看來幾乎
> 像是奇蹟一樣。我們只能以驚訝的心情來揣想，當時的物理
> 學必須依靠著明顯和不能自相一致的推理來達到正確的結
> 論，那是怎樣的一種狀態。❶

楊振寧是在1959年11月普林斯頓大學Vanuxem講座上講這番話的。他同時認為，量子力學的戲劇性的歷史，仍有待「人們去敘述」。留意這正是Kuhn開始從事「量子物理學史」計劃的時代，這一見解似乎是當時的一個潮流。Kuhn於是決定著手研究量子力學史，並撰寫一系列的專著，分門別類，按問題、按時代對量子力學

---

❶ 楊振寧，《基本粒子發現簡史》，楊振玉譯，上海：上海科技出版社，1963年初版，1979年再版，引文在中譯本第9頁，原書 *Elementary Particles*，N. J.：Princeton Univ. Press，1962，引文見p.9.

及舊量子論的歷史作一系統的探究。起點自然是黑體輻射和Planck，這位公認的輻射定律量子化的開山人。Kuhn這個計劃因故未能實現，所以我們看見的，祇是一本只談論量子論開端的專著了。

　　本章敍述Kuhn這次用力最勤、收效最小的最後的努力。第一、二兩節提供歷史背景知識，第三、四兩節介紹Kuhn的書。第五節討論這本書的得失。第六節亦即最後一節從時間上說屬於這一期，但從內容上說稍稍不同於前五節，為Kuhn在1980年代初對自己主要論點的小結。從某種意義上說，這也是對全書的一個小結。

1.二十世紀初的輻射理論

　　量子論或粗略地說關於能量祇能取某些特定的值而不能取任意小的數值的物理理論起源於十九世紀末對當時已有的物理理論，特別是電磁理論的研究。在物理學史上，後者常被稱為「經典理論」或「經典物理學」。

　　早在十九世紀中葉，物理學就形成了以牛頓學說為基礎的力學理論和以麥克斯韋理論為基礎的電磁理論兩大領域。自然界中的物理現象，大至星球小至塵埃，甚至為人目力所不能及的遙遠的河外星系和細微的原子分子，巨細無遺，都遵從這套理論的描述解釋，其精密程度常達10^{-10}，其適用範圍橫跨50個數量級。就這座宏偉的知識大廈的完美程度而言，似乎祇有兩點尚未能盡如人意❷。一是

---

　❷　Kelvin勳爵嘗舉此二事為「烏雲」，語見 *Philosophical Magazine*，2
　　　(1901) 1，後來常被引用，遂成描述二十世紀初物理學困難的經典
　　　分析。原文指第二個困難是Maxwell–Boltzmann能量均分原理，但從
　　　本質上與下文敍述相同。

關於以太存在的實驗驗證，一是關於黑體發光時能量依頻率的分布
定律。所謂以太，是一種連續的媒質，充斥宇宙，承擔傳遞電磁波
的任務，為電磁理論模型的一個基本假設。唯其存在，始終未得到
實驗的驗證。從嚴格的科學理論要求看來，仍屬先驗假設範疇，所
以必須存疑，直至有實驗資料為止。所謂黑體發光，實在是一種熱
輻射的研究。一切物體，祇要其溫度不為絕對零度，理論上都有熱
輻射。這種輻射，可以是可見光，也可以是紅外或紫外線，視其不
同情形而異。所謂「不同情形」是指所論物體的溫度和物性。研究
者為純化研究課題，構造出一種「絕對的」物體，其發光或發射輻
射能力僅受自身溫度的影響：不論什麼材料的黑體，在同樣的溫度
下都放出相同形式的輻射，──所謂相同形式，是指其輻射出來的
能量對於輻射頻率說來有相同的分布。

　　這個說法聽起來有些高深,實際上在應用中幾乎表現為常識。
比如一盞燈，它所用去的電主要消耗在兩個方面：一是可見光，是
我們使用者所喜歡要的；一是發熱，或者叫紅外光，一般說來是我
們所希望降低的。有多少電變成了可見光，多少變成了熱，就是一
種頻率的分布。不言而喻，這種分布是這一盞燈的一個重要性能，
重要技術指標。十九世紀七十年代以後，火車在歐洲漸漸普及，其
他如大工廠的車間、堆棧，都和火車調車場一樣，需要大面積照明，
因此發光和輻射的研究引起了普遍的注意。

　　這個題目又涉及很高深的電磁理論和統計理論。大家如 G. R.
Kirchhoff(1824–87), R. W. Bunsen (1811–99), W. Wien(1864–
1928)均曾致力於斯，特別是L. Boltzmann(1844–1906)在1884年用
電磁理論導出空腔輻射在腔壁上的壓力為輻射能的三分之一，成功
地把熱力學概念和電磁學概念結合起來，被 H. A. Lorentz(1853–

1928)稱為理論物理學的明珠❸。Lorentz 的說法又被德國下一代物理大家M. von Laue（1879–1960）援引❹，Laue的書又被愛因斯坦所援引❺，可見這一工作的永久的價值。

　　1896年，W. Wien利用熱力學和實驗數據，得出一個依頻率而變的能量分布公式。在黑體輻射中，Wien公式認為，頻率為 υ 的輻射所承擔的能量轉移為$\rho(\upsilon)$，$\rho(\upsilon) = B\upsilon^3 \cdot e^{-A\upsilon/T}$。換言之，能量的多少隨 υ 的變化表現為兩部分：一是 υ 的三次方υ^3，顯示當頻率增高時能量增加很快，一是$e^{-\upsilon}$即 $\dfrac{1}{e^{\upsilon}}$，這個因子在 υ 很大時迅速變小，所以當頻率真正很高時υ^3、$e^{-\upsilon}$相互抵消，$\rho(\upsilon)$則表現為一個增長但不發散的量。

　　Wien公式在 υ 很大時與實驗結果符合甚佳，換言之，如果輻射是紫光或紫外光或是波長更短的輻射，$e^{-\upsilon}$和υ^3兩者以相反相成的方式搭配得很好。但在 υ 較小時，理論與實驗的一致性不能盡如人意，而且在推導中，有些步驟是利用實驗結果倒推出來的，也還不夠嚴謹❻。

---

❸　Boltzmann 的理論簡介參見 S. G. Brush, *Arch Hist Exact Sci., 4*(1967) 145–83.

❹　von Laue，《物理學史》，戴念祖等譯，北京：商務印書館，1978，語在第13章，119頁。

❺　《愛因斯坦文集》，第一卷，北京：商務印書館，1976，許良英等譯，482頁。

❻　W. Wien 以及下文討論的輻射定律的歷史發展，詳細介紹見 Max Jammer, *The Conceptual Development of Quantum Mechanics*, New York：McGraw—Hill, 1966, chap.1.

1900年，英國人J. W. Rayleigh（1842-1919）從經典電磁理論和熱力學導出一個形容 $\rho(v)$ 的新公式 $\rho(v) = \frac{8\pi v^2}{c^3} KT$，這兒c是光速，T 是溫度。和Wien公式比，$e^{-v}$一項消失了，而能量的總量僅與$v$平方$v^2$成正比。在$v$比較小時，Rayleigh的公式與實驗符合很好；但一旦v增大，v^2增大極快，到紫外線部分，$\rho(v)$已趨於發散，即大到不可想像，這顯然不是自然界中真實的情形。從數學上說，這是因為Rayleigh表達式中沒有e的負指數項，因而無法抵消、抑制v高次項的增長；從物理上說，這是完全不可接受的，時稱「紫外災難」，意指到了紫外線波段，輻射完全脫出控制。

問題的嚴重性在於，Rayleigh 的公式是從麥克斯韋和Boltzmann 的理論直接推導出來的，其中沒有經驗或假設的環節，因而也沒有可以調整、化解衝突的餘地。換言之，如果Rayleigh公式有錯，錯必在前提，即麥克斯韋的理論。但麥氏理論是整個電磁理論的基石，如果麥氏理論有錯，整個電磁理論都成了問題。這一點，在當時就已被指出。

德國物理學家Max Planck（1858-1947）細緻地考察了這一問題❼。J. W. Rayleigh的結果在1900年6 月為德國物理學界瞭解。10月7 日，H. Rubens告訴Planck他們實驗顯示出Wien定律在長波段背離實測值，並告訴Planck實驗表明能量和溫度成正比。Planck當天開始以此為起點重新計算輻射公式。10月19日在德國物理學會會議上發表一新的公式，兼及Wien和Rayleigh之長。10月20日，H.

---

❼ M. Planck 的工作後來為很多科學史家「重建」，筆者早年曾有短文介紹，在《華東師範大學學報自然科學版》，1981，3：127—133（與張瑞琨先生合撰）。

Rubens經過徹夜苦戰，完成**實驗**，證實Planck 的公式與實驗結果相合，由是Planck輻射定律成立。按Planck，能量

$$\rho(v) = \frac{8\pi h v^3}{c^3} \cdot \frac{1}{e^{hv/KT}-1} 。$$

這式前半類似於Rayleigh，後半類似於Wien，而當 v 很大或很小時，又自動以Wien和Rayleigh表達式為極限。

現在的情形是，有理論基礎的Rayleigh表達式與實驗不合，與實驗相合的Planck表達式又沒有明晰的理論基礎。為此，Planck再作理論探討，1900年12月14日在德國物理學會報告，引進一新的假定，稱能量的變化不是可以取任意數值的連續變化，而是祇能取一列分立數值的不連續躍進。這種不連續性，頗為高妙，非一般人所能想象，也為大部分物理學家所拒絕。

按Planck的假設，能量一定是一個最小單位 ε 的整數倍。對於不同頻率的輻射，能量不同；但一旦頻率 v 確定，這一輻射所對應的能量即確定為hv ，這兒h是一個常數。於是 ε =hv 就表現為一種能量子，而一個系統的能量可以是 ε ，2 ε 或3 ε ，或 ε 的任何整數倍，但不能是諸如1.5 ε 之類的量。這一假設叫做「量子假說」。

儘管量子假說聽起來很奇怪，而且眼光深邃的物理學家還看出它同以連續量為基本假設的牛頓、麥克斯韋理論有無法調協的不一致，但要完全拋棄它又實在很困難：與實驗相合的唯一的表達式Planck定理是建立在這個假說之上的，而實驗又從來是物理學理論正確與否的最高和最終的裁判。一邊是嚴謹的理論，一邊是精密的**實驗**，物理學家現在被迫在兩者之間作出選擇。他們以前還從來沒有遭遇過這樣窘迫的情形。

很多著名的物理學家被吸引參加了這一問題的討論。上文提及

的A. Lorentz，電子論的創立人，婉轉地表示實驗結果可能有誤❽。
Planck 本人也近於接受這種看法。Rayleigh 認為輻射定律可能本來
就是分段有效的，而把各段公式綜合在一起未必全然妥當。James
Jeans（1877-1946）提出一種新的物理模型，假定輻射過程中能量
轉變相當緩慢，所以整個系統不是一個平衡過程。如果系統不處於
平衡態，則整個分析即將大為改觀。Planck 本人傾向於能量均分定
律可能有使用範圍，而上述結果則是由不加限制地運用均分定律而
產生的謬誤。實驗物理學家則採一種沉著的謹慎態度。Planck 理論
的一個主要實驗研究者Friedrich Paschen（1865 —1947）對於實驗
結果很有信心，但仍表示希望Planck能進一步提出理論依據來❾。

　　1901年Planck提出量子假說到1905年，物理學界就在這樣的困
惑和希望中等待著。1905年，事情有了重大的發展，但他們等到的
與他們期待的正好相反。一個名叫A. Einstein的專利局職員在讀了
Planck的量子假說以後寫了一篇短文❿，把量子概念用到光電效應
的研究上，給人留下了深刻的印象。

　　所謂光電效應，是指某些金屬在被光線照射時會激發出電子

---

❽　A. Lorentz， "La partage de l' energie entre la matière pondérable et l'
　　éther"，這是他1908年4月8日在羅馬的演講，但其中觀點則已散見於
　　先前發出的多篇通訊上了。這篇演講在*Œvrés*，t.3，1934，p.341.

❾　此段簡述據Armin Hermann《量子論初期史》，第二章，1，周昌忠譯，
　　北京：商務印書館，1980，32—37頁。比較細緻的介紹，見前引Jammer，
　　chap.1，散見各處。

❿　A. Einstein，*Ann. Physik*，*17*（1905）132，英譯見，例如，D. ter Haar，
　　The Old Quantum Theory，Oxford：Pergamon，1967，pp.91 — 107；
　　中譯見《愛因斯坦文集》，第二卷，許良英等譯，北京：商務印書館，
　　1977，37—38頁。

來。如果用這些金屬作為真空管的一極，而把真空管接進電路，當光照發生時，電路中會記錄到電流。這個現象最早被H. R. Hertz（1857-94）和 P. Lenard（1862-1947）注意到，他們發現，很弱的紫光或紫外光可以激發出電流；而紅光，不論其強度多大，都不能產生電流。這是令人困惑的。因為根據光的電磁理論，光是一種電磁波，這種波所承擔的能量，應該和波的強度而不是頻率有關。換言之，根據波動理論，激發出來的電流應隨光照強度而變，而與顏色即光的頻率無關。但實驗顯示正恰相反。

　　愛因斯坦論文的一開頭即從物理空間是連續的還是量子化的提出問題。按電磁理論，是連續的，一如麥克斯韋方程式所表現的那樣。按原子分子論，是分立的或量子化的。「所以」，愛因斯坦寫道，「可以想見，在處理光的產生和轉化時，運用空間中連續函數的光的理論將與經驗矛盾。」 這是從完全不同的角度來考察問題，這叫做高屋建瓴。按愛因斯坦，不僅能量是量子化的，而光根本就是一個一個的粒子，其能量就是Planck所假定的$h\nu$，換言之，其能量與頻率，也就是光的顏色成正比。當頻率低到一定程度，相應的光量子所承擔的能量 $\varepsilon = h\nu$ 也小到了一定的程度。對於金屬內的電子而言，要飛逸出金屬表面有一個最低限度的能量要求，叫做閾。如果 $h\nu$ 小於這個閾值，則無論強度多大的光都不可能在金屬中激發出電子來，就好像讀一篇英文文章，十個百個不通英文的學者都於事無補，但祇要有一個能讀英文的人就能讀出來一樣。

　　我們還記得開普勒的行星理論對於闡發哥白尼日心說革命意義的貢獻。如果僅僅限於哥白尼的工作，日心說可以作為一種計算方式，一種模型，一種工作假說存在於舊有的地心說之中。但開普勒把它變成了對物理實在的描述，把它固有的革命意義明白地表現

出來。愛因斯坦之於Planck的工作，與此頗有可以類比之處。Planck的量子假說，可以作為一種假說，一種計算方式，存在於經典理論之中。但是，現在這位26歲的專利局職員，竟然為純粹的理論創造物「能量子」或「量子」找到了物理的現實對應物「光子」，並且以此解釋了一個令人困惑的物理現象，並且提出了實驗驗證的可能性，這就太革命了。

量子假說的提出者M. Planck 1907年7月6日寫信給愛因斯坦時堅持麥克斯韋的電磁理論不應當拋棄，量子概念也不應當取代電動力學：「在我看來，真空中的過程已由麥氏方程作了精確的描述。至少我還未發現什麼令人非相信不可的理由，去拋棄這個目前看來似乎是最簡單不過的假說。」⑪

愛因斯坦的反應同樣可以在他的給J. J. Laub的信中看到。愛因斯坦寫道：「Planck是一個和我志趣相投的通信者。只是他有一個弱點，就是不會尋找通往那些他覺得格格不入的思想的門徑，……」⑫

1909年9月19日到25日在第81屆德國物理學家和醫學家會議上，愛因斯坦系統地介紹了他的光量子理論。在致答詞時，Planck對當時恰滿30歲的愛因斯坦表示了非常的尊敬，但同時拒絕了光量子的概念。

2.玻爾原子和量子論的決定性勝利

愛因斯坦關於光量子的文章，一如ter Haar所指出，常被誤解為

---

⑪ 原件在普林斯頓圖書館，愛因斯坦檔。這封信非常有名，引用者極多，參見例如上引Armin Hermann，p.57。

⑫ Op. cit., C. Seelig, *A. Einstein*, Zürich, 1960，p.147.

是用光電效應來驗證量子理論的。事實上，愛因斯坦談論的是光量
子概念，即把Planck的能量子與一物理實在聯繫起來。下一步如何，
仍是不清楚，多數物理學家的謹慎態度和問題本身的困難程度使得
量子問題在1905到1912年間再度陷入一種僵持狀態。

在德國人對理論深感困惑時，英國人仍在發展他們的工作。英
國的實驗物理學傳統有長久的歷史，在本世紀初的那些年月裏，工
作集中在兩個中心。在劍橋的Cavendish實驗室，號稱J. J.的Joseph
John Thomson（1856–1940）主持著這個先後培育出二十六個諾貝
爾獎獲得者的團體。Thomson在1898–99年間以實驗精密分析，判
定了電子的存在，並因此獲1906年諾貝爾獎。現在，他正致力於分
析這些電子的來源。——來自原子，當然沒有問題，但電子在原子
中是如何的，則是一大問題。如所周知，原子呈電中性，如果假定
電子來自原子，那麼必須同時假定原子中還有一個正電成分。
Thomson[13]假定這種正電成分是連續分布的，電子以一定的方式排
布在這正電的環境裏，並可以在各自位置上作不同形式的振動。根
據麥克斯韋的電磁理論，這種振動導致發光。Thomson認為，這就
是光譜的來源。換言之，光譜是我們瞭解原子內部消息的一個手段。

早在十九世紀中葉科學家就知道了光譜，並一直在對各種原子
的光譜作最精細的研究。光譜學知識和實驗材料不僅多，而且極其
精密，有效數字動輒可達六、七位。當時已經知道，原子發光的
光譜常是線狀的，即祇有若干個特定頻率的光，而不是我們通常見
到的「白光」，即包含各種頻率的光。對氫原子，當時大家猜想中
的最簡單的原子，更有一些經驗公式可以推出各個譜線的頻率來。

---

[13]　J. J. Thomson, *Phil. Mag. 7* (1904) 237.

最著名的 Balmer 公式，可以把光頻率表達為兩個整數變數項的差：

$$\upsilon = _{Rc} \left[\frac{1}{n_1^{\,2}} - \frac{1}{n_2^{\,2}} \right]$$，這兒n_1, n_2是兩個整數，R 是一個經驗常數，常稱Rydberg常量，實測值為$109721.6cm^{-1}$。為什麼正恰是109721.6，這可還不知道。

在曼徹斯特，E. Rutherford（1871–1937）領導的一個中心也在研究原子結構。與 J. J. 不同，他們不用光譜，而用散射[14]。所謂散射，就是把一些粒子，Rutherford用的是帶正電的比氫原子重4 倍的α粒子，高速射向由金箔做成的靶。當時已經知道金原子比氫原子重197 倍，即約50倍於α粒子，所以想像之中，α粒子相對說來很小。按J. J.的模型，α粒子穿過均勻分布的正電區域，而金原子又那麼重，應該不會有什麼大的反應，最多祇會有一些由於正電對正電同性相斥而產生的溫和的偏轉。這個實驗的目的是通過這種偏轉來確定原子內正電的分布，就好像在黑暗中投石問路一樣。

Rutherford 的兩個學生具體參與這個實驗，結果令人吃驚：大約有八千分之一的α粒子完全被反射回來，其他的如入無人之境，僅以微小的偏轉通過金箔。顯然，被反射回來的粒子是撞在一個堅實的實體上，就好像一隻網球由牆上彈回來一樣。合乎邏輯的結論是，金原子的197 份重量，連同正電荷，都集中在相當小的幾點上。對大部分α粒子來說，穿過的是一無所有的空間；對那些八千分之一的倒霉的粒子說，它們正恰撞上了比它們重五十倍、帶正電的部分，高山堅城，絕對過不去，於是被反彈回來。Rutherford 由此推測，原子有一個小而重、帶正電的核心。至於帶負電的電子，J. J.

---

[14]　E. Rutherford, *Phil. Mag. 21* (1911) 669，並見前引ter Haar書的介紹。細緻的歷史研究見 J. L. Heilbron, *Archive for History of Exact Science*, *4* (1968) 247–307。

所發現的由原子中來的另一個成分，自然是在核外。在核外如何排布？最可以想像的一個類比就是太陽系：原子核居中，重而不動，一如太陽；電子環繞運行，一如行星。Rutherford 的模型因此叫行星模型。

早在1904年日本人長冈半太郎（1865–1950）就從理論上討論過類似的模型 ❶。但幾乎立即有人指出，長冈模型有一大困難，即電子在繞核運行時，按電磁理論，要發出輻射，因而損失能量，因而會在很短的時間裏落到核上，原子因而會坍塌，整個物質世界因而是不穩定的，壽命衹在秒的數量級。這顯然是不可接受的；而且，長冈模型與光譜無聯繫，也因此無法利用光譜學豐富的資料。長冈模型因此未受重視。

Rutherford 知道長冈的工作，當然也知道長冈的困難。從工作經歷看，Rutherford更是一個實驗物理學家。在他的論文最後，「結論」的最後幾行，他謹慎地探討了原子模型的進一步圖景。對Rutherford 說來，原子有一個小而重、帶電的核已是沒有問題了，問題在電子排布。

丹麥物理學家玻爾（1885–1962， Niels Bohr）此時正在Rutherford實驗室工作 ❶，他正恰剛剛訪問過劍橋，所以對Thomson

---

❶ 長冈的工作曾發表在 Phil. Mag. 7（1904）445，因而為大多數西洋科學家所瞭解。Rutherford 引用的正是這一篇文章。長冈和同時期日本物理學家的工作，中文研究以徐毅毅的碩士論文最細緻深入，論文藏華東師範大學圖書館，提要見《自然雜誌》，9（1986）611。

❶ 玻爾關於原子模型的工作見 J. L. Heilbron & T. Kuhn, *Historical Studies in the Physical Science*, *1*（1969）211 — 90.玻爾的生平及很多有趣的回憶見A. P. French & P. J. Kennedy, *Niels Bohr*, Cambridge：Harvard Univ. Press, 1985, 其他文獻見下節相關注釋。玻爾的主要

的工作也很熟悉。他的最初目的，是把Thomson利用原子中電子排布解釋週期表的努力和Rutherford的有核圖景結合起來，以構造新的模型。這時，Planck的量子假說已為物理學家所瞭解，不少人試圖利用量子假說去重新分析物理學的困難問題。玻爾也嘗試了假定電子動能和頻率之比為整數，但未獲特別的進展。

1913年年初，玻爾回到哥本哈根，繼續研究氫分子。利用經典力學、電磁學理論，玻爾算出了軌道電子的能量、軌道半徑，以及電子運行的頻率，並且對這些值做了量子化。這些理論工作並沒有顯示出特別的意義，因為它既未提供和經驗事實的聯繫，又未回答困惑物理學界已久的穩定性問題。

1913年2月，丹麥光譜學家H. M. Hansen過訪玻爾，晤談之中討論了前述Balmer光譜公式 $\nu = R\left(\dfrac{1}{n_2^2} - \dfrac{1}{n_1^2}\right)$。玻爾以後多次說過：「一看見Balmer公式，我就什麼都明白了」。在Balmer公式中，玻爾看見的是一個能量表達式：因為由Planck的量子假說，能量$E = h\nu$，於是此公式兩邊乘以h，即得到電子在原子中能量差的表達。利用他自己以前算出的能量式，玻爾推出光譜學中最基本的、在實驗中已被最精密地測定了的Rydberg常量R在理論上應該是$2\pi^2 me^4/h^3$，這兒m，e是電子的質量和電量，h是Planck常量，以當時的實驗能力，得出這個量的「理論值」為3.1×10^{15}，而實測值為3.29×10^{15}，誤差落在實驗測量漲落範圍之中。稍後，實驗再度測得帶有核質量修正的R_{He}和R_H，氦核和氫核修正後Rydberg常量

論文和著作均已譯成中文：《玻爾集》（前四卷），戈革譯，北京：科學出版社，1987一；另外三部非科學論文專著，《原子論和自然的描述》，《原子物理學和人類知識》及其續編，也已由拜鞠譯出，1964和1978年由北京商務出版。

為4.0016，而玻爾的理論值為4.00163 **⑰** 。

　　按玻爾模型，原子就是一個縮小了的太陽系。重而小的原子核居中，電子如同行星繞核運行。玻爾針對這樣的原子的不穩定性，提出兩條假設：a）電子在繞核運行時並不遵從電磁學理論，並不輻射能量，因而也無所謂能量損失，這一狀態叫「定態」；b）電子可以在能量高低不同的定態之間遷移，同時依$E = h\nu$的公式把多餘的或不足的能量放出或吸收，從而形成光譜，這種遷移叫「躍遷」。

　　物理學界立即意識到玻爾工作的重大意義。愛因斯坦聽說玻爾解釋光譜的消息時第一個反應是：「這是一個極大的成就，玻爾理論一定是對的」。兩周以後，在蘇黎士理工學院的討論班上，von Laue，我們還記得他對Boltzmann的稱贊，斷然拒絕玻爾理論：「這直是一派胡言。麥克斯韋方程式在任何情形下都應該是有效的」。 而愛因斯坦再度反駁說：「我想其中必有緣故。我決不相信Rydberg 常數的絕對數值可以生搬硬套，勉強湊出來」 **⑱** 。兩個月以後，英國83屆科學促進會大會上，對輻射理論做過最重要貢獻的J. Jeans 說玻爾理論「非常天才，富有啟發性，並且，我想我們還必須說非常令人信服」 **⑲** 。與此同時，德國物理學研究原子光譜的另一位重要作者A. Sommerfeld 寫信給玻爾，告訴玻爾他認為玻爾模型非常有意思，並擬再進一步探討， 「雖說我現階段對原子模型總的說來還是持懷疑態度……」 **⑳** 。

⑰　這兒採用的量網與前引文不一致，故數值也不同。這裏引用的數據是玻爾論文*Phil. Mag. 26*（1913）1 所用的。

⑱　見前引M. Jammer，p.86.這是F. Tank的回憶。

⑲　J. H. Jeans， *Report of the 83rd Meeting of BAAS*，p.376.

⑳　A. Sommerfeld致N. Bohr的信，1913年9月4日，為前引A. P. French全

　　理論物理學家的分歧和注意力都集中在玻爾的假設上。相關的實驗工作迅速展開。1914 年，玻爾的助手 H. G. J. Moseley(1887–1915) [21] 獲得X光光譜學證據，支持玻爾理論，這項工作在1915年經 W. Kossel(1888–1956) 進一步完善。緊接著，J. Frank(1882–1964) 和G. Hertz（1878–1975） [22] 測定水銀光譜數據，獲得肯定結論，稍後對 J. Stark 1913 年發現的光譜在電場中的劈裂的研究也顯示支持玻爾理論[23]，最後，先前尚自游移的Sommerfeld做出光譜精細結構理論，更完善了玻爾的假定。

　　對於紛沓而至的實驗證明，物理學家一則以喜，一則以懼。一方面，玻爾的工作被如此直接、如此準確、如此優美地肯定，讓人領略到人類理解力的尊嚴和力量；另一方面，玻爾的工作引起的混亂和挑戰，其鋒芒直指麥克斯韋的電動力學和牛頓科學的普遍原則，又令人困惑恐懼。問題是電子躍遷。

　　早在玻爾原子模型發表以前，Rutherford在讀了玻爾的初稿以

　　文譯出，在該書p.48。

[21] H. G. J. Moseley的工作情形見J. L. Heilbron, *Isis, 57*（1966）336 — 64, Z. Kopal, *Isis, 58*（1967）405 —07，下文W. Kossel的工作見J. L. Heilbron, *Isis, 58*（1967）451 —85.

[22] 他們的論文*Verh. Dtsch. Phys. Ges. Berlin, 16*（1914）512在前引D. ter Haar有英譯。T. Kuhn曾兩次指出，在*Isis, 58*（1967）416和*The Brit. J. for the Hist. Sci, 4*（1968）81，這一實驗未見得可稱為玻爾理論的驗證，但J. L. Heilbron在1985年仍如是引用，見前引A. P. French, pp.47 —48. 細緻的分析自然非本書所能承擔，這兒只是按通行說法引證而已，見Jammer, p.85, fn.105.

[23] J. Stark, *Ann. der Phys. 43*（1914）965 —1047, *48*（1915）193 —235. 如何評價Stark此項工作，見A. Hermann, *op. cit.*, p.81.

後就提出❷，玻爾理論有一個「重大困難」，就是「電子從一個定態移向另一個定態時如何決定以什麼頻率振動呢？在我看來你必須假定電子事先就知道它應該在什麼地方停下來」。這個問題在當時的物理學家看來，既不能迴避，又不能解決。

3.1960年代Kuhn對量子物理學史的研究

無論從哪一個角度看，量子論的早期發展都是印證Kuhn關於科學發展的理論的絕佳例證。以我們上面極為簡略的歷史介紹，即可見Kuhn理論的所有要點。

量子論最初發生於經典理論的完善之中。對於黑體輻射發光的研究導致了反常的發現：Wien公式在長波段與實驗不合。於是一系列修補、協調性的工作出現，但是反常依舊，揮之不去，甚至更有紫外災難的發展。於是有Planck的嘗試。我們看見在Planck的工作中，從麥克斯韋電動力學延續下來的邏輯中斷了；Planck的工作不是麥氏理論的一個邏輯上相洽的後果，而是一個某種意義上的孤立的假設。說它是「孤立」的，有兩方面的意思：在理論上，它似乎與其他已有的理論不相合；以科學共同體而言，大部分科學家或全體主流科學家，包括它的提出者M. Planck本人，都持一種謹慎態度。

愛因斯坦的工作可以說是把Planck假說作了一次應用性發揮，從而給出了一個新的、可供考慮的例子。J. J.的失敗，Rutherford小組的實驗進一步揭發了反常。玻爾在這基礎上去解原子圖景，提供了又一個範例。這些範例對於青年物理學家說來，正是一種新的考

---

❷　1913年3月20日E. Rutherford致Bohr的信。這是一封被反覆引用的信，參見，例如，上引A. P.French，p.77.

慮問題的方式，一種新的提出問題的角度，一種新的判定是非價值的標準。一言以蔽之，一種新的規範。

按玻爾，物理學家不再追尋物理事件的連續的過程，而祇關注其在不同時刻的不同狀態。這是量子不連續性的本質。上節末尾，Rutherford 1913年3月20日給玻爾的信裏所提出的問題，至今未被回答。——並非因為這些問題過於困難所以無法回答，而是因為在量子物理中問題不再是如此提出所以無庸回答。Rutherford 是在經典科學的規範下提問的，這問題本身無法進入量子領域。

以後的發展，包括Compton 散射效應、G. P. Thomson 和C. J. Davisson（1881–1958）獲得的電子衍射花樣，也包括對週期表的理論解釋、測不準關係，還包括三十年代的核反應堆和四十年代的原子彈，證明了量子力學及其基本原理的正確性，同時也肯定了淵源於此的新規範。

以對規範的接受程度所劃分的科學共同體也壁壘分明到了有趣的程度：在理論物理學家中，除個別一、兩人外，所有生於十九世紀的「老師們」效忠經典規範，而生於二十世紀的「學生們」無例外地接受新的、量子物理的規範。

但是，「老師們」和「學生們」的對立不是如有些人想像的那種世俗的，「保守」與「革新」、「正確」與「錯誤」的對立，而是一種深刻的相反相成。首先，一如Kuhn在討論別的例子時一再強調的，「新」的是從「舊」的自身發展中產生出來的，而不是外在的、強加於舊有理論的東西。這一點的意義在於，一方面舊有理論作為新理論長成的基礎為新理論必需，一方面新理論作為舊理論的結果因而革命為不可避免。這種相反相成正是規範交接的要求。

「老師們」的謹慎態度為保證科學穩定、排除異想天開的投機

見解所必需；「學生們」的革新嘗試為科學發展、解決已有困難所必需。所以這兒所顯示的，是一種已發展的同正在發展的事物之間的平衡，按Kuhn的說法，這是科學發展的性命攸關的必要的張力。

這種張力甚至可以在玻爾一人身上看出來，這也是玻爾之為玻爾的決定性一環。愛因斯坦在玻爾模型發表近四十年後這樣寫道[25]：

> 在普朗克的基本工作發表以後不久，所有這些我都已十分清楚；……可是我要使物理學的理論基礎同這種認識論相適應的一切嘗試都失敗了。這就像一個人腳下的土地被抽掉了，使他看不到哪裏有可以立足的鞏固基地。至於這種搖晃不定、矛盾百出的基礎，竟足以使一個像玻爾那樣具有獨特本領和機智的人發現光譜線和原子中電子殼層的主要定律以及它們對化學的意義，這件事對我說來就像是一個奇蹟——而且即使在今天，在我看來仍然像一個奇蹟。這是思想領域中最高的音樂神韻。

Kuhn自然深知量子物理學史的特殊重要的意義，並且早就留心此一領域。在他1959年在Utah大學會議上的講演中可以見到他使用量子物理史的例子[26]。六十年代初他被聘為「量子物理學史料」計

---

[25] 愛因斯坦，〈自述〉，中譯見《愛因斯坦文集》，第一卷，許良英等譯，北京：商務印書館，1977年，21頁。這段話是愛因斯坦對早期量子論小結中的一部分。譯文個別字有改動。原文見 P. A. Schilpp, *Albert Einstein*, N.Y.: Tudor, 1949.

[26] 參見〈必要的張力〉，曾慶宏譯，見《必要的張力》，203頁，注37和38。

劃負責人，一方面說明他在這方面確有專精，用力甚勤，因而獲選；另一方面又鼓動了他在這方面作更細緻、深入的研究。

　　「量子物理學史料」計劃是一個由美國國家科學基金會贊助的搶救史料的工作。先是，愛因斯坦在1955年去世。接著不相容定律的發現者W. Pauli 在1959年去世，僅得年五十五歲。哈佛的兩位歷史學家、物理學家注意到這情形，遂在各種場合提出搶救史料的問題。因為量子物理學的發展，稍不同於經典物理的是有許多資料實際存於私人信函、未發表的會議記錄和手稿，甚至電話電報通信討論之中。隨著當事人年邁謝世，這些資料，當年這些令人沮喪的或令人振奮的探索，就可能永遠消失。1960 年 8 月，正當《結構》撰寫的關鍵時期，「量子物理學史料」最熱心的倡導者，美國物理學會哲學學會的主要負責人John A. Wheeler 在 Berkeley 同 Kuhn 以及 Hunter Dupree, H. Wolff, C. Kittel 談起了這一計劃，並且撰寫了一份「實施草案」❷。

　　要完成這麼一個沒有先例的大計劃的審批工作可能需要幾年時間。但三個多月以後傳來了量子力學奠基人之一，1933年諾貝爾獎獲得者E.Schrödinger 去世的消息。這個計劃的急迫性已是不言而喻。1961年 2月17日，Kuhn接到J. H. Van Vleck 以美國物理學會、哲學會聯合會的名義發來的邀請，出任此一計劃主任。

Kuhn的例子是電子自旋和中微子的發現。Kuhn說他不知道是否有「對中微子發現的更詳細的」記載。他顯然沒有注意到 F. Reines and C. L. Cowan, Jr., *Physics Today* , 8 (1957), #12, 以及這兩人同別人共同撰寫的詳細的報導, *The Physics Review, 117* (1960) 159.

❷ 據 J. Wheeler 的回憶, "Preface to *Sources for History of Quantum Physics*," 見下引是書。

這一計劃的主要工作人員有四人，除Kuhn外，主要的歷史學家是J. L. Heilbron, Kuhn 在Berkeley的學生；以及Rochester 大學的Paul Forman, 負責資料編目、轉錄、分類收編工作。Lini Allen夫人為秘書兼行政、財務事務主管。計劃共進行三年，第一、第三兩年在Berkeley, 第二年在Copenhagen。 在這三年特別是後兩年中，Kuhn造訪了九十五位參與量子物理學早期工作的學者，同他們進行了深入的交談，並且都錄了音。他還和Heilbron一起，瀏覽了各主要圖書館收藏的量子物理學作者們的手稿和通信，包括位於Copenhagen的玻爾檔案和位於普林斯頓的愛因斯坦檔案。

很少有人有機會在這麼大的範圍，這樣的深度接觸到這麼多的第一手資料。而且整個資料工作又是在玻爾的直接參與下開展的。玻爾多次披閱收集計劃，收集到的資料，並且與Kuhn作了四次長談。最後一次是1962年11月17日下午進行的，談論主題是原子模型最初的構想。Kuhn問及在Rutherford有核模型與玻爾模型之間還有沒有中間形態的過渡模型，還有沒有其他假想，玻爾一時想不起來了，於是相約下次再談。第二天中午，玻爾在午睡中去世。Kuhn和玻爾的討論於是成了一個永遠沒有完結的交談，而玻爾當夜在工作室黑板上畫的一個曾經同愛因斯坦討論過的「光子箱」的簡圖，幾乎被以後論二十世紀物理學史的書無例外的引用，從而真正成為人類理解力的永在的豐碑。

「量子物理學史料」計劃開始時，Kuhn恰四十歲。年齡、資歷、職位、機緣都表明，撰寫量子物理學史，把這一人類洞察自然精深幽微的秘密的最輝煌的勝利寫入史冊，非Kuhn莫屬。Kuhn當然深知這一點。但是「史料」計劃事務極多，一直到1966年底交出整理完的史料，分手稿，錄音帶，個人檔案，原始文獻，縮微膠卷等部

分，並加說明、索引、轉錄樣本等技術輔助部分，Kuhn的工作才告一段落，才可以稍稍靜心讀一些別人的工作。

1966—67年間量子物理學史研究特別活躍。這一方面同「量子物理學史料」蒐集有關，另一方面也是因為到了六十年代，量子物理發展的脈絡形勢也已漸次分明，不少當年躬逢其盛的學者漸近老年，撰寫回憶乃至歷史既多，歷史學家的注意力也隨之轉移。

Kuhn前後對八部專著作了評述❷。

對G. Gamow（1904—68）的《震撼物理學的三十年》❷Kuhn最為不滿，稱之為量子物理學史著作的「災難」。案George Gamow ❸1928年在列寧格勒大學獲博士學位，以多方面的物理科學研究成果移師哥廷根大學做研究。在核理論和實驗上均稱傑出，1928—29，30—31年兩度往丹麥玻爾處工作，後移居美國，在華盛頓大學任教。除了核物理以外，Gamow 還是 DNA 遺傳密碼子解讀的關鍵人物，他首先領悟到密碼是由四個核甘酸中的三個構成一個有意義的環節，即密碼子，從而為解讀整個遺傳信息的DNA 分子奠定了基礎。

Gamow一生寫過140多篇論文和通俗科學文藝。這在本世紀專業科學家中極為少見。他的《物理世界奇遇記》❸和其他一些科普著作曾獲聯合國教科文組織1956年Kalinga 獎。《震撼物理學的三十年》正是這一系列普及讀物和他自己的學術生涯的一個結合，換言

---

❷　下引前六部著作的書評見*Isis* 58 (1967) 409，後兩部的文字隨引隨注。

❷　G. Gamow, *Thirty Years that Shook Physics*：*The Story of Quantum Theory*, New York：Anchor Books, Doubleday, 1966.

❸　Gamow生平見他的訃告Nature, 220 (1968) 723，並見R. H. Stuewer 的DSB本傳。本文按本傳寫成。

❸　*Mr. Tompkins in Wonderland*，中譯為《物理世界奇遇記》，吳伯澤譯，北京：科學出版社，1978。承許暉小姐幫助核對譯本，特此致謝。

之，個人回憶和通俗易懂是這部書的主要特點。Gamow 個性詼諧，又富於創造力，所以文中引了很多小故事，有些頗能說明一些事，有些則完全是趣味性的發揮。這樣一來，文章的歷史真實性就大大下降，甚至很多最重要的史實如玻爾博士論文的主題之類都有錯。這是Kuhn稱之為「災難」的主要原因。

　　Ruth Moore的《尼爾斯・玻爾》❸是供非專業讀者閱讀的文學傳記。和每個與玻爾有過接觸、或者閱讀過玻爾主要著作的人一樣，Kuhn對玻爾的人品學問欽服有加。Kuhn宣稱：「自古到今祇有少數幾個人，本世紀以來沒有任何一個人能像玻爾那樣在他所從事的科學工作中留下其品格風範的印記」。 於是要寫好這樣的傳記自然不易。Kuhn認為，Moore的文字以描述玻爾其人還差強人意，以展示其事業則遠未令人滿意。Kuhn 引用了玻爾的學生和助手 W. Heisenberg 對「量子物理學史料」的談話，認為量子物理的情形是非常奇妙的，問題在於物理學家們必須用非常難於理解的方式去描寫奇怪的概念。而這一點，Kuhn認為，Moore 夫人在物理學方面的訓練太少，顯然無法完成清晰的敘述。

　　Kuhn 認為對非專業讀者說來，Barbara Cline 的 *The Questioners*：*Physicists and the Quantum Theory*最好❸。這本書涵蓋Planck量子假說到1930年代玻爾和愛因斯坦的大辯論。雖說未能盡量掃除一些技術性錯誤，Cline 還是完成了當年量子物理學家探

---

❸　Ruth Moore，*Niels Bohr*：*The Man*，*His Science*，*and the World They Changed*，New York：Alfred A. Knopf，1966.本書有中譯《尼爾斯・玻爾》，暴永寧譯，北京：科學出版社，1982。

❸　Barbara Cline的書1965年由New York：Thomas Y. Crowell出版，未聞有中譯。

詢自然的歷史回顧，尤其是物理學家作為人對自然的探索和研究的回顧。

B. L. van der Waerden 收集編纂的《量子力學原始論文集》❸本來不能說是一篇歷史學著作，但因編者在書前加了長達60頁的前言，Kuhn認為，也應加以評論。首先Kuhn指出論文集選題頗為合適，並始終以量子力學的原理為出發點和著眼點，頗具深意。Kuhn特別指出，van der Waerden 本人深通量子力學，所以選入的文章多為以專家為閱讀對象者。Kuhn稱這個文選具有「不可估量的價值」。

以色列學者Max Jammer在科學史領域久負盛名。1954年在哈佛做訪問學者時曾著《空間概念史》，為愛因斯坦所稱，並為之作序。以後又往Oklahoma大學DeGolyer科學史圖書館，再著《力的概念史》，在六十年代也為一時之選。稍後往以色列Hebrew大學任教，撰寫《量子力學在概念上的發展》，並於1966年出版。❸

在Jammer的致謝名單中，有當時活著的大部分最重要的量子物理學創始人，L. de Broglie, M. Born, W. Heisenberg, P. A. M. Dirac祇是其中最引人注目的而已。科學史家如G. Holton, P. K. Feyerabend和T. S. Kuhn也均被提出致謝。其權威性即可見一斑。

在將近四百頁的篇幅中，Jammer討論了和量子物理學史相關的每一個主題，而且每一個討論都建立在紮實的第一手資料研究上，

---

❸ B. L. van der Waerden, *Sources of Quantum Mechanics*, Amsterdam：North一Holland，1967.本書由復旦大學物理系同仁譯出，1988年由復旦大學出版社出版。筆者祇見過油印稿本。

❸ Max Jammer, *The Conceptual Development of Quantum Mechanics*, New York：McGraw-Hill，1966.此書和1974年出版的*The Philosophy of Quantum Mechanics*, New York：JohnWiley & Sons, 合為上下篇，完成M. Jammer對量子力學史的經典敘述。

繁徵博引，這是Kuhn指出的第一個，「如果不是最後一個」，最令人
印象深刻的特點。Kuhn 認為，這本書會成為以後很多研究的起點。
Kuhn對文章在歷史學上的嚴肅性沒有多提意見，但對全書的史學方
法和整個寫法表示不滿。簡單地說，Kuhn提出了一個缺點，但表現
為兩種形式：正面敘述過分地顯示了歷史發展的「邏輯性」，整篇
文字讓人想起上個世紀E. Whittaker電學史的寫法❸，或者用Kuhn
的原話說，Jammer力圖把某些實驗或理論與它們今日的意義──而
不是當時的意義，掛上鈎。這就引起了一些年代的誤記。與正面敘
述相對稱，Jammer又常忽略一些當時頗為重要但後來又為更新的成
果所取代了的工作。這就把歷史發展的過程不適當地簡化了。
Sommerfeld對光譜精細結構的工作，Rubinovicz的光譜選擇定則均
未能得到充分的討論。

　　雖然Kuhn覺得Jammer的書總的說來不錯，「提供了關於卷帙浩
繁的原始文獻的準確的描述」，但 Klaus Meyer-Abich 的博士論文
《對應、個體性和互補性》❸ 似乎更中 Kuhn 的意。作者 K.
Meyer-Abich是C. F. von Weizsäcker的研究生，後者自己也寫些量
子物理史的通俗小冊子。Kuhn認為，Meyer-Abich能深入領會玻爾
物理哲學和認識論，所以寫出來的文章能切中要害，語語中的。但
從文章的題目即可看出，Meyer-Abich 不是在為一般讀者寫作，──

---

❸　當指E. Whittaker爵士*A History of the Theories of Aether & Electricity*，
　　這書有New York：Harpers 平裝本，1960，上下兩卷。

❸　　Klaus Michael Meyer-Abich, *Korrespondenz, Individualität, und
　　Komplementarität：eine studie zur Geistesgeschichte der
　　Quantantheorie in den Beitragen Niels Bohrs*, Wiesbaden：Franz
　　Steiner，1965. 未聞此書有英譯本。Kuhn下文的評論見前引*Isis, 58*(1
　　967)417－18.

甚至他的語言風格，Kuhn注意到，也「不必要地艱深」，從而不便
於閱讀。

　　Kuhn 對以上六部著作的評論在一定程度上反映出他心目中理
想的量子物理學史的形象：敘述在技術細節和史料上應當是精確的，
在歷史上應該能充分地在當時當地的環境和氣氛中展示事件的發
展。Kuhn 注意到這六部書不是為同一個讀者群寫的。但是，Kuhn
認為，應該仍舊有可能寫出雅俗共賞的東西，從而克服「兩種文化」
層面的問題。如果說這一點以前尚未被充分地注意、討論，那麼現
在，面對高度數學化、帶有強烈的專門技術特色的現代科學，科學
史作者已是不得不重視這些問題了。

　　與對上面六書評論約略同時，Kuhn 還分別討論了L. P.
Williams著*Michael Farady*❸和S. Rozental主編的《尼爾斯・玻爾
的工作和生活》❹。後者是一部由玻爾的同事和友人撰寫的回憶錄
性質的傳記，Kuhn特別欣賞其內容的「細緻準確」。與Ruth Moore
的書相比，Kuhn說這本書更合他的口味。

　　在這一階段 Kuhn 評述的最後一本書是 ter Haar 的《舊量子
論》❹。D. ter Haar的書在形式上與上引Van der Waerden的書一樣，
是一部論文集，但收集範圍恰與Van der Waerden不相重合，Kuhn
稱之為「幸運」：ter Haar 的注意力在 量子論初期史，而 Van der

---

❸　*British Journal for the Philosophy of Science*，18（1967）148—61.

❹　*American Scientist*，55（1967）339A. S. Rozental所編的*Niels Bohr*：
　　His Life & Work As Seen By His Friends & Colleagaes， North
　　Holland Pub.Co. 下引文句見p. 340 A. Rozental的書有中譯，黃紹元等
　　譯，上海翻譯出版公司出版，1985年，前有楊福家小序。

❹　D. ter Haar, *The Old Quantum Theory*，Oxford：Pergamon，1967.

Waerden 則側重於量子力學自身的發展。與 Van der Waerden 一樣，ter Haar也有一個長達70頁，幾乎是全書三分之一篇幅的歷史背景介紹。ter Haar是一個經驗豐富的物理教師，所以他很成功地用不多的筆墨介紹了現在看來已經過時，甚至是物理學家都覺得不熟悉的世紀初物理學的基本想法和數學工具。Kuhn認為這是「很有用的」，因為沒有這些介紹，就很難理解這些技術細節；而沒有對技術細節的理解，就不能體會世紀初量子物理發軔之時物理學家的種種困惑，種種嘗試，種種艱辛和快樂。

暢論他人工作以後，1969年初，Kuhn和他的學生、主要助手J. L. Heilbron聯名發表了一篇研究玻爾原子模型的長文章❹。玻爾模型在量子物理史上的意義自然是無與倫比的，所以研究討論也特別多。上引八部談量子物理史的著作，七部都以大量篇幅討論這一主題。但Kuhn–Heilbron文章以細緻精密獨立一幟。文章僅限於玻爾在1913年前兩年的工作，而且僅是他在原子模型方面的工作，竟洋洋灑灑，長達八十頁。有些重要的時刻，文章甚至是逐日追尋。文章的另一特點是技術內容甚強。Kuhn 和 Heilbron 都是物理學博士，理解、補足，從而再現玻爾當年的工作自然沒有太大的問題。文章的有些片段，對於大部分讀者說來，與其說是歷史，不如說是物理。

Kuhn–Heilbron 文章從正面展示了 Kuhn 心目中理想的量子物理史的形象：未加簡化的科學內容，嚴整的邏輯推理和分析，對概念形成過程的清晰而完整的描述，使得這篇文章在學術深度上達到了一個前所未有的水平。對一般讀者說來可能稍嫌艱深，但仍有相當數量的一群讀者，經過一定的努力，能讀懂原文，而且更重要的

---

❹　"The Genesis of the Bohr Atom," *Historical Studies in the Physical Science*, *1* (1969) 211.

是能從中領略到在一般通俗的科學史敘述中不能感覺到的精深微妙的物理直覺和透闢深邃的洞察力。

但是這篇文章畢竟是 Heilbron 執筆的，Kuhn 雖說時時參與其事，仍舊不能簡單地歸為Kuhn的作品。科學史界、科學哲學界、社會學家乃至物理學家，都在期待Kuhn自己的著作問世。一等就是十年。十年一劍，霜鋒未試。1978年春天，Kuhn的專著《黑體輻射和量子不連續性：1894—1912》由牛津大學出版社出版。

4.Kuhn的《黑體》一書要點

《黑體理論和量子不連續性，1894—1912》❷全書正文254頁，注釋68頁，徵引文獻目錄26頁，直接徵引出版物360多種，外加大約十個圖書館的檔案、手稿館藏，大約十個重要物理學家親友的私人收藏，當然還有花了巨大人力物力建立起來的「量子物理學史料」檔案的錄音帶和其他資料。僅就史料而言，Kuhn就可以傲視同儕。

文章主要研究「量子」或「量子不連續性」這一概念的產生，並主要是M. Planck的工作：全書十章，有七章在標題上標明Planck字樣。Kuhn根據他對Planck工作的理解，把「量子」概念的發展分為三個時期。第一期1894—1906年，Planck自研究輻射起進而研究統計，進而能量均分原理，進而Planck輻射定理。第二期1905—1912年是Planck概念的發展，同時也是「量子不連續性」概念的產生。這一期與上一期在1905—06年間有交錯重疊。第三期相對頗短，Kuhn

---

❷ T. S. Kuhn, *Black-Body Theory and the Quantum Discontinuity*, *1894 —1912*, N.Y.：Oxford University Press，在英國是Oxford：Clarendon Press，1978.下文的徵引情形，略見於Kuhn在「前言」中的致謝欄。

未給出具體起訖年代，但就其內容陳述看，約為1911–13兩年。全書也相應分成三個部分，第一篇稱「1894至1906年間Planck的黑體理論：經典時期」，約占全書一半篇幅而稍強，第二篇「量子不連續性概念的出現，1905—1912年」，約占全書三分之一稍強，最後一篇即第三篇「尾聲」最短，不到全文十分之一。

　　第一篇從Planck最初著手黑體問題說起。特別研究了Planck的熱力學、氣體運動學理論和Planck對連續性、電磁理論的看法。Kuhn特別強調Planck在統計物理上所受的訓練，這一章提到了Boltzmann的H定理及其詮釋，Loschmidt悖論之類的專門理論和熵的概念。在這兩章的基礎上，第三章「Planck和電磁H定理」介紹了Planck研究的基本取向即電磁學和熱力學的聯合。第四章正面敍述了著名的Planck輻射定律。先是簡單地介紹相關的實驗和較早的工作，然後是長達八頁半的「定律導出」（102—110頁）。我們還記得Planck定律導出以後面臨的問題，即定律表達式的物理意義問題才是真正革命性的，——從而在當時是真正令人困惑的。第五章討論Planck對此的最初努力和當時物理學界的最初反應。

　　第二篇敍述1905年至1912年的情形，共四章，即第六至第九章。先介紹P. Ehrenfest，Rayleigh和J. Jeans對Planck工作的反應。這兒P. Ehrenfest是一個當時尚未為人知的年輕人，Rayleigh和Jeans都是老一代物理學家。本篇的重點在下一章，介紹愛因斯坦的工作。Kuhn把愛氏工作又分為三個主題，約略為三個階段，即1902—03年的統計熱力學，1904—05年的漲落現象和黑體理論研究，以及1906—09年關於Planck理論的工作。Kuhn力圖說明，愛因斯坦1905年3月發表的文章是關於黑體問題的，並且愛因斯坦一直致力於黑體研究。Kuhn提出愛因斯坦1906年3月的文章，認為這在量子不連續性上具

有頭等重要的意義（184—85頁）。既然量子不連續性概念已經建立，後兩章完全處理當時物理學界的反應：先是舉足輕重的大師 A. Lorentz，再是光譜專家W. Wien和J. Jeans，再是1911—12年間對比熱，最後到「輻射的結構」與原子能級、量子狀態。

第三篇相當短，恰為20頁，介紹Planck關於輻射的「第二個理論」。這既包含Planck 1911到1912年的工作，也包括他後來在1913年出版的《熱輻射理論》第二版中的修改。在這些工作中，Planck明確採用了量子化概念，這標誌著這一概念的最終完成。

在這麼多量子物理學史專著相繼出版之後不久，Kuhn還要再寫一本，當然不是重複、改寫別人的東西。他是擁有、掌握第一手資料最多的人，他的著作應當有些新意。當專家們讀到渴望已久的Kuhn的大作時，他們發現《黑體理論》的確有新意，而且新得令人吃驚。一言以蔽之，Kuhn力圖推翻量子物理史的一貫說法，力圖重建量子物理史的基本時間表，力圖說明Planck當時並未提出量子化概念。正如Kuhn後來以最清楚的語言所宣稱的❸，「我現在相當肯定〔傳統量子物理史的說法〕是錯的」。

Kuhn認為，Planck的工作直接發端於Boltzmann 1877年關於熵和氣體速度分布理論。在這一理論中，Boltzmann引進了能量元 ε 。對 Boltzmann 說來，這個能量元有一定的大小；既要大到包含足夠多的粒子以使統計方法可以有效合理地使用，又要小到積分方法可以取代通常的求和。Planck發現，他在運用Boltzmann方法時有一點

---

❸　以下要點見於 Kuhn 自己對本書的總結，"Revisiting Planck," *Historical Studies in the Physical Science，14*（1984）231—52.雖然這篇文章寫於本書出版五年以後，Kuhn 在其中聲稱對本書的介紹仍與1978年時相同。下文引語在p.232.括弧中的頁次是指本書頁次。

重要的差別，那就是 Boltzmann 的能量元 ε 的大小與物理體系並無直接聯繫（59頁），而他採用的能量元 ε ＝hν，ν 是振子的頻率。換言之，Planck的能量元有一個固定的大小。

Kuhn認為，這一差別令Planck困惑。Planck始終把hν視為一種限制，但祇是對能量元大小的限制，而決不是什麼「能量量子化」。在能量意義上，Boltzmann 的粒子和 Planck 的振子沒有原則的差別（104頁，130—134頁）。在對經典物理學定律的運用及其有效性的考察上，兩者亦無本質差別。Planck把常數h叫做「作用量子」，認為這不過是為相空間提供了一種物理結構（129頁，250頁）。

但是用Planck的上述考慮實際上並不能導出輻射定律。其中關鍵在於如何在整個理論中引進溫度變量。Kuhn認為，Planck在研究了Boltzmann的H函數之後發現(39-42頁)，H下降正恰導致熵上昇，而且∂S／∂E＝1／T又是熟知的熱力學公式，於是得到了導出「輻射能在各個不同的溫度區間關於輻射頻率的分布」來。這就是Planck最初的工作（86-91頁）。

然後，在1899—1900年間，關於輻射的實驗進一步發展到紅外區，Wien定律與實驗的偏離漸漸顯示出來，這使得Planck在1901年又以「補遺」的形式再發表了關於輻射的進一步工作。但是直到1908年，量子不連續性概念才出現在Planck的著作中。所以，Kuhn認為，Planck的最初的工作並不包含量子化或類似概念。這個概念是愛因斯坦和Ehrenfest在1905—06年間提出來的，而對Planck說來，是在1911—12年間採用，正式出現在1913年第二版《熱輻射》之中的。

關於愛因斯坦的貢獻，Kuhn認為是他的研究中最具獨創性的部

分❹。Kuhn注意到愛因斯坦引用Planck是在愛氏著名的「1905年論文」系列的第三篇。他特別提及了愛氏引用Planck的一句話,「Planck理論蘊含了對現今所討論的光量子假說的應用」 ❹,並認為這句話足資證明是愛因斯坦首先明白闡發量子化概念的, ——雖然 Kuhn 聲稱這樣說法一點也不隱含貶低Planck貢獻的意思❹。

Kuhn的這本書,用他自己的說法,是力圖建立一個與傳統科學史所不同的「異端」。在此以前,Kuhn並沒有做過諸如愛因斯坦或Planck或量子論初期史的文章。那麼,他所說的「傳統說法」或他力圖推翻或大幅度修正的,是他的同事們以往數十年的工作,尤其是這一領域的主要研究者,耶魯大學的 Martin J. Klein 所描述的圖景❹。這就引發了近年來科學史界最引人注目的一場論戰。

5.《黑體》未能盡如人意

《黑體》發表後約略一年,1979年3月14日,普林斯頓高等研究院假慶祝愛因斯坦誕生一百周年的機會,召開了一個大型討論會,

---

❹　Kuhn在1979年年初的一個會議上著力發展了這一點。見H. Woolf ed., *Some Strangeness in the Proportion*, Addison–Wesley, 1980, pp.186 —90.我們在下一節中還有機會討論這一會議。

❹　A. Einstein, *Ann. d. Phys., 20* (1906) 199.

❹　上引H. Woolf 的書, p.186.

❹　M. J. Klein的主要說法可以在他1962—73年間發表的十一篇論文,尤其是 *Archive for History of Exact Science, 1* (1962) 459—79, *The Natural Philosopher, 1* (1963) 83—108, *Physics Today, 19* (1966) 23—32看到。這些文章均被Kuhn在本書中引用。

全面檢討愛氏對物理學的貢獻。這是一次空前的盛會[48]。各個領域的權威人物雲集普林斯頓：歷史學和哲學背景分別由G. Holton和E. Nagel介紹。歐洲文化背景則有Felix Gilbert的報告。相對論部分討論由諾貝爾獎獲得者揚振寧主持，——他本人也是普林斯頓高等研究院的研究員，與會者有量子力學的最終建立者，諾貝爾獎獲得者P. A. M. Dirac，哈佛的 G. Holton，前文引用過的德國科學史家 A. Hermann，以色列物理學家Y. Ne´eman。量子論部分的討論由諾貝爾獎獲得者普林斯頓大學的 Julian Schwinger 主持，M. J. Klein 和 Kuhn 作了報告。參加討論和報告的還有普林斯頓大學物理系的 A. Pais，他是愛因斯坦標準傳記《上帝高明》[49]的作者，諾貝爾獎獲得者I. I. Rabi，Hans Bethe，S. Weinberg，以及陳省身。最後由當時的美國總統卡特作閉幕演講。兩支最負盛名的室內樂演奏組 Juilliard 和 Emerson 負責席間演奏。——單單由這張簡單的與會者名單就可以知道這個會議的重要性，與會者的意見或可以看作是當時學術界的流行的或占領導地位的意見。

　　Kuhn在會上報告了他的關於量子論初期史的最新研究成果[50]。這份後來印成五頁多一點長的報告基本上是《黑體》一書的簡要介紹。儘管增加了兩個關於M. Klein工作的長注，Kuhn仍把注意力集中在他關於量子概念是由愛因斯坦、而不是 Planck，是在 1905—

---

[48]　這次討論實況記在 Harry Woolf ed.，*Some Strangeness in Proportion*，Addison—Wesley，1980.下面的情況介紹和發言均出自該書。

[49]　A. Pais，*Subtle is the Lord*，Oxford & N.Y.：Oxford University Press，1982.參加討論會時A. Pais在物理系任教。

[50]　T. Kuhn，"Einstein's Critique of Planck，"上引書，pp.186—90.討論附在正文之後。

06年、而不是在1900年發展起來的說法上。

Kuhn顯然未能成功地吸引與會者的注意，更不必說說服與會者放棄傳統說法而皈依他的「重新解釋」。和Martin Klein長達二十五頁的論文相比，Kuhn四、五頁的發言顯然處於一種補充說明或「又一說」的地位。至於在會後的討論中，Klein九次被邀請回答問題，而Kuhn祇被問及一次，──而且這次還是因為普林斯頓的E. Wigner因顯然不同意Kuhn的說法而提問的。

半年以後，Martin Klein對《黑體》的正式評論見於科學史權威雜誌*Isis*[51]。這個評論對該書持明白的否定態度。

Klein一開始就指出，本世紀初建立的量子力學是人類心智探索自然的一次如此偉大輝煌的奮鬥，可以期望，其歷史必是輝煌的；Kuhn對這個題目進行了多年的研究和探索，占有了無人可以稍望其項背的有利條件，可以期望，其書當可承繼馬克思《路易・波拿巴的霧月十八日》那樣的學術傳統。但是Kuhn實際上未能做到這一點。Kuhn提出的修正觀念在歷史學上未被有力地建立起來。Klein認為，Kuhn的基本架構不對。

Kuhn之所以在整個解釋或重建方向上走錯了路，Klein認為，是因為Kuhn過分地強調了Planck工作中的自洽性和一貫性。科學家們在他們創造性工作的關鍵時刻有時會顯得自相矛盾，但Kuhn「似乎不想考慮有這樣一種可能，不認為Planck自己有時對自己所從事的研究不完全明瞭」。因此，Kuhn在做歷史時，過多地注入了事後才闡發出來的邏輯聯繫。

Klein還毫不客氣地指出Kuhn對別人的工作引用不當，特別對Kuhn所說的他的工作是以Klein的工作為基礎，但又對之有所背離

---

[51]　M. Klein, "Paradigm Lost," *Isis*, *70* (1979) 430–4.

的提法不滿❺❷。Klein還列舉了Kuhn的錯誤，包括把Lagrange方程
與Hamilton方程混為一談，也包括「更為不可忽略的」錯誤如斷言
1902年Gibbs統計工作發展之前沒有統計理論而祇有氣體運動論。
事實上，Kuhn所著重討論的Boltzmann在1871年就有著名的熱力學
第二定律的統計力學研究。因此，Klein認為Kuhn關於Boltzmann的
章節很容易被證明是不能成立的。「他把注意力集中於為他的說法
辯護，從而忽略了量子物理學發展初期的複雜性與多樣性，及其振
奮人類心智的力量」。

　　Klein的說法未必能當作定論，但至少在科學史界為Kuhn的書
定下了基調。同一期*Isis*發表的物理學家的評論❺❸，在某種意義上更
加強了Klein的批評力量。物理學家們發現，Kuhn的說法提供了一
個比以前歷史詮釋更「清晰」的說明，而Planck也不再是一個在黑
暗中摸索的人。他們要求Kuhn更多地利用「晚近的發展」去解釋
Planck的工作。

　　與此幾乎同時，署名L. A. F.的評論者在《形而上學評論》上發
表短評❺❹，稱Kuhn的書是一本「紮紮實實的好書」，但整篇評論似
乎沒有十分大的說服力。一年多以後，Peter Galison發表了一篇長
達十五頁的書評❺❺，力圖調協這兩位「現代物理學史頂尖的研究者

❺❷　Kuhn實際上在這兒說了一句俏皮話。他說他的工作 "departed from
　　Klein… in both senses." 案depart一詞，既可為「以……為起點前進」，
　　又可為「背離……」。此處以意譯出，自然笨拙。下文引文見是文p.434。

❺❸　同❺❶，pp.434—36.下文引文是文p.435和p.436。

❺❹　*The Review of Metaphysics*, *33* (1980) 3：131，pp.639—41，下文引
　　文在是文p.641.

❺❺　P. Galison, "Kuhn and the Quantum Controversy," *British Journal
　　for the Philosophy of Science*, *32* (1981) 71—85.下文的「第三種詮

之間的」不一致的說法。Galison 當時還未去西部，所以署名為「哈佛大學Galison」，他本人的研究興趣也在現代物理，尤其是原子核和量子理論的實驗與理論的關係，應該說是這場爭論的「圈內人」。有趣的是，現在美東的三大名校，哈佛、普林斯頓、耶魯的科學史家都捲入了這一問題的討論，而其要點並不是在誰做了什麼，或歸功於誰，而是力圖為闡明現代物理學基礎發生重大變化的基本因素而追溯、澄清歷史的發展線索。

Galison的文章分成四個部分，先是介紹問題的緣起和背景，然後介紹Kuhn的工作，哪些是Kuhn的創見或新引進的資料，同時介紹Planck工作的主要線索，最後發揮他自己的看法。

Galison首先引用Kuhn的話，說Kuhn一輩子是戴兩頂帽子的人：一頂是科學史家，一頂是科學哲學家，並不能混淆，也不能同時戴兩頂。這一說法Kuhn頗為欣賞，並說是來自A. Koyré，因為Koyré在做科學史時不談哲學，做哲學時不談科學史。

書評的主要部分在對比Kuhn和Klein的說法。按Galison，兩種說法不盡相同，但絕非一般人印象中的那麼對立。文中大約十次提及兩人的相一致處，諸如「Kuhn和Klein兩人都認為……」之類的話處處可見。然後引進作者自己的「第三種詮釋」，這種詮釋是由前兩人的一致之處著眼的。

Galison首先指出，在1900－1年前後，連續或不連續的問題並未成為一個壓倒一切、重於一切、先於一切的問題，比如說 Ernst Mach在他的書裏就沒有這樣處理這一問題。很可能是由我們這些在量子理論已經發展，已經成為本世紀領頭的科學理論以後再受教育的人過分地強調了這一「劃時代的」意義。如果用比較樸素的觀點

釋」見是文p. 82及其後。

來看，Planck感興趣的，就是利用電磁H定理去分析統計力學問題，並由此做了一系列的推導演算：他未必能自覺地分析或面對「連續不連續」的問題。──倒不是他不敢面對或回答這個問題，而是他未見得把這一點看得那麼重要。因此，Galison認為Kuhn和Klein在分析上都過分地要求Planck取「量子」或「經典」的立場，而事實上Planck當時並無什麼立場可言。

約略同時，加拿大West Ontario大學的J. Nicholas指出❺❻，Kuhn關於Planck工作的描寫，實際上合於Kuhn在《結構》一書中的理論，並頗為 Kuhn 之受 Klein 嚴厲批評鳴不平。最後，1983 年，Joseph Agassi再發表一篇長達十五頁的文章❺❼，給Kuhn關於黑體的書做了一個小結。Agassi 在科學哲學界頗有影響，身兼以色列、英國和加拿大三所大學的教職，與Kuhn也相識，他的意見當然是要留意的。

Agassi一開頭就聲明他的書評是對Kuhn的書的一個「頌詞」，「因為不然的話，讀者很容易誤會」，以為他整個地取批評態度。然後即開始了他的批評。首先是所謂的「量子革命」問題。事實上，歷史上的革命未必有Kuhn在《結構》中所描繪的那種清晰的結構，所以Kuhn就必須面對有些當時並不曾發展起來的，或未占據主流的概念，因為事實本身並非像理論中假定的那麼簡單直接。其次是社會學影響問題。Agassi認為，Kuhn所討論的不是社會學因素而是社會心理學因素；Kuhn的這種傾向，使他的書「令人困惑，片斷零散或明顯地謬誤」；Kuhn過於重視邏輯一貫性，過分地為現時教科書的說法引導束縛。Agassi引用了Klein前引評論中的說法，認為Kuhn在

---

❺❻　*Philosophy of Science*, *49* (1982) 295—97.

❺❼　Joseph Agassi, "The Structure of the Quantum Revolution," *Philosophy of the Social Sciences*, *13* (1983) 367—81.

建立Planck工作的內在自洽性方面用力太多，但不願意正視Planck
對自己的工作並非「從頭到尾都有清晰認識」的這種可能性。最後，
全書也未能顯示任何方法論上的意義，雖說真要找出什麼方法論上
的結論也太困難了，因為方法論本身是抽象的。Agassi認為，要想
有真正的富有批判精神的科學史著作，科學史作者要真正清晰展示
科學家們的想法做法，展示他們之間的異同，還必須「假以時日」。

　　差不多同時，Kuhn在一篇長文章中為《黑體》一書作了全面的
辯解❺。他斷然拒絕對他的幾點主要批評。他認為，寫歷史就是「重
建」或「重現」歷史過程，並聲稱這是他從Alexandre Koyré那兒繼
承來的。為什麼不能說科學家們在工作中有困惑，為什麼說Planck
或Boltzmann的工作是合乎邏輯、首尾貫通的呢？因為不這麼做就
會使科學史對科學發現的研究變得毫無意義。Kuhn希望，科學史的
研究能顯示出科學發展的脈絡，並能展示它在科學認識論和哲學上
的意義。

　　有趣的是，Kuhn和Klein在這場爭論中各自都似乎和自己原來
的做法倒了個方向：Kuhn一貫強調要把歷史事件放回歷史環境中去
研究，以「當時的語言」來談論歷史，但現在正積極為量子物理發
展的邏輯性和自洽性辯護；而Klein則大談科學家工作中的困惑和迷
茫，儘管他以前一篇又一篇的文章都在分析量子概念產生和發展。
這一有趣的現象本身是科學史研究的兩個方向之間的張力的反映。
科學、科學革命，在事實上和歷史上都是處於既循邏輯，又摸索試
探，既令人困惑，又方向鮮明的這種相反相成的狀態之中的。關鍵
是如何恰如其分地表現、再現出來。

---

❺　T. Kuhn, "Revisiting Planck," *Historical Studies in the Physical
　　Sciences*, *14* (1984) 231—52.

　　《黑體》一書所承擔的這一任務有其先天的嚴重困難。這是一個現代科學史作者所面臨的共同問題。現代科學高度技術化，内容絕非一般人在未經準備的情形下憑常識和「愉快的思考」❺ 可以理解。因此，以一般人為讀者目標的科學史必須放棄技術細節，放棄描述的準確性。Gamow所著是這種類型，Kuhn曾深表不滿。但如果大量引入細節，寫成非專家不能閱讀的科學史，又令大部分讀者如墮五里霧中。事實上，《黑體》未被接受的很重要的一個原因，在於它未能處理好這一問題。

　　Kuhn認為，如果放棄細節，泛泛而談，將使科學發現和發明過程中的精深微妙之處喪失殆盡。讀者將無從瞭解，更不要說體驗科學發展的内在機制，因而也無從揭示科學史的哲學和認識論意義。我們再一次看見了科學史研究中的兩難抉擇，或者用Kuhn的話來說，這恐怕又可視為一種張力。

6.什麼是科學革命?

　　好像是要總結一下一生對科學史的哲學意義的研究成果，1981—83年不到兩年的時間裏，Kuhn寫了兩篇各長達20頁的文章❻，全

---

❺　愛因斯坦語，見氏著《狹義與廣義相對論淺說》，前引版本，iii頁，原文是愛氏1916年為該書寫的序中的一句話。

❻　Kuhn, "What are Scientific Revolutions?" 這是1982—83年間在西德的一個討論班上的論文討論稿，後來發表在該討論班的論文集 *The Probabilistic Revolution*, M.A.: MIT Press, 1987, ed. by L. Krüger et al., 列為第一章第一篇, pp.7—22.先是，論文在MIT校内非正式出版，是為 *Occasional Paper*#18, Center for Cognitive Science, 1981, 周穎中譯，在《科學學譯叢》，1987年第一輯，1頁。另一篇是科學哲學協

面闡述了他的「科學革命」理論。這時，距《結構》最初問世已有二十年了。經過多次論戰、討論、增補、修改，結構理論現在該是一個「定本」了。

Kuhn認為，科學革命，或者那些「最典型的科學革命」，應當有一些基本特徵，從而同常規科學區別開來。Kuhn用最簡單明瞭的說明概括了他對科學發展階段的劃分：

> ……我先把我認為的科學發展的兩種形態，常規的和革命的形態區別清楚。大多數成功的科學研究產生一類成果，其本質可以由這樣一種典型的說法來把握：常規科學生產科學經年不歇地成長，加磚添瓦所需要知識材料。這種累積性的科學發展觀念是人所共知的，而且它還引導出數量可觀的方法論文獻。常規科學及其方法適用於大量的科學研究工作。但是科學發展還表現為一種非累積性形態。這種非累積性階段提供了理解科學知識核心層面的唯一線索。

所以Kuhn對科學的革命階段更感興趣。那麼究竟什麼是「革命階段」呢？Kuhn下文以三個例子來說明。

第一個例子是Kuhn提過多遍的、也是事實上把他的注意力吸引到科學觀念變化問題上來的一項研究：亞里斯多德物理學和牛頓物

會1982年的年會（兩年一次）上的論文，"Commensurability, Comparability, Communicability,"刊在 *PSA 1982*, v.2, ed. P. D. Asquith and T. Nickles, Michigan: Philosophy of Science Association, 1983, pp.669—88，並附討論，在pp.712—16.下面的大段引文見前一篇文章p.7.

理學的對比。Kuhn又重新回到了1947年那個「炎熱的夏天」,因為要為非物理專業學生講物理學的發展,Kuhn去閱讀亞氏的原著。Kuhn先從自己所熟悉的牛頓力學著手,看看亞氏到底懂多少物理學,他又為伽里略、牛頓提出了什麼問題。Kuhn很快得出結論,亞里斯多德完全不懂物理學,亞氏關於物理學、力學、特別是運動的理論,全然錯謬充斥,邏輯上也不對,觀察更成問題。

但在歷史上,在亞氏去世以後的兩千年裏,他的工作備受重視;亞氏的觀察,尤其是動物方面的觀察,無論如何都是不能稍稍輕視的。Kuhn因此倍感困惑。

他說當時的情景還歷歷在目。他坐在桌前,手裏拿著四色活動鋼筆,突然,一切都明白了:Kuhn突然注意到,「運動」一詞在亞氏那兒並不是指位置的變更,一如在牛頓那兒和在現在的物理學中那樣,而是指一般的「變化」, 這是一個內涵廣闊得多的概念,而現今的運動概念只是這一大概念的一個特例而已。同樣,亞氏的「質」的概念、「量」的概念、「力」的概念,均是如此。只有在亞氏的概念系統中這些詞才有意義,或者說才有正確的、可以用於理解亞里斯多德的意義。比較或用牛頓體系來衡量、理解亞里斯多德是沒有意義的。

第二個例子是電池。Kuhn複製了1800年Volta給皇家學會的圖,特別在其中摘出了一個問題。原來電池對於電池的發明人 Volta 說來,與今天我們的理解不一樣,儘管電池的結構在Volta那兒與今日的形式頗相接近。Kuhn 注意到,在Volta那兒,兩個電極,鋅和銀是直接相聯的,用做電介質的濕紙或皮革是夾在兩個「電池」之間的,即整個電池組的排列順序是「鋅Z—銀A—介質—Z—A—介質—……」。在Volta的想法中,Z—A組構成類似於萊頓瓶的結構,而

介質衹是聯接兩組「電池」的中介。現在略有電學常識的人都會重畫這圖，而把「A—介質—Z」列為一個單元，或一個原電池。這種理解，據Kuhn的研究，可能比Volta的最初方案晚了四十多年。

Kuhn 認為，這種不同的畫法反映了對電池本質的不同的理解。在Volta時代，整個理論和理解方式是建立在靜電學上的，特別是在萊頓瓶的理論和實踐之上的。如果不做細緻的科學史研究，概念的發展線索就會被模糊掉。在這一例中，從萊頓瓶的概念到原電池的概念，從靜電學到電流學的研究框架的變換就會被忽略掉。

第三個例子是上章討論過的 Planck 量子論。Kuhn 重述了他在《黑體》中發展起來的關於Max Planck的說法，即L. Boltzmann最初發明的氣體理論是整個量子論的最早開端。M. Planck 的工作與Boltzmann很接近，但是，Planck直到1909年才接受「量子」概念。

Kuhn認為，綜觀這三個例子，確實有一些與科學革命相連接的，一般性的特點可以從歷史故事中概括出來。首先，革命性的變化多少是整體性的。革命性的變化「不能被分解為部分，不能被分解為各個步驟，這種特性與常見的或累積性的變化正相反對，……」❻。這種變化因而是一種「整個兒的」變化。其次，革命性的變化還涉及詞匯語式與自然聯繫方式的變化，詞義的變化。也就是說，在不同的革命階段，術語所含的意義是不一樣的，因而它們所指的自然界的實在對象也是不一樣的。「粗略地說，革命性的變化在語言中最突出的特徵是：語言不僅改變它與自然聯繫的方式，而且，在很大程度上，術語所聯接的客體或情況也有所改變。」Kuhn認為，不僅詞語內涵有了改變，而且整個科學所注意的客體，所討論的問題和這些問題的解答方式都有改變，或者說，語言的對象改變了。這

---

❻　*Op. cit.*, pp.19—20.下面的引語亦見是頁或p.7。

種改變可以在亞氏物理學中看得最清楚，而亞氏對語言的使用就可以看作是一種「規範性的範例」。

應該承認，上面一段是夠費解的。——譯筆生澀當然是主要原因，但Kuhn的原意也的確表達得很費力。從上下文通篇看來，一件事特別值得提出，就是在不同的規範結構中，語言與自然客體聯繫的方式不同，而且，某種意義上更重要的是，科學或關於自然的研究的著眼點和對象也不盡相同，從而問題的提法和解答方式也全然不同。

所以對於不同的規範結構，並不能不加分析地進行比較。用Kuhn的術語來說，這就牽涉不同分析對象的可公度性、可比性和可溝通性。這些概念是如此的重要，Kuhn後來撰專文予以闡發⑫。

Kuhn首先討論「不可公度性」。這是Kuhn理論中最著名也是爭議最大的一個概念。兩個有著不同的規範前提的系統，可不可以，——如果可以又如何，比較呢？既然如上文，兩者差距殊絕，應當是不能比較，也就是沒有一個中立的語言－概念系統可以同時用於兩個被比較的對象。Kuhn說，最初的概念是：等邊直角三角形的斜邊與直角邊是「無公度的」，也就是說，不存在一個長度單位，可以把斜邊直角邊同時表為這個長度單位同兩個整數的積。Kuhn稱這種無公度性為「局部無公度性」。

Kuhn接著引述了他早年在普林斯頓的同事H. Putnam和別的幾位科學哲學家的工作，問道，既然有這種無公度性，既然不存在一種兼容的語言來表達兩個不同的規範結構，比較這種不同的結構的可能性和意義又是什麼呢？

Kuhn認為，概念、術語的意義是歷史性的，隨著時間的推移，

---

⑫　即上引*PSA 1982*論文。

這些概念、術語的內涵自然變化。所以儘管詞語概念是無公度的，其意義仍可通過「詮釋」來傳達。這一做法有些像是「翻譯」。Kuhn轉而引用 W. V. O. Quine 的語義翻譯理論，但他不同意後者的意見。Kuhn說現行的翻譯理論有兩點值得注意，一是翻譯所涉及的語言本身早已存在，二是譯者不必也不應加上自己的補充資料。「詮釋」的情形頗不一樣。一般說來，歷史學家或人類學家所做的詮釋祇涉及一種語言，而詮釋者在詮釋過程中慢慢學習發展了另外一種語言。這種詮釋不一定成功。要創造或發展一種新的語言以完成詮釋與把已知的事實在另外一種已知的語言中表達出來頗是兩回事。

比如說關於燃素說的一段歷史。一些研究者如P. Kitcher認為可以「翻譯」，如「去燃素空氣」即我們今日談論的氧氣，或富於氧氣的空氣，而「α比β含有更豐富的燃素」則可表為「α對氧的親和力較β大」。至於「燃素」一詞本身，有時可以略去或避掉，有時可以譯為氫氣。

Kuhn認為這樣做不行。他杜撰了一段十八世紀的化學論文，其中包含若干十八世紀化學家認為最基本的概念，如決定物質化學性質的「質Principle」，這種「質」的最著名的例子是燃素，它決定可燃性；還有「素Element」，如「土」和「火」。這些詞義有的是已完全改變，如「素」，有的則已完全消失，如「質」。但是，對於研究十八世紀化學說來，這些在我們今日化學中不存在的概念卻是不可剔除的。這就使得歷史學家必須擔任「詮釋者」的工作，當個「語文老師」。

再以「燃素」一詞為例。「燃素」可不可以用現代語言翻譯出來呢？Kuhn回答說：不能。因為[63]

---

[63]　*Op. cit.*, p.676.

用來表述「燃素」一詞的詞彙用語有好多個，諸如「質」、「素」之類，也是不可翻譯的。所有這些詞項概念構成了一套相互聯結、相互定義的完整體系。這一體系祇能作為一個整體來接受，而不能把個別的概念孤立出來，先於體系而應用於自然現象。

只有如此，我們才能理解十八世紀化學，我們才會理解十八世紀化學之不同於二十世紀化學，「並不簡單地在於它對個別物質或個別過程的說法，而在於它構造整合化學世界的方式」。

這種「翻譯」上的困難，還不止於是概念不相合或整個體系不相合，而且在於不同時代的人有不同的「感受」。Kuhn以法文和英文詞的關係來解說這一點。他舉例說，法文的doux根據上下文，可以翻譯成很多個不同的英文字，於蜜糖是「甜蜜的」、「甘美的」，於羊毛則是「柔軟的」，於味道是「清淡的」，於記憶是「易逝的」，於山坡是「平緩的」，其實還可以加上於聲音是「悅耳的」，於光線是「柔和的」，於人可以是「溫存的」，於老人可以是「安詳的」，諸如此類。是不是法文字含意含糊，模棱兩可，必須用很多英文字來配呢？從上文的翻譯看，豈祇英文，中文亦然，當不是法文比中、英都差，意義都不明瞭。這是因為，Kuhn指出，doux對法國人說來是一種單一的概念，這一種感覺或感受涵蓋上面所說的諸多例子，但在法國人說來，是一種感覺，這種感覺不是非以法語為母語的人所能親切體會的，我們祇能從各個方面去分立地、近似地體驗這種在法國人看來是同一的感覺。一個詞在兩種語言中尚無等價對應可言，遑論更複雜的思想體系、科學理論，或一個時代的哲學？「燃素」之於十八世紀的化學家的意義，絕非一個或幾個現代術語可道盡。

詞意如此，比詞意再奧妙一些的詞性更不必說，doux和douce，有時祇是語法上的要求，但常常又有感覺上的差異。不恰當地說，它們所喚起的直覺不一樣。在歷史上，科學家或「關心自然的人」和現代大學訓練出來的科學工作者面對相同的實驗也有不同的感受。加熱氧化汞和汞的混合物，可以看見這種朱紅色的化合物中銀光閃動，它上方有時會突然出現眩目發光的火星。這種場景曾激起十六世紀化學家或術士多少詩意的想像呵！但對現代人說來，第一個念頭恐怕無例外地是對瀰漫的汞蒸汽的恐懼。

Kuhn所強調的，是兩個系統的「不可溝通性」。這一點頗為他的評論者如Kitcher所難，但Kuhn仍堅持是說[64]。

案Kuhn的意思大概是說不同的規範結構一如不同種的語言，即使有翻譯可言，仍祇能在近似、粗略地意義上談論「溝通」，其間困難不僅在語言的表述方式不同，而且在語言所代表的概念也不同。在某一種語言中，有規範制約其表達。這種規範與其說是語法條文、語法教科書上的規定，不如說是語言大師的範例性的用法：寫文章的人，幾乎沒有是通過語法書學習寫作的。對他們來說，早先的作家，公認的語言的典範使用者的著作，起著範式作用。比如哈姆雷特說的"The King is a thing of nothing"[65]，就是一種無法翻譯的例子。不僅其韻味、其用詞，不僅其為貌似通俗的瘋話，還包括了

---

[64]　*Op. cit.*, pp.712—13.

[65]　見*The Tragedy of Hamlet*，用Barbara A. Mowat ed. 本，Act IV, Sc.2, *ll.*28—30.原文這一句是兩行，中間插入一句Guidenstern的道白。本句朱生豪譯作「國王是一件東西——一件虛無的東西」，見《莎士比亞全集》，第九卷，北京：人民文學，1978，97頁。梁實秋譯作「國王這種東西——不成東西的東西」，見《莎士比亞全集》，第32卷，臺北：遠東，1967，141頁。

King這個概念，中譯為「國王」，但必須通過注釋即詮釋才能使中國讀者明白，——因為中國歷史上和文化中並無「國王」一事，有的只有「天無二日」「君臨天下」的皇帝。兩者有相似之處，但決非等同。

　　Kuhn所要求的，就是在歷史背景上、在文化傳統中去理解科學，理解人類對自然、對宇宙的理解。在這個意義上，Kuhn的哲學是真正歷史性的，或者說，他的本意在於科學史的哲學意義。

第七章　以Kuhn做法為範例對中國史的檢討

　　以強調「範例」的作用為其哲學特色的Kuhn，在其科學史工作中未能真正給出一個完整的範例，當然使後來的科學史學者為之遺憾。但是，Kuhn的工作影響如此之大，以至於不管贊成他的、反對他的人，都被不自覺地捲入了他探討問題的方向、方式和方法模式之中去了。在這個意義上，Kuhn的科學哲學思想確有其規範意義。茲擇其要者，第舉如次。

　　科學是文化之一部，是文化不可須臾分割的一個方面門類。這種不可分割性，就是Kuhn在八十年代初明白提出的整體性。在科學內部來看，這種整體性又表現為概念、概念間的聯繫、知識與自然的聯繫之類諸多不可須臾分割的環節。這種「概念體系」就像一個生命體一樣，任何一個部分都不能同整體分離，抽象地談論其中個別部件是沒有意義的。

　　但是這種概念體系又不是靜止不動的。用歷史學的眼光看，它是不斷地發展、演變的。制約、引導這種變化的內在根據叫做「規範」。規範既是規矩約束，又是模擬的範例。小的演進變化，不涉及規範更替，叫做常規的；大的變化，包含了對規範自身的改變的要求，就是革命。

　　「概念體系」的運動，最終表現在這一體系所運作的人群的共

同崇奉的規範上，也表現為這群人特定的行為：他們有相類的信念，有共同的價值標準，有可以溝通的無歧義的語言。這一群人叫科學共同體。

所以「整體性」、「規範」和「科學共同體」實在是從三個方面，本質上的、機制上的和運作上的三個方面，共同揭示了「概念體系」的哲學、歷史和社會學特徵。這樣，Kuhn就從分析科學史出發，為我們建立了一個分析歷史、文化上的「概念體系」的範例。這一範例如同Kuhn所建立的科學中的範例一樣，當然不是放之四海皆準的通用工具，但利用這種做法重新檢討歷史，或能發人未發。

1.「關於自然的知識」如何不同於「科學」或「概念體系」

要是用這樣的科學史觀來考察中國古代的情形，可以得出一些頗具啟發性的結論來。

討論「中國科學史」或「中國科學落後的原因」起自科學傳入中國之初，亦即上世紀末。至於二十年代，形成一個高潮。先賢大儒如馮友蘭、任鴻雋均有說焉❶。至於英人李約瑟著《中國科技史》，國內競相迻譯❷，而研究著作亦多，蔚然大觀，至於今日，仍是一個饒有興味的問題。美國學者 N. Sivin，韓國學者如金永植，日本

---

❶　任鴻雋，〈說中國無科學之原因〉，《科學》第一卷 (1915)，8—13頁；
　　馮友蘭，"Why China has no Science," *The International Journal of Ethics*, *32* (1922) 237—63.

❷　陳立夫主譯《中國的科學與文明》，臺灣：商務，1972—；「編譯組」譯《中國科學技術史》，北京：科學出版社，1975，香港：中華書局同年。

學者多人，均有專論❸。

　　要能在學術上有效地探討此一課題，自然必先要明白「科學」一詞的定義，是所謂界說。中文中「科學」一詞，蓋來自日文，所謂分門別類、逐科研究的學問，而不同於中國傳統的「天地人儒也」的綜合性學問。案「科學」一詞，在西洋文字如英文中，起於文藝復興時代❹，之前的學問也不叫科學。所謂科學，如此看來，當不是一般的「關於自然的知識」，而是關於自然的一種知識體系。誠如黑格爾所說❺，一堆知識的累積並不能叫做科學。在西洋學術史上，自牛頓或稍早以下，這一點當是明白而無疑義的了。在Kuhn的工作中，「科學」一詞無疑是指一種依一定原則組織起來的概念結構，同時還涉及判別程序和標準、方法之類的知識實體的外延部分。下文談「科學」，常以此界說為限。至於本詞約定俗成的用法，泛指和自然有關或企圖和自然有關的種種學問，姑置不議。

　　不少學者主張中國古代有科學，於是有中國科學史研究。這種研究的一大特點，是以現有的科學知識為出發點去考察中國古代文

❸　如 N. Sivin 1982 年在耶魯大學的 Hume 講座，"Why the Scientific Revolution Did Not Take Place in China —Or Didn't It?" 後載*Chinese Science*，5（1982），45—66；葉曉青中譯，在《科學與哲學》，1984年第一輯，5—43頁，並作評介，在《辯證法通訊》86年6輯63頁。韓國金永植，"Natural Knowldege in a Tradtional Culture,"*Minerva*，20（1982）83—104；王道還中譯，載《史學評論》，1985年第九期，59—92頁。日人藪內清及其京都學派，用力亦勤，見*Japanese Studies in the History of Science*，9（1970）1.

❹　John Ayto 說起用於14世紀，見氏著*Dictionary of Word Origins*，N.Y.：Arcade，1991，p.461.

❺　黑格爾，《哲學史講演錄》，卷1，北京：商務，1956，35頁。

獻。王國維讀辛棄疾詞至〈木蘭花慢〉， 詞云「可憐今夕月，向何
處去悠悠？是別有人間，那邊纔見，光影東頭」，即評此詞曰：「詞
人想像，直悟月輪繞地之理，與科學家密合，可謂神悟」 ❻。

　　案國維論詞，精警闊透，常發人所不能，是謂神悟；但幼安此
詞，實在和「月輪繞地之理」扯不上。下文即有「飛鏡無根誰繫，
姮娥不嫁誰留？」語，此實幼安步〈天問〉，馳騁想像，抒發情懷，
非關哥白尼事。這當然不能說中國浙東安撫使辛某在十二世紀即有
「月輪繞地」之說。案靜安亦一時興致所至，未必定執是說。

　　努力建立一個體系的是譚戒甫先生❼。戒甫治《墨經》， 用力
頗勤。至《經上》21有「力，刑之所以奮也」， 認為即牛頓定律。
這一說法有兩方面的問題，謹次第舉之。

　　譚先生引《經說》本條，「力，重之謂。下，與。重奮也。」摘
「重」一詞，稱「今力學亦曰重學」， 其實與本文無十分關聯；而
《經說》「力，重之謂。下，與」一句，實不可解。孫詒讓讀經至
此，不可讀，改「與」為「舉」， 但「下，舉」仍然費解。譚先生
疏之曰，下是地球引物下墜，舉為舉物向上，兩者必要有力的作用，
似嫌牽強。案細檢前後各條，得《經上》19云「任，士損己而益有
所為也」；20云「勇，志之所以敢也」；22云「生，刑與知處也」；
23云「臥，知、無知也」；24云「夢，臥而以為然也」；25云「平，

---

❻　王國維，《人間詞話》，用《人間詞話及評論匯編》本，姚柯夫編，北
　　京：書目文獻出版社，1983。上引文編號為47，在20頁。稼軒原詞在
　　《稼軒長短句》，卷4，上海：上海人民，1975，陳允吉點校本，49頁。
　　此詞不見於汲古閣刻六十家詞，誌此備考。

❼　《墨辯發微》， 北京：科學出版社，1958，1964年二版。下面的引文
　　見65—66頁。

知無欲惡也」; 26云「利，所得而喜也」等等。統看這一段，似乎是在講人生，而「刑」也指「人體」。驟然插入一段論「牛頓定律」，殊不可解。

再看牛頓定律。譚先生稱係動力學，注英文為 Kinetics，實為一時誤記。案Kinetics恰係不計入力的作用的「運動學」；而譚說「然則令物體動，須加外力耳」亦不確。外力祇用於改變物體動態行止，非關動與不動。所以牛頓談外力的作用，實在必須引用「加速度」的概念，即速度自身的改變。速度可以為零而加速度不為零。這一概念的建立，要而言之，需要有時間的概念、速度的概念和速度對時間的微分概念。另外，要把力和加速度聯繫起來，還要有質量概念，尤其是質量區別於重量的概念。再次，要有速度的概念，又必須有時空，尤其是絕對時空和參照系的概念。以上諸點，僅就理論言，尚未及實驗及測量。但由此可見，要有「牛頓定律」，實際上牽涉牛頓力學的最初的基本定義和法則，非可信手拈來，簡單地加以比附可成。上文我們說到的「概念體系」，恰是指這種概念上環環相聯、絲絲入扣的情形。整個體系構成一個結構，各部件不可須臾或缺。

我頗花一些篇幅論譚先生之釋《經上》21，非有意發難，實在是因為這一工作是中國科學史研究中一個常見的例子。中國古籍流傳既久，文字增改，句讀不清，已屬極難，再加上詮釋，見仁見智，歧義異說本來就多，如不充分照顧上下文，斷章取義之失或恐不免。此所以古漢語研究者極其謹慎❽，不敢稍作猜測。蓋望文生義，牽

---

❽ 如曹沖稱象，如華陀的「外科手術」，常被人津津樂道，其實問題尚多，見陳寅恪〈三國志曹沖華陀傳與佛教故事〉，在《全集》下卷，1119—22頁。再如胡道靜治《夢溪筆談》，窮畢生精力，成一家之言，繁

強附會，學者病之。而不顧科學發展的完整圖景，必經程序，隨意比附，則更易墜誤解之中。

在一本不太常見的小說《剪桐載筆》❾中有段故事，叫〈丹客記〉。後來流傳，見於《智囊補》，又見於《古今譚概》，最後由凌蒙初潤色，收入《拍案驚奇》，亦見於《今古奇觀》。說一道人用詐術騙人，偽稱能從銅鉛中煉出銀來。說完故事後，作者解釋說：「看官，你道藥末可以變化得銅鉛做銀，卻不是真法了？元來這叫得縮銀之法。他先將銀子用藥煉過，專取其精，每一兩直縮作一分少些。今和鉛汞在火中一燒，鉛汞化為青氣去了，遺下糟粕之質，見了銀精，盡化為銀。不知元是銀子的原分量，不曾多了一些。」案這段話，如果從今日化學角度看，無疑是物質不滅定律，元素在化學反應中質量守恆定律的表現了。較之上引《墨經》，還無版本、文字上的爭議。但顯然沒有人預備以此為依據，支持凌蒙初和Lavoisier打官司爭取優先權。倒不是這段文字摘自「小說家者流」，出身微賤，而是科學定律是一個完整的概念體系的一個有機部分，不可以與整體割裂開來，獨立詮釋。其意甚明。

至於沈括、趙友欽、朱載堉，他們關於自然知識的記錄當然非常有趣，但未見有概念體系結構，稱之曰「關於自然的知識」可也，

徵博引，排比例證，權衡事實，絕不妄作一詞。先生溫文爾雅，常悁悁然，故能持平如此。先生作《校證》，上海：古籍出版社，1987年新版，香港商務同，初版見於1956年。

❾　《剪桐載筆》，明王象晉撰，收於《王漁洋遺書》中；《智囊補》，清鮑祖祥選，收於《鮑紅葉叢書》，均不易見到，而後者尤甚。傳至凌蒙初，列為《拍案驚奇》，第十八卷，下引文見《拍案驚奇》，王古魯校注，章培恆整理本，北京：人民文學出版社，1979，303－04頁。人民大學圖書館張海惠小姐幫助核對原始資料，特此致謝。

逕名之曰「科學」似仍未令人心服。研究這些文化遺產，當然極為重要，但題目既大，非三言兩語可論，請他日以專門研究來分析，本章下一節也還有機會再議一兩句。所以就「中國古代科學」一題，鄙意以為，要說是「關於自然的知識」，不僅有，而且豐富有趣；要逕稱之「科學」，恐怕還有可議之處。

這個說法自然是個「別調」。但細緻考察一下現有研究，事實上並沒有什麼人認真地證明其有，而衹是列出諸多事例，「既然這些精彩陳述反映了古人對自然的認識，古代科學發展或發達即不問可知」。這是一種推論，但在邏輯上實在是以部分證整體。為什麼不少人寧可信其有呢？大概有三件事可以提出來討論。

一是把古代技術成就與科學混為一談。從弘揚中國文化，介紹古代文明而言，談談古代技術成就，自是十分精當。但若以討論科學發展、概念演進，則仍須再作考究。案科學與技術兩者常有聯繫，但並不一定一者為另一者之不可分離的一個部分。在很多時代，很多文化中，兩者並無一定的因果或共生關係。現在普遍見到的兩者的有機聯繫，實在是科學革命以後的事。不加分析地把兩者歸於一類，或是因為晚近的情形而形成的先入為主的觀念，或是出於某些哲學或歷史學理論的要求，都不能在歷史上找到令人信服的證明。所以以「中國古代既有種種技術發明，其科學發達自不必問」為基本推理基礎的說法，並不能成立。「科學」的基本目標，社會價值和與之相聯的社會功用，科學的概念結構和邏輯體系，科學與實驗和數學的結合方式，與「技術」都有明顯而且深刻的差別；兩者的關係也非常複雜。如綜論兩者，絲多緒亂，端或不可得焉。

一是研究古書，對時代背景、整個歷史時期的思想線索，乃至一本書的上下文、前言後語未能充分留意。上引譚先生論《經上》

21是一個例子，前已論及，不再贅述。案中國古代關於自然的記錄和知識，絕少長篇巨製，多在筆記之類的閑野之作之中，因此常比較零散，以是特別要注重全文考察和時代考察。不然的話，剪裁古書，鍛鍊章句，拼湊成篇，不僅不能把古人事蹟說清楚，反而把今天的讀者也弄糊塗了。現在有些流行的中國科學史研究不能得到傳統史學家的承認和共鳴，這大概是一個原因。

一是與西洋科學發展的進程強索比附。其實「中國為何無科學」一問的前提就是中國必須或者應該有科學。這一前提的認定，或是由於近世以來，「科學」在中國成了進步，正確的代名詞，一旦說中國無科學，則何以面對列祖列宗；或是認為科學是技術、經濟發展的自然歸宿，一旦說中國無科學，則於這種史學、哲學理論不合，何以自圓其說。既然西洋有，中國必定有，且比西洋早、比西洋好，祇是近代落後而已。這或應了魯迅筆下的故事：「我們先前——比你闊得多啦」❿。

其實這種愛國心是褊狹的。首先，中國文化發展的道路，不必與西洋一樣。以西洋比中國，或以中國攀附西洋，本身對中國文化是一曲解。案各種文化，自有其道路規模，不必，也不可能強求一律。做藝術史的人似乎沒有什麼必要為中國古代何以沒有油畫感到惴惴不安。我國古代的潑墨山水，工筆花鳥，同樣確立了我們的先人在藝術上的無可爭辯的光榮地位，何必非油畫不可呢？

或謂「油畫」之說類比不倫，因為畫畢竟是人的自由創造，而科學則面對自然。案對自然的理解可以是多方面、多角度的。現代科學是一種形式，古代中國人的想法是另一種形式，各有側重。如

---

❿　魯迅語，見所著《阿Q正傳》，參見，例如，《魯迅全集》，北京：人民文學，1956，第一卷，363頁。

何重現當時當地的研究風貌，自然是歷史研究的一個中心問題。我國古代，並非沒有留意自然，更非沒有能力研究自然，而是對自然現象發展了另一套認識。用Kuhn的說法來看，則是有另一套運作規範，惟獨這不是一套僅限於自然現象的規範，而是一套把自然現象納入更大綜合規模，更加注重人和自然的聯繫的一種研究和認識的模式。其基本規範不同，自然不必也不能強行比附，不能用研究西洋科學史的方法、概念、框架來研究古代中國人對自然的看法和觀念。

考慮到宗教在西洋科學發生、發展上的關鍵性作用，李約瑟早年頗致力於中國道教的研究，以為這或為中國古代科學發達或不發達的一個重要因素。對古代中國人自然觀念或關心自然的學者如沈括、朱熹，對古書如《墨經》、《考工記》，稍有瞭解的人都會相信要建立這樣一種聯繫該極為困難。何也？巧婦難為無米之炊也。

利用西洋史經驗反察中國情形，自無絕對不可，但必須有明白的分析與應用是否妥當的考量。陳寅恪曾作以下簡要評論 ❶，要求我們十二分小心：

> 此種比較方法，必須具有歷史演變及系統異同之觀念。否則古今中外天人龍鬼，無一不可取以相與比較。荷馬可比屈原，孔子可比歌德，穿鑿附會，怪誕百出，莫可追詰，更無所謂研究之可言矣。

這樣看來把「關於自然的知識」強比於「科學」，問題在於未

---

❶ 陳寅恪〈與劉叔雅論國文試題書〉，《金明館叢稿二編》，上海：上海古籍出版社，1980，223—24頁。

能於「系統異同」作充分的留意。「概念體系」本身如Kuhn一再強調的，是一個不能再進一步劃分的整體。作為一個完整的文化，一個獨立的規範構造，中國古代對於自然的研究自成一體，與西洋知識體系在概念上、功用上、價值觀念上、結構上迥異。

2.「中國古代對自然的研究」如何不同於西洋的「科學」

　　中國之於西洋的情形，就研究自然一事而言，大概可視為另外一個規範結構。Kuhn也曾有些這類的說法，但術業既非專修中國情形，研究上也未做特別的發揮。

　　以義既為中國學者，自然留意此一案例。竊以為最引人注目一點，在於人和自然的一體化。所謂一體化，是指在中國的學問傳統中，對自然的研究常納入對人類和自然的整體研究之中。此所謂「天地人儒也」。赤子慈母拳拳眷眷和磁石鐵片相互吸引是在同一原理的指導下的現象❷。所謂磁石，石之慈者也；鐵片奔趨，實在是天理如此，並沒有什麼不可解的、令人困惑或需要進一步研究、說明的地方。沈括❸注意到磁石可以做指南針，但又有時磁針指北不指南。這些當然用「慈孝」概念不能概括，所以他說「莫可原其理」；而文天祥著名詩篇中則再把「孝」擴展為「忠」：「不指南方不肯

---

❷　這個說法見於《呂氏春秋》卷9，許維通集注本，1933，第15頁反面。此書有北京：文學古籍刊行社，1955年景印本。

❸　沈括在《夢溪筆談》中兩次提及磁現象「不可解」，見該書卷24，胡道靜校證本，上海：上海古籍，1987，768頁，《補筆談》卷3，同書1030頁。文天祥的詩見《文山先生全集》，卷30，四部叢刊本，上海：商務，1933，293頁。詩題曰「楊子江」。

休」。　磁石在他們心中引起的困惑或高昂激盪的感情，確非我們這些晚一千年的人容易理解、體驗的。

趙宋上接五代。案五代政事紛繁，五行災異之說遂盛。這倒有點像開普勒時代的占星術，人人希冀知道不測的將來。1006年客星出。這星究竟是什麼，現代學者傾向於認為是一顆新星或超新星❹。宋代文獻說其明亮異常，不能忽視。天黑以後，竟然「煌煌然可以鑑物」。一時朝野議論紛紛，或以為兇，或以為瑞❺。

這時候司天監春官正周克明從外地回到首都，上書甌以為瑞，認為這是一種「周伯星」，「所見之國大昌」。這一解釋很快被真宗採納❻。

以現存的可以說是還算完善的資料來分析，實在看不出為什麼這顆星一定是周伯，而且是瑞。事實上，相同的占書又說周伯星可以是兇。這常令現代讀者困惑，但是這種困惑，並非來自周克明解釋的任意性或不自洽性，而在於現代讀者不自覺地把現代科學解釋的自洽要求加於克明的解釋。周克明的解釋之所以被認為是正確的，在於這樣的解釋合乎當時的政治形勢，或合於人事。此點克明的同時代人文瑩看得最清楚。文瑩後來寫道❼：「時方朝野多歡，六合平定，鑾輿澶淵凱旋，方域富足，賦斂無橫，宜此星之見也」。這裏值得注意的是「宜」字：星出必須遵從統帥天地人一切的天理。

---

❹　對阿拉伯記載的研究見B. R. Goldstein, *Astro. J.*, *70*（1965）105，對中國古代記錄的研究見薄樹人等文章，《自然科學史文集》，第一輯，上海：上海科技，1978。

❺　《宋會要輯本》，瑞異一之十，臺北：世界書局影印本，1964，2069頁。

❻　《宋史》卷461，北京：中華書局，1977，13504頁。

❼　文瑩《玉壺清話》，卷1，叢書集成本，第4頁反面。

　　所以兩三年後，有為人事造「天書」：　王欽若時在政府，在北宋早期重要的軍事行動，上文提及的「澶淵之盟」中無功，乃力主要造天書夸示天下。這一做法也未引起驚詫或反對，因為聖人「神道設教」，自是可以接受的❶。

　　反對王欽若、周克明的解釋，最初見於王濟，以為「瑞星實符聖德，然唐太宗以家給人足豐年為上瑞……」❶。以後張知白上書❶，認為如果皇帝好好做事，「雖休勿休」，則瑞星出不出沒有什麼十分大的關係。這個張知白，以後一直做到參知政事，代表的是正統的儒學。他的意見為帝師、德高望重的學者孫奭所支持。圖龍閣學士戚綸也發表了類似的意見。

　　有重要意義的是，所有意見，正面的和反面的，都沒有否認客星和人事的關係。分歧在於是應當「托國朝之嘉瑞」，　還是應當振作人事。

　　仁宗繼位，有含譽星見，但遠遠沒有引起如1006年那樣的注意。1037年秋七月戊申，「有星數百皆西南流」，大者「光燭地，久之不散」。十一月，忻、代、并三州地震。這在當時人看來實在是個壞年頭。星流地震，何以復加？朝臣認為❶，這是因為人事：「蓋人事

---

❶　參見，例如，陳邦瞻《宋史記事本末》，北京：中華書局，1977，卷22，162頁。

❶　《續資治通鑑長編》，卷63，臺北：世界書局印本，1頁。

❶　張知白，〈上真宗論周伯星見〉，收於趙汝愚《國朝名臣奏議》卷36，宋史資料萃編本，第1頁反面至4頁。

❶　這是韓琦奏摺中的一段話，原文見《續資治通鑑長編》，北京：中華書局標點本，2841頁。下文兩段引文分別見《蘇舜欽集》，卷11，北京：中華書局，1961，148—49頁；《樂全集》，卷11，臺北：商務，1983，1—13頁。

之己形，致天變之嗣發，其猶影響，諒非僥然」。所以是人事未盡。年輕一代頗領風氣的蘇舜欽上書，以為朝政不明，「積陰鬱不和之氣，上動於天，天於是為下變異以警戒之」。另一位重要官員張方平上書，稱「故考政者必求於天瑞，彌災者必推於人事。天人之際，其應甚明」。

這些都是對自然現象的議論研究。稍後，1066年，當震驚歐洲的大彗星照臨英宗治理下的北宋時，整個學者階級表現出一種莊嚴的沉靜。先是，歐陽修撰《新五代史》，分析研究了歷史上的治亂和天瑞之間的關係，發現兩者並無關聯。歐陽修論王氏㉒：「予讀《蜀書》，……所謂王者之嘉瑞，莫不畢出其國，異哉！然考王氏之所以興亡成敗者，可以知之矣。或以為王氏不足以當之，則視時天下治亂，可以知之矣」。再論莊宗，「嗚呼，盛衰之理，雖曰天命，豈非人事哉！原莊宗所以得天下與其所以失之者，可以知之矣！」歐陽修對自然現象的研究，著眼點不在自然本身，而在自然和人的關係，即人與自然這一個整體。他的研究方式，不是實驗，而是歷史分析。他提出的問題，不是自然自身外在於人如何運動，而是自然與人事的關係。

很可以說這就是一種規範，制約指導宋代知識分子、士大夫對天象的看法和研究。粗略一點說，這一基本取向，在我們的傳統文化中一直占主導的地位。

這種規範不是宋人發明的。早如我們所知最早的典籍之一，《春秋》莊公十八年，就記錄了子產的看法「天道遠，人道邇」。這一

㉒　《新唐書》，卷63，中華書局本，794—95頁；下一段引文見《新五代史》，卷37，397頁。

說法在上文討論的宋儒的自然觀念中一再被引用。石介❷說「天道至遠，不可得而知。後世執推步之術，案交會之度而求之，亦已難矣」。范仲淹在差不多同時提出❷，「臣觀自古國家皆有災異，但盛德善政及於天下，人不敢怨叛，則雖有災異而無禍變」。歐陽修在他著名的歷史著作中明白表示，「予述本紀、書人而不書天。予何敢異於聖人哉」！他們都認為他們是在發揚「古人」的做法、遵循聖賢的教導，這種對自然的態度，自有其歷史依據。

進一步，天上的事，也實在難於說清。而塵世裏，我們這個大帝國裏的事，還有很多要我們去留意、研究。苟能做到君君臣臣父父子子，豈慮治世昇平之不至？自古以來，何以治，何以亂，昭然史冊，鑿鑿然可考，而天象的異變，雖有記載，卻晦晦然不明。捨其可考而求諸不明，絕非我們這個務農務實的文化所能理解的。

歐陽修繼續寫道❷，「至於三辰五星，常動而不息，不能無盈縮差忒之變，而占之有中有不中，不可以為常者，有司之事也」。換言之，主持國家政事的官員，討論人民幸福天下安寧的學者，讀聖賢書，研究歷史的著作家，大可不必過分重視這些事。這就把社會的精英集團、社會文化的代表階級排除在這種研究之外了。

為什麼不去研究呢？因為這種研究沒有意義。1054年，明亮的大星突然出現於昴畢之間，史稱至和新星。這是歷史上第一顆記錄完整、沒有爭議的河內超新星。對這麼一個異常，有人或以為憂，奔告宰相、魏國公韓琦。琦曰：❷「借使復有一星出，欲何為乎？」

---

❷　石介，《徂徠先生文集》，卷5，中華書局本，60頁。

❷　范仲淹，《范文正公集》，政府奏議卷1，四部叢刊本，197頁。

❷　見❷。

❷　《宋會要輯稿》職官十八之八十三，2795─96頁。下面一段引文在《司

稍後，提舉司天監即國家對天象觀察的最高負責人司馬光上書：「前代以來，流星或大如杯斗，或有光燭地，或有聲如雷、動人耳目者，方記於史籍，以為災異。……緣流星每夜有之，不可勝數，本不繫國家休咎，雖令瞻望，亦不能盡記，虛費人工，別無所益。……」這就很明白地指出，對於天象的研究，實在意義不大，「虛費人工」。既然如此，何必紛紛然斷斷然，「夫天道窅冥恍惚，若有若亡，雖有端兆示人，而不可盡知也。是以聖人之教，治人而不治天，知人而不知天。」

案人的一種社會活動，比如觀察自然，比如製造工具，比如發明宗教，比如研究人生，總要有一在當時當地的人看來有意義的動因才能持久。個別人忽發雅興、突生奇想的個案是有的，但在歷史上既不能持久，就鮮有後續事件，就不足以產生史學意義。科學研究亦復如是。近世以來，科學的力量如此巨大，深入人類生活的每一方面，無微不至，所以科學研究是否「有意義」即成了一個不成問題的問題。你我未必能知道，恐怕也未必想知道，橡樹嶺、冷泉港，或普林斯頓的國家實驗室在搞什麼名堂，但一律懷有敬意，決不會蠢到問「為什麼要研究科學」。但於古人則不然。在當時，科學或者對自然的理解研究的意義遠非不言而喻，遠非為人所接受理解。正是忽略了這一點，才使我們困惑地問「為什麼中國古代沒有發生科學」。如果以這個問題去問司馬光，我想君實先生一定更加大惑不解。儘管他會破缸救人，他仍然不會回答這個問題——倒不是他無力回答，而是他不屑回答，因為「聖人之教，治人而不治天，知人而不知天」，如此而已矣，何「科學」歟？

限於本人學力，也限於本書體裁主旨，上面的討論自是粗糙，

馬文忠公傳家集》，卷67，臺北：商務，833頁。

簡化歷史正恐不免，惟希望論述的大概要點線索能引起讀者進一步考察的興趣。中國古代對於自然的認識與研究，應當放在歷史的源流、文化的框架背景中來考察，是我所主要想說的一點。這種考察，正如其他歷史研究一樣，不能用於證明我們的文明優於別的文明，我們的民族優於別的民族；正如別的文明，別的民族也不能反過來證明他們優於我們一樣。這種考察所能做的，是展示研究自然的歷史及其多樣性，展示以人為一方自然為一方，從不知到知，從知之甚少到知之甚多，從蒙昧到文明的偉大進程。如此，格局稍大，格調自高。

Kuhn年表

1922年7月18日　生於Ohio州的辛辛那提市。

1939　入哈佛大學，在物理系學習。

1943　哈佛大學畢業，繼讀攻讀博士。

1943—45　在科學研究發展辦公室任助理研究員。

1945—48　國家研究委員會「博士前研究員」。

1948—51　哈佛「青年學者」獎助金。

1949　以單鍵金屬聚合能量和原子量子缺失的關係研究獲得哈佛大學博士學位。

1951—53　在哈佛任課，為非物理專業學生講授物理學和一般科學。

1951　發表對牛頓「疑問31」的研究，是為他的第一篇科學史論文，在*Isis*, *42* (1951) 296—98。

1952起　在哈佛任助理教授。

1954—55　獲Guggenheim獎助金。

1955—56　Berkeley行為科學高等研究中心聘為客座研究員。以Guggenheim獎助金在先，未赴。

1957—64　在加州大學Berkeley分校任教，由助理教授累遷至教授。

1957　《哥白尼革命》由哈佛大學出版社出版。

1958—59　再入Berkeley行為中心。

1959　參加Utah大學「人才會議」，會上提交兩篇論文，一篇發表在該會通訊上，是為〈必要的張力〉，後收入同名論文集，pp.225—39；另一篇〈測量的作用〉，稍後刊出，在*Isis, 52*（1961）161—93，同見於上述文集，pp.178—224。這兩篇文章是稍後《科學革命的結構》的先聲。

1959　發表〈能量守恆定律作為同時發現之一例〉，在M. Clagett主編的*Critical Problems in the History of Science*中，科學史家地位由是奠定。

1962　《科學革命的結構》由芝加哥大學出版社出版。

1961—64　受美國物理學史協會之聘，任「量子物理學史史料」計劃負責人。

1964—79　受聘往普林斯頓大學任教授。

1964起　受聘任《科學家傳記大字典》（*DSB*）物理學科部副主編。

1964—67　任社會科學研究會（Soc. Sci. Res. Coun.）負責人。

1967　《量子物理學史史料》出版（與J. L. Heilborn合作）。

1967—72　任普林斯頓大學科學史專業主任。

1968　獲普林斯頓大學歷史系M. Taylor Pyne講座教授教席。

1968—72　任美國科學史研究會主席。

1970　發表〈科學發現的邏輯還是研究的心理學?2〉，在I. Lakatos and A. Musgrave ed., *Critism and the Growth of Knowledge*中，pp.1—20.第一次正面討論《結構》一書引出的種種問題。

同年　發表〈科學革命的結構：1969年再版後記〉。

1972—79　受聘為普林斯頓高等研究院（IAS）客座研究員。

1973　獲聖母大學LLD榮譽學位。

1974　發表「再論範式」，在 F. Suppe, ed., *The Structure of Scientific Theories*, Urbana：University of Illinois Press, pp.459—82.

1977　獲普林斯頓大學Howard T. Behrman獎。《必要的張力》出版。

1978　獲Rider College（1994年改 Rider University）DHL榮譽學位。

1978　《黑體理論和量子不連續性，1894—1912》出版。

1979　轉往MIT任教，稍後獲Rockefeller講座教授教席。

1980　獲瑞典Linköping大學榮譽博士學位。

1981　發表〈什麼是科學革命〉，後收入 K. Krüger et al. ed., *The Probabilistic Revolution*, v.1, pp.7—22.

1983　獲社會科學研究會（4S）John Desmond Bernal獎。

1991　自MIT退休，發表〈科學的歷史哲學所遭遇的困擾〉， 這是Kuhn在哈佛作的Robert and Maurice Rothschild榮譽講演，由MIT印成小冊子非正式發行。

1994　因肺癌住院，手術後恢復甚好。

參考書目

Kuhn 生平未見專書介紹，比較多談及他學術生涯的是 R. K. Merton, *The Sociology of Science*, Carbondale：Southern Illinois University Press，1977.

本書所涉及的科學史資料，常見於正文注釋之中。「劍橋科學史叢書」提供比較新而且全面的考量。「叢書」共七冊，依次為：

E. Grant, *Physical Science in the Middle Ages*, 1978

A. Debus, *Man and Nature in the Renaissance*, 1978

R. S. Westfall, *The Construction of Modern Science*, 1971

T. Hankins, *Science and the Enlightenment*, 1985

W. Coleman, *Biology in the Nineteenth Century*, 1977

P. M. Herman, *Energy, Force, and Matter*：*The Conceptual Development of Nineteenth Century Physics*, 1982

G. Allen, *Life Science in the Twentieth Century*, 1975

均由London：Cambridge University Press出版（以上出版時間均指第一版，幾乎每冊在第一版後都有重印、修訂本，不暇一一考訂）。最後一冊，Allen的《二十世紀的生命科學》有譚茜等的中譯本，北京：北京師範大學出版社，1985，其他六冊未聞有譯本刊行。

本書討論較多的十六、十七世紀史，有 A. Wolf, *A History of*

Science, London：George Allen & Unwin Ltd., 1935，敍述頗詳，有周昌忠等中譯，《十六、十七世紀科學技術和哲學史》，北京：商務，1985。A. Wolf 還有 *A History of Science*, *Technology & Philosophy in the 18th Century*, New York, Happer, 1961 (Rev. ed.)，有同譯者中譯本。

　　量子力學史的通史性著作，如Kuhn所稱，當推M. Jammer, *The Conceptual Development of Quantum Mechanics*, N.Y.：McGraw—Hill, 1966，(以後迭有重印本)，最為全面。另外Jagdish Mehra and Helmut Rechenberg, *The Historical Development of Quantum Theory*, N.Y.：Springer —Verlag, 1982，洋洋灑灑四卷五冊，提供大量歷史或技術細節。

　　Kuhn 的學術流源的哲學層面，德國學者 P. Hoyningen-Huene, *Reconstructing Scientific Revolution*, A. L. Levine 英譯, Chicago：Chicago University Press, 1993，做了很多討論。江天驥《當代西方科學哲學》，北京：中國社會科學出版社，1984，簡明清晰，特別值得一讀。比較專門的研究或單篇論文正文中常有引述，此不贅。

索　引

（一）中文

(二) 英文

世界哲學家叢書（一）

書　　　　　名	作　　者	出　版　狀　況
孔　　　　　子	韋　政　通	排　　印　　中
孟　　　　　子	黃　俊　傑	已　　出　　版
荀　　　　　子	趙　士　林	撰　　稿　　中
老　　　　　子	劉　笑　敢	撰　　稿　　中
莊　　　　　子	吳　光　明	已　　出　　版
墨　　　　　子	王　讚　源	排　　印　　中
公　孫　龍　子	馮　耀　明	撰　　稿　　中
韓　非　　子	李　甦　平	撰　　稿　　中
淮　南　　子	李　　增	已　　出　　版
董　仲　　舒	韋　政　通	已　　出　　版
揚　　　　　雄	陳　福　濱	已　　出　　版
王　　　　　充	林　麗　雪	已　　出　　版
王　　　　　弼	林　麗　真	已　　出　　版
郭　　　　　象	湯　一　介	撰　　稿　　中
阮　　　　　籍	辛　　旗	已　　出　　版
嵇　　　　　康	莊　萬　壽	撰　　稿　　中
劉　　　　　勰	劉　綱　紀	已　　出　　版
周　敦　　頤	陳　郁　夫	已　　出　　版
邵　　　　　雍	趙　玲　玲	撰　　稿　　中
張　　　　　載	黃　秀　璣	已　　出　　版
李　　　　　覯	謝　善　元	已　　出　　版
楊　　　　　簡	鄭曉江　李承貴	排　　印　　中
王　安　　石	王　明　蓀	已　　出　　版
程顥、程頤	李　日　章	已　　出　　版
胡　　　　　宏	王　立　新	已　　出　　版

世界哲學家叢書（二）

書　　　　　名	作　　　者	出　版　狀　況
朱　　　　　熹	陳　榮　捷	已　　出　　版
陸　　象　　山	曾　春　海	已　　出　　版
陳　　白　　沙	姜　允　明	撰　　稿　　中
王　　廷　　相	葛　榮　晉	已　　出　　版
王　　陽　　明	秦　家　懿	已　　出　　版
李　　卓　　吾	劉　季　倫	撰　　稿　　中
方　　以　　智	劉　君　燦	已　　出　　版
朱　　舜　　水	李　甦　平	已　　出　　版
王　　船　　山	張　立　文	撰　　稿　　中
真　　德　　秀	朱　榮　貴	撰　　稿　　中
劉　　蕺　　山	張　永　儁	撰　　稿　　中
黃　　宗　　羲	吳　　　光	撰　　稿　　中
顧　　炎　　武	葛　榮　晉	撰　　稿　　中
顏　　　　　元	楊　慧　傑	撰　　稿　　中
戴　　　　　震	張　立　文	已　　出　　版
竺　　道　　生	陳　沛　然	已　　出　　版
真　　　　　諦	孫　富　支	撰　　稿　　中
慧　　　　　遠	區　結　成	已　　出　　版
僧　　　　　肇	李　潤　生	已　　出　　版
智　　　　　顗	霍　韜　晦	撰　　稿　　中
吉　　　　　藏	楊　惠　南	已　　出　　版
玄　　　　　奘	馬　少　雄	撰　　稿　　中
法　　　　　藏	方　立　天	已　　出　　版
惠　　　　　能	楊　惠　南	已　　出　　版
澄　　　　　觀	方　立　天	撰　　稿　　中

世界哲學家叢書 (三)

書　　　　　名	作　　　　者	出　版　狀　況
宗　　　　密	冉　雲　華	已　　出　　版
永　明　延　壽	冉　雲　華	撰　　稿　　中
湛　　　　然	賴　永　海	已　　出　　版
知　　　　禮	釋　慧　岳	已　　出　　版
大　慧　宗　杲	林　義　正	撰　　稿　　中
袾　　　　宏	于　君　方	撰　　稿　　中
憨　山　德　清	江　燦　騰	撰　　稿　　中
智　　　　旭	熊　　琬	撰　　稿　　中
嚴　　　　復	王　中　江	撰　　稿　　中
康　　有　　為	汪　榮　祖	撰　　稿　　中
譚　　嗣　　同	包　遵　信	撰　　稿　　中
章　太　炎	姜　義　華	已　　出　　版
熊　十　力	景　海　峰	已　　出　　版
梁　漱　溟	王　宗　昱	已　　出　　版
胡　　　　適	耿　雲　志	撰　　稿　　中
殷　海　光	章　　清	排　　印　　中
金　岳　霖	胡　　軍	已　　出　　版
張　東　蓀	張　耀　南	撰　　稿　　中
馮　友　蘭	殷　　鼎	已　　出　　版
唐　君　毅	劉　國　強	撰　　稿　　中
牟　宗　三	鄭　家　棟	撰　　稿　　中
宗　白　華	葉　　朗	撰　　稿　　中
湯　用　彤	孫　尚　揚	已　　出　　版
賀　　　　麟	張　學　智	已　　出　　版
印　　　　順	林　朝　成　陳　水　淵	撰　　稿　　中

世界哲學家叢書（四）

書　　　　　名	作　　　者	出　版　狀　況
龍　　　　　樹	萬　金　川	撰　稿　中
世　　　　　親	釋　依　昱	撰　稿　中
商　　羯　　羅	江　亦　麗	排　印　中
維　韋　卡　南　達	馬　小　鶴	撰　稿　中
泰　　戈　　爾	宮　　靜	已　出　版
奧羅賓多・高士	朱　明　忠	已　出　版
甘　　　　　地	馬　小　鶴	已　出　版
尼　　赫　　魯	朱　明　忠	撰　稿　中
拉達克里希南	宮　　靜	已　出　版
元　　　　　曉	李　箕　永	撰　稿　中
休　　　　　靜	金　煐　泰	撰　稿　中
知　　　　　訥	韓　基　斗	撰　稿　中
李　　栗　　谷	宋　錫　球	已　出　版
李　　退　　溪	尹　絲　淳	撰　稿　中
空　　　　　海	魏　常　海	已　出　版
道　　　　　元	傅　偉　勳	已　出　版
伊　藤　仁　齋	田　原　剛	撰　稿　中
山　鹿　素　行	劉　梅　琴	已　出　版
山　崎　闇　齋	岡田武彥	已　出　版
三　宅　尚　齋	海老田輝巳	已　出　版
中　江　藤　樹	木村光德	撰　稿　中
貝　原　益　軒	岡田武彥	已　出　版
荻　生　徂　徠	劉　梅　琴	撰　稿　中
安　藤　昌　益	王　守　華	撰　稿　中
富　永　仲　基	陶　德　民	撰　稿　中

世界哲學家叢書（五）

書　　　　　名	作　　者	出　版　狀　況
石　田　梅　岩	李　甦　平	撰　　稿　　中
楠　本　端　山	岡　田　武　彥	已　　出　　版
吉　田　松　陰	山　口　宗　之	已　　出　　版
福　澤　諭　吉	卞　崇　道	撰　　稿　　中
岡　倉　天　心	魏　常　海	撰　　稿　　中
中　江　兆　民	畢　小　輝	撰　　稿　　中
西　田　幾　多　郎	廖　仁　義	撰　　稿　　中
和　辻　哲　郎	王　中　田	撰　　稿　　中
三　　木　　清	卞　崇　道	撰　　稿　　中
柳　田　謙　十　郎	趙　乃　章	撰　　稿　　中
柏　　拉　　圖	傅　佩　榮	撰　　稿　　中
亞　里　斯　多　德	曾　仰　如	已　　出　　版
伊　壁　鳩　魯	楊　　適	排　　印　　中
愛　比　克　泰　德	楊　　適	撰　　稿　　中
柏　　羅　　丁	趙　敦　華	撰　　稿　　中
聖　奧　古　斯　丁	黃　維　潤	撰　　稿　　中
安　　瑟　　倫	趙　敦　華	撰　　稿　　中
安　　薩　　里	華　　濤	撰　　稿　　中
伊　本・赫　勒　敦	馬　小　鶴	已　　出　　版
聖　多　瑪　斯	黃　美　貞	撰　　稿　　中
尼　古　拉・庫　薩	李　秋　零	排　　印　　中
笛　　卡　　兒	孫　振　青	已　　出　　版
蒙　　　　田	郭　宏　安	撰　　稿　　中
斯　賓　諾　莎	洪　漢　鼎	已　　出　　版
萊　布　尼　茨	陳　修　齋	已　　出　　版

世界哲學家叢書（六）

書　　　　　名	作　　者	出　版　狀　況
牛　　　　　頓	吳　以　義	撰　　稿　　中
培　　　　　根	余　麗　嫦	撰　　稿　　中
托馬斯・霍布斯	余　麗　嫦	已　　出　　版
洛　　　　　克	謝　啓　武	排　　印　　中
巴　克　萊	蔡　信　安	已　　出　　版
休　　　　　謨	李　瑞　全	已　　出　　版
托馬斯・銳德	倪　培　民	排　　印　　中
梅　　里　　葉	李　鳳　鳴	撰　　稿　　中
狄　　德　　羅	李　鳳　鳴	撰　　稿　　中
伏　　爾　　泰	李　鳳　鳴	已　　出　　版
孟　德　斯　鳩	侯　鴻　勳	已　　出　　版
盧　　　　　梭	江　金　太	撰　　稿　　中
帕　　斯　　卡	吳　國　盛	撰　　稿　　中
達　　爾　　文	王　道　遠	撰　　稿　　中
施　萊　爾　馬　赫	鄧　安　慶	撰　　稿　　中
康　　　　　德	關　子　尹	撰　　稿　　中
費　　希　　特	洪　漢　鼎	已　　出　　版
謝　　　　　林	鄧　安　慶	已　　出　　版
黑　　格　　爾	徐　文　瑞	撰　　稿　　中
叔　　本　　華	鄧　安　慶	撰　　稿　　中
祁　　克　　果	陳　俊　輝	已　　出　　版
尼　　　　　采	商　戈　令	撰　　稿　　中
彭　　加　　勒	李　醒　民	已　　出　　版
馬　　　　　赫	李　醒　民	已　　出　　版
迪　　　　　昂	李　醒　民	排　　印　　中

世界哲學家叢書（七）

書　　　　　名	作　　者	出　版　狀　況
費　爾　巴　哈	周　文　彬	撰　稿　中
恩　格　斯	李　步　樓	排　印　中
馬　克　斯	洪　鎌　德	撰　稿　中
普　列　哈　諾　夫	武　雅　琴	撰　稿　中
約　翰　彌　爾	張　明　貴	已　出　版
狄　爾　泰	張　旺　山	已　出　版
弗　洛　伊　德	陳　小　文	已　出　版
阿　德　勒	韓　水　法	撰　稿　中
史　賓　格　勒	商　戈　令	已　出　版
布　倫　坦　諾	李　　河	撰　稿　中
韋　　伯	韓　水　法	撰　稿　中
卡　西　勒	江　日　新	撰　稿　中
沙　　特	杜　小　真	撰　稿　中
雅　斯　培	黃　　藿	已　出　版
胡　塞　爾	蔡　美　麗	已　出　版
馬克斯・謝勒	江　日　新	已　出　版
海　德　格	項　退　結	已　出　版
阿　倫　特	尚　新　建	撰　稿　中
高　達　美	嚴　　平	排　印　中
漢　娜　鄂　蘭	蔡　英　文	撰　稿　中
盧　卡　契	謝　勝　義	撰　稿　中
阿　多　爾　諾	章　國　鋒	撰　稿　中
馬　爾　庫　斯	鄭　　湧	撰　稿　中
弗　洛　姆	姚　介　厚	撰　稿　中
哈　伯　馬　斯	李　英　明	已　出　版

世界哲學家叢書（八）

書　　　　　名	作　　者	出　版　狀　況
榮　　　　　格	劉　耀　中	已　　出　　版
柏　　格　　森	尚　建　新	撰　　稿　　中
皮　　亞　　傑	杜　麗　燕	已　　出　　版
別　爾　嘉　耶　夫	雷　永　生	撰　　稿　　中
索　洛　維　約　夫	徐　鳳　林	已　　出　　版
馬　　賽　　爾	陸　達　誠	已　　出　　版
梅　露　·　彭　迪	岑　溢　成	撰　　稿　　中
阿　爾　都　塞	徐　崇　溫	撰　　稿　　中
葛　　蘭　　西	李　超　杰	撰　　稿　　中
列　　維　　納	葉　秀　山	撰　　稿　　中
德　　希　　達	張　正　平	撰　　稿　　中
呂　　格　　爾	沈　清　松	撰　　稿　　中
富　　　　　科	于　奇　智	撰　　稿　　中
克　　羅　　齊	劉　綱　紀	撰　　稿　　中
布　拉　德　雷	張　家　龍	撰　　稿　　中
懷　　特　　海	陳　奎　德	已　　出　　版
愛　因　斯　坦	李　醒　民	撰　　稿　　中
玻　　　　　爾	戈　　革	已　　出　　版
卡　　納　　普	林　正　弘	撰　　稿　　中
卡　爾　·　巴　柏	莊　文　瑞	撰　　稿　　中
坎　　培　　爾	冀　建　中	撰　　稿　　中
羅　　　　　素	陳　奇　偉	撰　　稿　　中
穆　　　　　爾	楊　樹　同	撰　　稿　　中
弗　　雷　　格	王　　路	已　　出　　版
石　　里　　克	韓　林　合	已　　出　　版

世界哲學家叢書（九）

書　　　　　名	作　　者	出　版　狀　況
維　根　斯　坦	范　光　棣	已　　出　　版
艾　　耶　　爾	張　家　龍	已　　出　　版
賴　　　　　爾	劉　建　榮	撰　　稿　　中
奧　　斯　　丁	劉　福　增	已　　出　　版
史　　陶　　生	謝　仲　明	撰　　稿　　中
馮　·　賴　特	陳　　波	撰　　稿　　中
赫　　　　　爾	孫　偉　平	撰　　稿　　中
帕　爾　費　特	戴　　華	撰　　稿　　中
梭　　　　　羅	張　祥　龍	撰　　稿　　中
愛　　默　　生	陳　　波	撰　　稿　　中
魯　　一　　士	黃　秀　璣	已　　出　　版
珀　　爾　　斯	朱　建　民	撰　　稿　　中
詹　　姆　　斯	朱　建　民	撰　　稿　　中
杜　　　　　威	葉　新　雲	撰　　稿　　中
蒯　　　　　因	陳　　波	已　　出　　版
帕　　特　　南	張　尚　水	撰　　稿　　中
庫　　　　　恩	吳　以　義	已　　出　　版
費　耶　若　本	苑　舉　正	撰　　稿　　中
拉　卡　托　斯	胡　新　和	撰　　稿　　中
斯　蒂　文　森	孫　偉　平	撰　　稿　　中
洛　　爾　　斯	石　元　康	已　　出　　版
諾　　錫　　克	石　元　康	撰　　稿　　中
海　　耶　　克	陳　奎　德	撰　　稿　　中
羅　　　　　蒂	范　　進	撰　　稿　　中
喬　姆　斯　基	韓　林　合	已　　出　　版

世界哲學家叢書（十）

書名	作者	出版狀況
馬克弗森	許國賢	已　出　版
希克	劉若韶	撰　稿　中
尼布爾	卓新平	已　出　版
默燈	李紹崑	撰　稿　中
馬丁・布伯	張賢勇	撰　稿　中
蒂里希	何光滬	撰　稿　中
德日進	陳澤民	撰　稿　中
朋諤斐爾	卓新平	撰　稿　中